明解 わかる薬価基準

市川知幸

はじめに

本書では「イ」（胃）の〝摘出手術〟を試みた。

薬価というものは、その存在自体は広く知られていても、実際の中身である薬価基準制度となると話は別だ。「難しい」「ややこしい」「わかりにくい」といったネガティブな印象が先行し、完全に「厄介モノ」扱いされている。ならば「厄介」のイを取り除いて、シンプルな「薬価」の姿を浮かび上がらせようというのが、本書の目的である。

厚生労働省が示す「薬価算定の基準について」（14年２月12日）から、法律のように定められたルールの一部を引用する。

> *「当該新薬の最類似薬（以下「新薬算定類似薬」という。）を比較薬として、類似薬効比較方式（Ⅰ）によって算定される額（共同開発その他の理由により、組成及び剤形が同一の新薬算定類似薬が複数となる場合には、それぞれについて類似薬効比較方式（Ⅰ）によって算定される額を当該新薬算定類似薬の年間販売量で加重平均した額）に、補正加算を行った額を当該新薬の薬価とする」*
>
> （第２章新規収載品の薬価算定、第１部、第１節類似薬がある新薬の場合、１新薬が補正加算の対象となる場合、イ薬価算定の原則）

難解な専門用語の羅列で、言い回し自体も固い。行政の示す「ルールブック」であるから仕方がない面はあるが、これを、薬価に関してまったく予備知識がない人が読んだら、敬遠してしまうのは当然だろう。これまでにも、薬価に関して、平易に記した行政資料や解説本の類いは存在していたが、それらは「ある程度わかっている人がよくわかる」ものであったように思う。少なくとも、筆者が知る限り「まったくわからない人でもよくわかる」ものは存在していなかった。

そこで本書は、「薬価の知識ゼロ」の人でも、100点満点で「70点」の段階に到達することをめざした。70点というのは、行政担当者、研究者、製薬企業の薬価担当者といった「薬価のプロ」を100点とするならば、薬価について何か議論があったときには「あー、あの話ね！」と合点がいくレベルである。

心掛けたのは、次の３点だ。

●徹底的に咀嚼

厄介の「イ」（胃）を摘出しても、消化が悪くならないように、制度の詳細について徹底的に噛み砕いて「おかゆ状態」にした。素朴な疑問に答えるかたちを取りつつ、多少強引であっても、イメージしやすい「例え」、独自のイラストを数多く用いた。すべての項目で、弊社の新人記者が「理解できる」ことをひとつの指標にした。

●重要度で取捨選択

制度の詳細について、行政の文書に忠実に網羅的に書き表そうとすればするほど、重要な部分まで埋もれて薄まってしまう。そこで重要だと思われる部分についてはページ数を割いて肉厚に解説し、相対的に重要度が低いと思われる部分については、思い切って削ぎ落としている。

●背景事情が明解

一つひとつの制度について、「こうなっています」と説明されている資料や類書はあるが、なかなか「なぜそうなったのか」「背後にどんな事情や議論があったのか」まで、解説しているものがない。それを考慮して、「なぜ」という部分について、これまでの取材での蓄積をベースに、可能な限り「記者目線」で書き込んだ。

製薬業界に目を向けて薬価について考えたとき、製薬各社の薬価担当者、製薬団体の委員会関係者ら、ごく限られた「職人」たちの聖域のように捉えられているフシがある。しかし、国が決める公定価格である薬価は、各製品の「売上げの上限」と言えるにもかかわらず、業界内の「大半は無関心」という現状は、不幸でしかない。断続的に行われる薬価制度改革で、業界からの主張をブラッシュアップさせる意味でも、薬価について「ある程度わかる」人材が増え、裾野が広がり、議論が活発になることが肝要であろう。

薬価について知りたい気持ちはあるが「難しい」と頭で決めつけ、挫折しかかっている人たちに、ぜひ本書を手に取ってもらいたい。製薬企業の新人ＭＲ研修用でも、人事異動に伴って薬価に携わる人の「事始め」でもいい。また、医師、薬剤師などの医療従事者、医療機関の事務担当者ら、さらには医療関係団体、医療保険者、地方自治体の関係者らにも、薬価を身近にするツールとして活用してもらえれば幸いである。

2014年12月

目次

本書の使い方

薬価について「一から知りたい」という方は、序章「薬価の基本」から順に読み進めてください。第1章で「出てすぐの新薬（新規収載品）」、第2章で「過去に出た薬（既収載品）」、第3章で「後発品の薬価」について整理しています。それをすべて押さえたうえで、最新のルール改正である第4章の「14年度薬価制度改革での変更点」を読み込んでみてください。第5章には「今後の課題」として、注目度の高いホットなトピックを並べました。

第1章から第3章の各項目の終わりに、**⇒●ページへ GO**というマークがあります。これにより、第4章の最新のルール改正のページにすぐにジャンプできるようにしています。各項目について、以前のルールと新しいルールの対応関係が気になる場合に、利用してください。

もし、これまでのルールはある程度把握していて、最近変更になった点だけ確認したい場合は第4章にダイレクトに入ってください。必要に応じて、その他の章でおさらいしながら理解を深めてください。

各章末には、息抜きの意味も込めて「薬価こぼれ話」というコラムを配しました。

各章に続く「資料編」では、具体的な薬価算定例を5つ用意して、解説も加えました。さらに、厚生労働省が示す薬価のルールブックにあたる「薬価算定の基準について」を参考にそのまま載せました。

登場キャラクター

リス（RIS）先生

薬価基準制度に精通する。やや強引なところもあるが、具体的な例を出しながら、やさしく解説してくれる。

トモエ

薬価について知識ほぼゼロで、これから勉強しようという製薬企業の新入社員。好奇心と食欲が旺盛。いわく「カレーは飲み物」。

序章

薬価の基本

製薬業界からみると、国が決めている薬価は、
それを下回って売ることは自由という意味では、
売上げの「上限」を規定していると言えます。
つまり、薬価は産業政策そのものなのです。
この章では、薬価について基本的なことを丸ごと押さえます！

薬価って何だ？

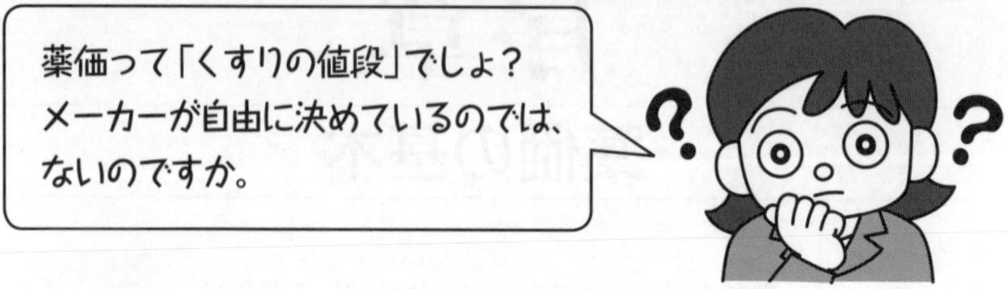
薬価って「くすりの値段」でしょ？
メーカーが自由に決めているのでは、
ないのですか。

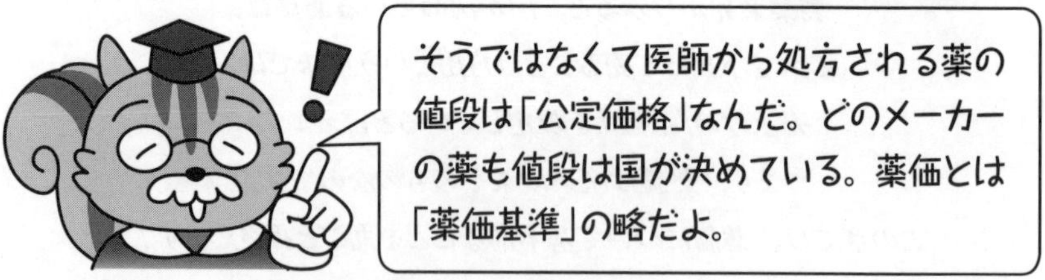
そうではなくて医師から処方される薬の
値段は「公定価格」なんだ。どのメーカー
の薬も値段は国が決めている。薬価とは
「薬価基準」の略だよ。

２つの性格を持つ薬価

◆薬価とは何か◆

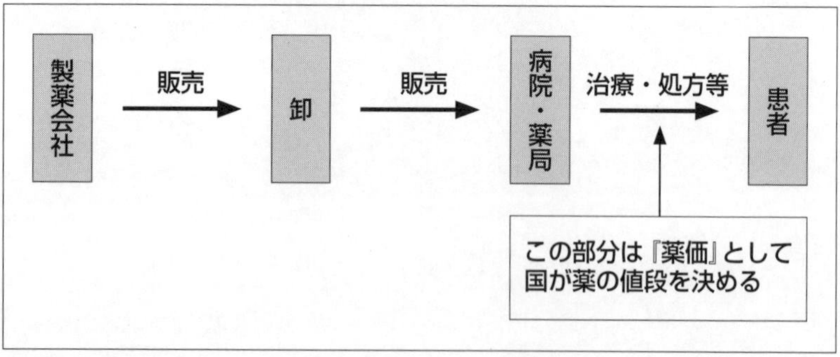
製薬会社
販売
卸
販売
病院・薬局
治療・処方等
患者
この部分は『薬価』として
国が薬の値段を決める

「魚三層倍、呉服五層倍、花八層倍、薬九層倍《くすりくそうばい》、百姓百層倍、坊主丸儲け、按摩掴み取り」

どれかひとつくらいは耳にしたことがあるかな。江戸時代から伝わる職業を題材にした慣用句だ。「花、薬、坊主」の３点セットで出てくることもあるね。花屋は元手の８倍の利益、薬屋は元手の９倍の利益があり、お坊さんは元手がかからず、すべて儲けになると、庶民の「嫉妬」を語呂合わせにしているね。

江戸時代は、薬も自由価格で、売り手が値段を決めていたから、そういう状況があったのかもしれない。でも現在、病院や診療所で使われる薬の値段は、製薬会社が自由に決めているわけではないんだ。

薬価すなわち薬価基準は、保険医療に使用することができる医薬品について、２つの性格を併せ持っているんだ。

１つが「価格表」、もう１つが「品目表」という性格だ。

歴史を振り返りながら、順番にみていこう。

■価格表

価格表というのは、端的に言うと「この薬はいくら」という表だ。薬価基準ができたのは、1950年９月。戦後しばらくは米、小麦などの穀物同様に、医薬品も「統制価格」だったから、「国が決めた公定価格の薬価＝医療機関の実購入価格」となっていたことになるね。それから徐々に自由経済に移行するなかで、統制価格が廃止されていき、個別の薬価を定める必要が生じたためにできたのが、薬価基準だ。

ただし、できた当時の薬価基準は、医師が使用する薬剤の「標準価格」を示していたにすぎなかったんだ。その標準価格に基づいて、都道府県知事が実際の価格を決めていたよ。その後、55年に「知事権限」が廃止され、58年から厚生大臣が定める全国統一の薬価基準となったんだ。ここではじめて「価格表」としての薬価基準ができあがった。

保険医療で使った医薬品について、医療機関が「請求する価格」を定めたもの、という意味で価格表の性格を持つ。

■品目表

次に、品目表というのは、薬価が決められて薬価基準に載って初めて保険医療のなかで「医薬品として使っていいですよ」という意味だ。逆に言うと「薬価基準に載っていないものは保険を使っちゃダメ」ということだ。

現在の規定について、国が定める「法律」、大臣が定める「省令」、それを国民に知らせる「告示」の順にみていこう。まず健康保険法にこうある。

> *「保険医療機関、保険薬局、保険医または保険薬剤師は厚生労働省令で定めるところにより、療養の給付、診療または調剤に当たらなければならない」*

次に厚生労働省令にどうあるのか。「保険医療機関及び保険医療養担当規則」（療担）、「保険薬局及び保険薬剤師療養担当規則」（薬担）をみてみる。

> *「保険医は、厚生労働大臣の定める医薬品以外の医薬品を患者に施用し、または処方してはならない。ただし、治験薬物を使用する場合その他厚生労働大臣が定める場合はこの限りではない」（療担）*
> *「保険薬剤師は、厚生労働大臣の定める医薬品以外の医薬品を使用して調剤してはならない。ただし、厚生労働大臣が定める場合はこの限りではない」（薬担）*

さらに厚生労働省告示にはこうある。

> *「保険医または保険薬剤師の使用する医薬品は薬価基準に収載されている医薬品」*

57年に療担・薬担が改正されて以降、薬価基準が「これ以外は使ったらダメよ」という品目表の性格をもって、現在まで続いているんだ。

ポイント

◎薬価とは「薬価基準」のコト
◎薬価基準は2つの性格
◎「価格表」兼「品目表」

薬価はどう決まる？

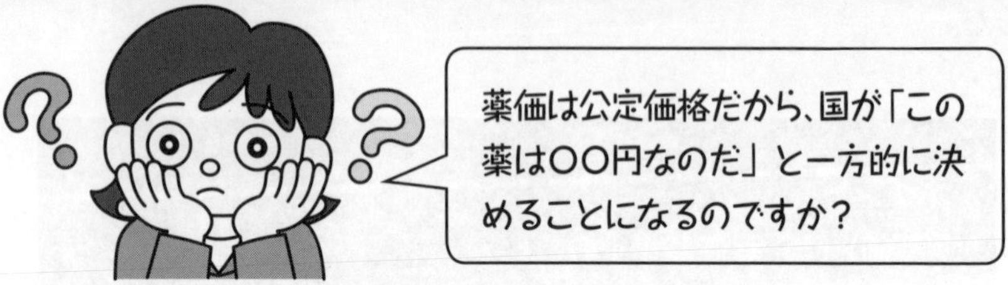
薬価は公定価格だから、国が「この薬は○○円なのだ」と一方的に決めることになるのですか？

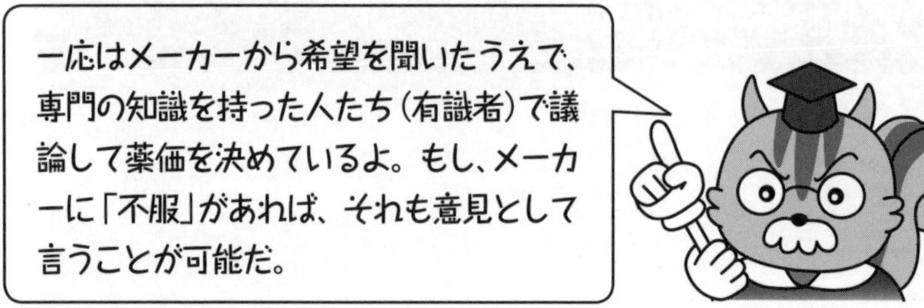
一応はメーカーから希望を聞いたうえで、専門の知識を持った人たち（有識者）で議論して薬価を決めているよ。もし、メーカーに「不服」があれば、それも意見として言うことが可能だ。

薬価収載までの長い道のり

今回は、薬価の決め方の話だ。

メーカーは、せっかく苦労して開発した新薬でも、医療現場で使われなかったら意味がないよね。使われるためには、「価格表」兼「品目表」である薬価基準に載せてもらわないといけない。

新薬の薬価収載について、医薬品の品質・有効性・安全性を担保するための法律である「薬事法」（14年11月25日に医薬品医療機器等法に改称）上の製造販売「承認」を受けてから、実際に収載されるまでのステップを次に示そう。

表中に「経済課」とあるのは、医政局経済課を指す。厚生労働省のなかの医薬品・医療機器業界との「窓口」になるよ。「医療課」とあるのは、保険局医療課のことで、薬価から医師の診療報酬点数まで、医療に関するすべての「値決め」事務を担う部署にあたる。

◆新医薬品の薬価基準収載手続き◆

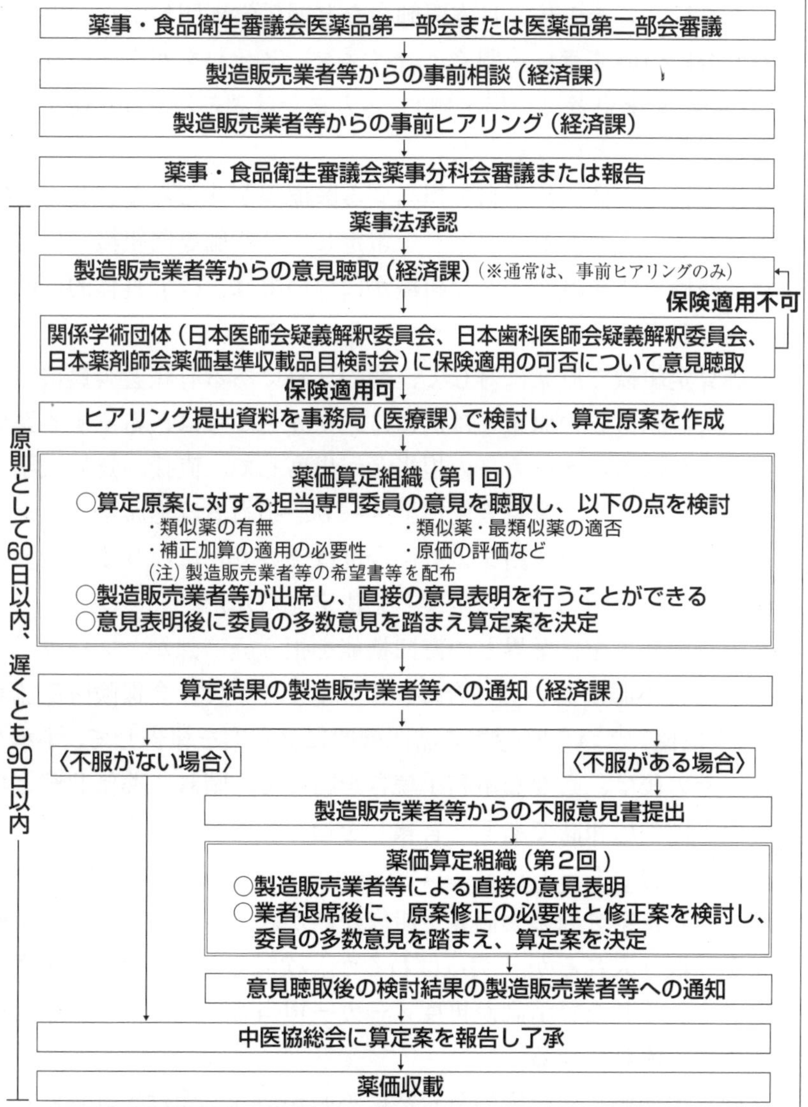

注1）二重線枠内は、薬価算定組織の関与部分
注2）年4回定期的に収載。算定案に更に不服がある場合等を除く。

〈出所〉厚生労働省資料などを改変

まず厚生労働省が、メーカーに収載を希望する品目についてヒアリングを行う。その後、日本医師会など関係学術団体から、保険適用の可否について意見を聞くよ。「イエス、ノー」を問うというよりは、実際に薬を患者に「出す側」（処方または調剤）から「何か指摘はないですか」という意図だ。

それを経て、値決め事務を担当する医療課が「こんな感じで算定してはどうですか」と「原案」を策定して、「薬価専門組織」に諮るんだ。薬価専門組織がどんな組織かについては、後で具体的に触れるよ。とりあえず、先のステップをみていこう。

薬価算定組織で原案に対して、薬のプロである有識者委員に意見を聞くよ。厚労省の原案とは別に、メーカーからは、希望する薬価の案が示される。メーカーの担当者が出席して、直接、意見表明することもできるよ。意見表明後にメーカー担当者は退席する。その後、委員の多数意見を踏まえて、今度は「いくらになりました」と価格をきっちり示した「算定案」を決定するんだ。

その算定結果を、業界との窓口機能を担う経済課が、メーカーに通知する。「不服がない」場合は、そのまま「中央社会保険医療協議会」（中医協）という厚労相の諮問機関に算定案を報告して、了承を得る。その後は、必要な事務手続きを踏んで、晴れて薬価収載となるんだ。国の広報誌である「官報」を通じて告示されるよ。

もし「不服がある」場合には、メーカーが不服意見書を提出して、それをもとに第２回の薬価算定組織が開かれる。そこで、その不服意見を「取り入れるか」「突っぱねるか」検討して、改めて算定案を決定する。それを経済課が再度メーカー担当者に通知して、中医協に報告する流れになる。

２回目の薬価算定組織の算定案に不服があり、受け入れられない場合、メーカーは申請を取り下げて薬価収載そのものを断念するか、仕切り直しで、次回の薬価交渉時期に再度、交渉を行うことになる。

■薬価算定組織

薬価算定組織は、算定過程の透明化や適正な手続きを確保するため、00年に設置された。新薬の薬価算定などについて、「事前に専門的な検討を行う」のが役割だ。

該当する新薬と似ている薬（類似薬）はあるか、算定原案での評価の妥当性はどうか、メーカーの言い分は理にかなっているか、といった観点からチェックするんだ。

本委員は、医学（４～５人）、歯学（２人）、薬学（２人）、経済学（１～２人）の分野からの有識者10人程度だ。このほかに必要に応じてもっと細かい専門的分野から意見を述べる専門委員を30人程度置いているよ。

ポイント

◎メーカー側の窓口「経済課」
◎メーカーは「希望」や「不服」を言える
◎専門的な検討は「薬価算定組織」

薬価収載されるもの、されないもの

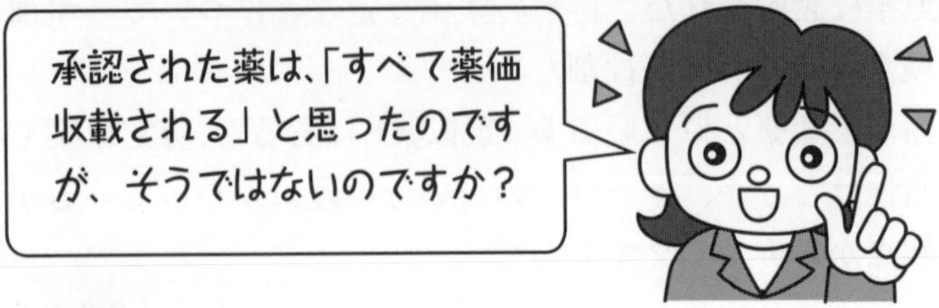
承認された薬は、「すべて薬価収載される」と思ったのですが、そうではないのですか？

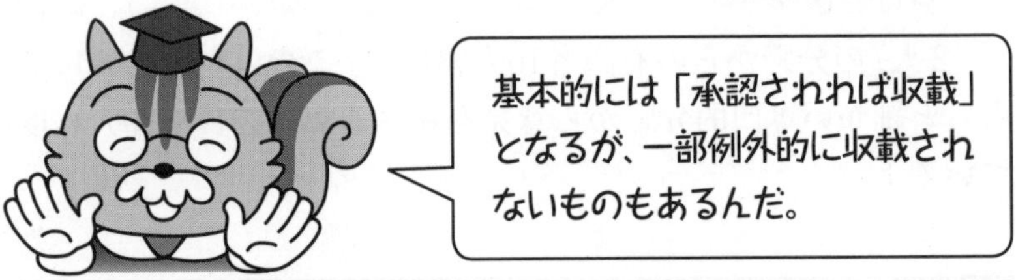
基本的には「承認されれば収載」となるが、一部例外的に収載されないものもあるんだ。

バイアグラは収載される？

さて、ここでは薬価収載「されるもの」「されないもの」についてみていこう。「されないもの」から先に示すよ。

■収載されないもの

薬価基準の原則は、薬事法に基づき承認され、保険でカバーする診療や調剤に必要な医薬品（医療用医薬品）は全部収載することだ。

だから、まず医療用医薬品ではない、いわゆる一般用医薬品（OTC薬）は対象外になるよ。

次に医療用医薬品でも、体外診断薬は対象から外れる。体外診断薬とは、疾病の診断に使用する医薬品で、身体に直接使用しないもの、を指すよ。血液、唾液、尿、便などを検査するために使用する試薬（化学薬品）だね。

また既に医薬品として発売されている２つ以上の成分を組み合わせた「配合剤」のうち、「配合理由が明確でない」ものも収載されないんだ。

さらに「保険医療に使用することが適切ではない」ものも対象外だ。予防や生活改善に使う薬がこれに該当する。国の医療保険制度は、そもそも「疾病・負傷に対して保険給付を行うことを目的としている」から、「治す」のではなく、予防や生活改善が目的のものは入らない。

対象外の薬で、一番有名なのは、勃起不全治療剤の「バイアグラ」だね。ほかにも男性型脱毛症用薬、経口避妊薬、インフルエンザワクチンなどがあるよ。

■収載されるもの

次は収載「されるもの」だ。

これまでみてきた例外的な事例以外は、すべて収載されることになるよ。14年4月時点の薬価基準収載医薬品は次の通りだ。

	内用薬	注射薬	外用薬	歯科用薬剤	合計
告示数	9,092	3,721	2,465	25	15,303

■収載時期

今度は、収載時期の話をしよう。

新薬は年4回収載されるんだ。薬事法に基づく新薬の承認が3ヵ月に1回（概ね3月、6月、9月、12月）まとめて行われることと連動しているよ。収載は「原則として承認から60日以内、遅くとも90日以内」と決められているから、概ね2月、5月、8月、11月の収載ということになる。2年に1度の薬価改定が行われる年は、2月収載でなく、年度はじめの4月収載になるよ。薬価改定に合わせて、ルールの不備を改める薬価制度改革が行われるから、新ルールを適用するためだ。また、例外的に抗HIV薬のように、患者の命に係わり、医療上の緊急性が高いものは「緊急収載」されるんだ。

新しい剤形の追加や規格の追加など、新薬に準ずる扱いの「報告品目」と呼ばれるものや、「新キット製品」(医薬品と医療器具を組み合わせた製品で新たに承認されたもの) は、年２回 (５月、11月) 収載される。後発品も年２回 (６月、12月) 収載となっているよ。

ポイント

◎原則、承認された医療用医薬品は薬価基準に収載

◎例外は体外診断薬、予防・生活改善薬など

◎新薬の収載時期は「年4回」、後発品は「年2回」

さまざまな収載方式

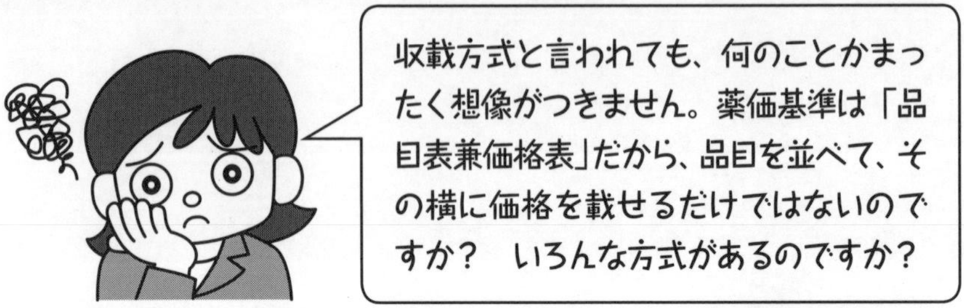
収載方式と言われても、何のことかまったく想像がつきません。薬価基準は「品目表兼価格表」だから、品目を並べて、その横に価格を載せるだけではないのですか？　いろんな方式があるのですか？

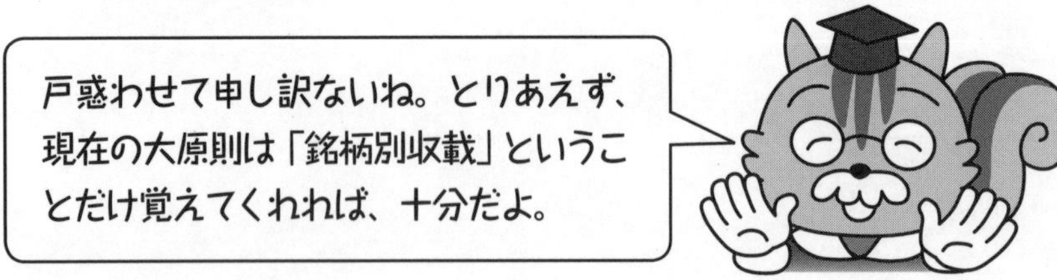
戸惑わせて申し訳ないね。とりあえず、現在の大原則は「銘柄別収載」ということだけ覚えてくれれば、十分だよ。

ブランドごとが基本

現行の収載方式は２つしかない。「銘柄別収載方式」か「統一名収載方式」だ。とはいえ、漢字の羅列で示されると、思わず面食らってしまうかな。

野球をやっている人ならわかると思うけれど、一般の人がもし「中前適時打」「補邪飛」と聞いても、きっと何のことかわからないはずだ。ちなみに前者は「センター前タイムリーヒット」、後者は「キャッチャーへのファウルフライ」の意味だ。馴染みの薄い漢字にした途端、そんなに難しくないことでも難しく感じてしまう例はよくあるよね。それと少し似ている。

では、それぞれの収載方式をみていこう。

■銘柄別収載方式

まず、銘柄別収載方式は、医薬品の銘柄、つまり各社の**販売名（ブ**

ランド） ごとに収載する方式だ。「ブランド別なんて当たり前じゃないの？」と思ったかもしれないね。それは、過去に「そうでなかった」時代があったことが影響しているよ。その辺りは、後で触れることにしよう。

銘柄別収載は、市場で取引されている価格を薬価基準になるべく反映させる目的で1978年に導入されたんだ。

同じ一般名（成分名）を持つ同一組成、同一規格の医薬品であっても販売名ごとに一つひとつ収載する方式で、薬価もそれぞれの販売名ごとに定まっている。

例えば、同じ有効成分のカルシウム拮抗薬の「アムロジピン」（一般名）でも

●ノルバスク錠10㎎（ファイザー）82.80円

●アムロジン錠10㎎（大日本住友製薬）81.60円

のように、メーカー、ブランド名ごとにそれぞれ薬価が付けられていることになる。一部の「統一名収載方式」で収載する医薬品以外は、すべて銘柄別収載となっているんだ。

■統一名収載方式

次に統一名収載方式は、販売名ではなく、統一名（一般名）を出して収載する方式だ。成分、剤形、規格ごとに名前が付く。薬価基準に一般名で載るということは、薬事法の承認を取得している医薬品なら、どの製薬企業のものでも薬価基準に収載されることを意味するよ。つまり、保険医療での使用が可能ということだ。薬価は、すべて同一になる。

統一名収載をイメージするために、炭酸飲料のコーラに例えてみる。統一名収載では、一般的な名前の「コーラ」、「○○円」と収載しているだけだ。だから、コカ・コーラ、ペプシ、メッツコーラといった各社のブランドごとの違いは、まったく表れないことになるね。

現在、この方式で収載されている医薬品には、

●日本薬局方収載医薬品（さまざまな必須薬）

（※ただし、92年10月1日以降、従来の薬価に銘柄間格差のあるもの、あるいは先発品のものものを新たに日本薬局方に収載する場合には銘柄別収載）

●生物学的製剤基準収載医薬品（血液製剤など）

●生薬（漢方薬などの原料）

●最高価格（先発品）の30％を下回った後発品（214ページ）

などがある。

■統一限定列記方式

最後に統一限定列記方式をみよう。

これは過去にあった方式で、現在は使われていない方式になる。一般名を付けて収載することや、薬価が同一であることは、統一名収載と変わらない。違うのは「限定列記」の部分。一般名とともに、それに相当する販売名もあわせて収載する方式だ。列記された販売名以外の医薬品は、たとえ統一名収載品と同一組成、同一規格でも保険請求できない。販売名までリストにないと、保険医療には使えないということだ。1967年の薬価改定時に採用されたよ。

ただ、どのメーカーの製品も薬価は同じだから、当然のように値引き競争が激化したんだ。病院や薬局は安く買えば、薬価と納入価格に乖離が生まれて「差益」が得られるからね。

この仕組みは、「過大な薬価差益を生じさせる」ことが問題視されて、約10年で廃止されたよ。その代わりに導入されたのが、最初に紹介した銘柄別収載方式になる。

メーカー側は、統一限定列記方式では「ブランドが軽視される」「新薬の開発意欲を削ぐ」などと主張して、銘柄別収載の導入を求めていたんだ。

先発品と後発品の区別

先発品を「ブランド」品、それに対して後発品は「ジェネリック」品と呼ぶことが多いね。ブランドとジェネリックの違いが明確になったのは、1967年以降なんだ。当時の厚生省の通知で、新薬の製造承認申請に必要な資料と、それ以外の製造承認申請資料がはっきり区別されたんだ。

ただ、当時の収載方式は、統一限定列記方式だったから、先発品も後発品も同じ薬価で収載されていた。78年に銘柄別収載方式に移行したことによって、市場実勢価格を反映するかたちで、個別の販売名ごとに薬価が付けられるようになったよ。先発品と後発品の薬価に違いが出始めたのは、そのときからだ。

ポイント

◎現在は大半が「銘柄別収載」

◎局方品など一部は「統一名収載」

◎先発品と後発品の区別は67年から

医薬品市場の特殊性

国が薬価を決めることで、
何か問題は起きているのでしょうか？

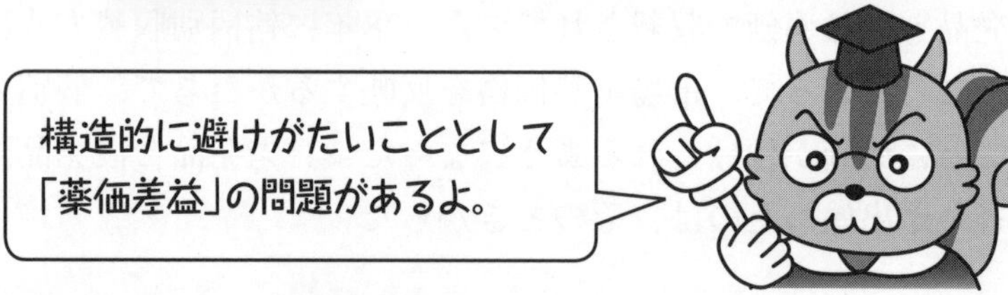
構造的に避けがたいこととして
「薬価差益」の問題があるよ。

患者に「値引き」は御法度

家電と医療用医薬品の小売事情を比較してみよう。

家電では、最大手のヤマダ電機を筆頭に、ビックカメラ、エディオン、ケーズデンキといった量販店が激しい値引き合戦を繰り広げている。他店がいくらで売られているか市場調査して、それぞれが「ウチが最安値です！」と叫んで客にアピールしているね。

でも医療用医薬品の世界はまったく違うんだ。医薬品の価格は、医療機関や薬局ではなく、国が決めている。保険証一枚で誰でも医療が受けられる「国民皆保険」という公的医療保険の枠組みのなかにあるから、平等にどこの医療機関・薬局でも同じ薬なら同じ価格で売らなければならないんだ。

家電量販店でも医療機関・薬局でも、卸から「なるべく安く仕入れよう」という心理が働くのは同じだ。違うのは、家電量販店は安く仕入れて、利幅を設定しつつ、それをできるだけ小売価格に反映させて客に安く提供しようとしているのに対し、医療機関・薬局は安く仕入れても、決して患者に安く売ってはいけない。国が決めた薬価で提供しなくてはならないことだ。

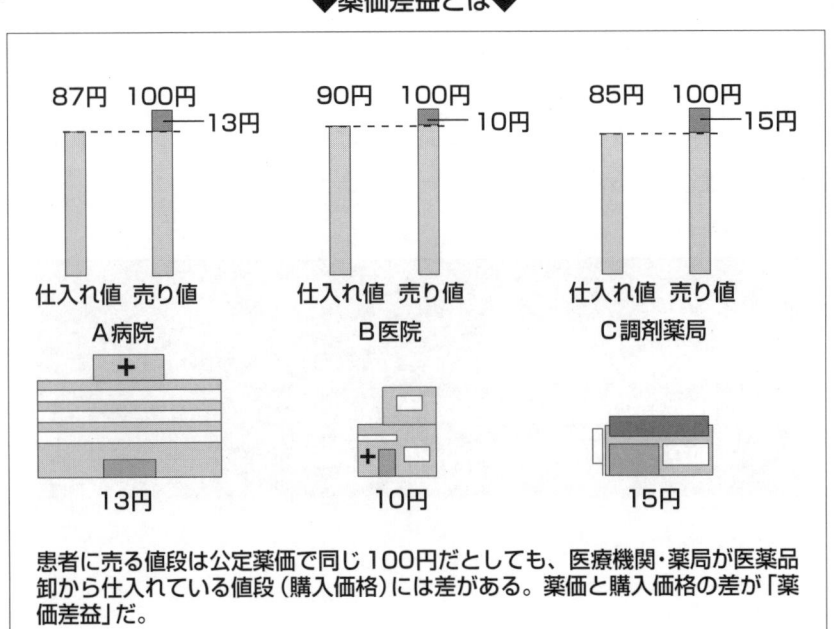

端的に言えば、競争に晒されれば、価格は下がるから医療機関・薬局は「安く買って､それを高く（薬価で）売っている」ことになるんだ。「買った値段」と、売る値段である「薬価」の差によって生じる利益のことを「薬価差益」と呼んでいる。

◆薬価差益とは◆

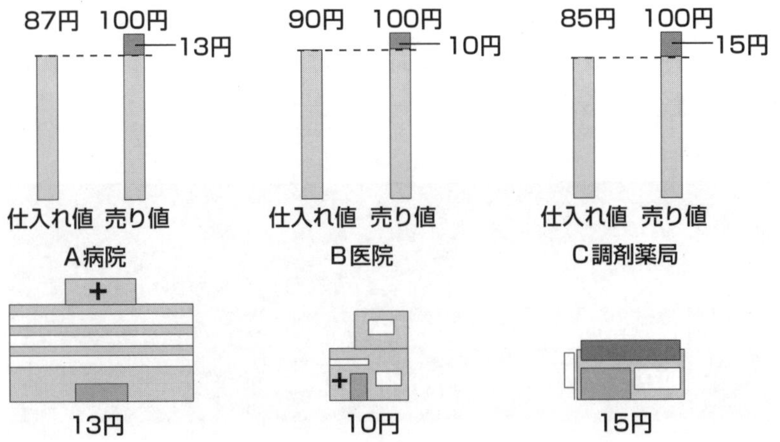

患者に売る値段は公定薬価で同じ100円だとしても、医療機関・薬局が医薬品卸から仕入れている値段（購入価格）には差がある。薬価と購入価格の差が「薬価差益」だ。

医療機関・薬局と卸の間では、競争原理が働いて、一度にたくさん購入するほど医薬品の価格は下がる。でも､売るときは薬価でOKだから、買い叩いて安く仕入れるほど、薬価差益で儲けることができるんだ。

公的医療保険という、ある種「社会主義的な」枠組みのなかで薬価が設定されつつも、一皮めくって、医療機関・薬局の卸との取り引きを見れば、家電など一般的な消費財と同様に自由な価格競争が繰り広げられている。これが医療用医薬品市場の特殊性なんだ。

これだけ聞くと「国が決めた値段より安く買ってたくさん儲けるなんて、医者は人の命を救うのが仕事なのにけしからん！」と思うかもしれない。けれど、医師側の認識は違うよ。

医師は「ある程度、薬価差益は必要」と考えているんだ。

日本の医師に対する技術料（診療報酬）は、欧米などと比較して元来、低く抑えられてきた歴史がある。その「足りない分」を薬価差益で補っているわけだから、もしそれをなくすというなら、そもそもの技術料を「正当に評価して引き上げるべき！」と、医師側はかねて主張しているんだ。

ポイント

◎公定薬価－購入価格＝薬価差益
◎公的保険のなかでの自由競争
◎医師からみれば「差益は技術料の補填」

薬価改定って何だ？

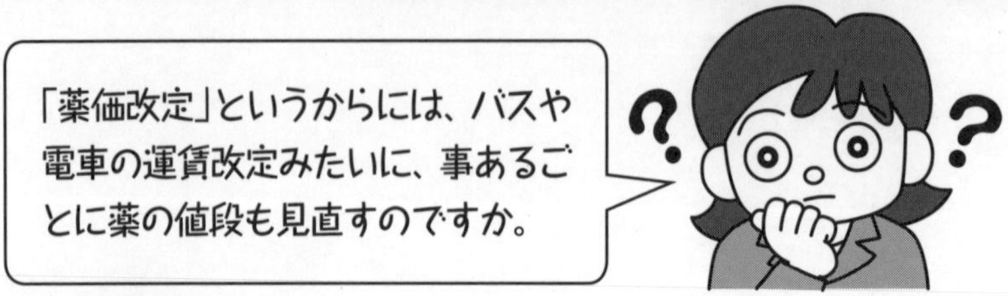
「薬価改定」というからには、バスや電車の運賃改定みたいに、事あるごとに薬の値段も見直すのですか。

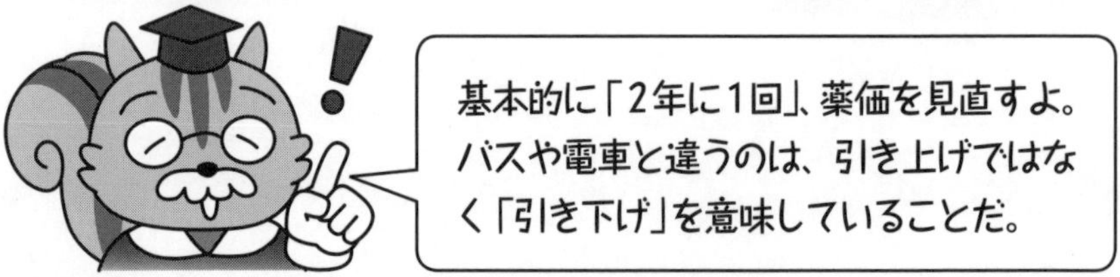
基本的に「2年に1回」、薬価を見直すよ。バスや電車と違うのは、引き上げではなく「引き下げ」を意味していることだ。

薬価はずっとマイナス改定

薬価改定というのは公定薬価の見直しのことだ。現在は２年に１回、全面的に見直しされている。「次の２年間はこの価格でいきましょう」という薬価を国が定めて、その次の改定まで２年間は固定されるんだ。

ごくごく一部の例外的なケースを除くと、薬価改定で、後の価格が前の価格を上回ることはない。つまり薬価改定＝引き下げなんだ。メーカーにとっては２年に１回、強制的に価格を引き下げられるのは、経営的なダメージが大きく、堪ったものじゃない。

医師が使う薬の「量」自体は、医療の必要度によるから、薬価が変わっても基本的に変化はない。とすると、医薬品の「価値」とも言える薬価が下がれば、その分売り上げの減少に直結することになるからね。

では、なぜ薬価改定をやる必要があるのだろうか。

過去に、医療機関が多額の薬価差益を得ようと、差益の大きい医薬品を選んで購入する動きに出て、社会問題化したんだ。安く仕入れた薬を過剰に投与して儲けようとする輩（やから）まで出てきた。湯水のようにジャブジャブ使う傾向は「薬漬け医療」と呼ばれ、批判を浴びた。そうした医療費の無駄を削減するために「薬価差益の解消」を求める声が強まったよ。

そこで、実際の購入価格と薬価の乖離を少なくして「薬価差益に頼らない医療機関経営」を促す意味が、定期的に行う薬価改定には込められたんだ。

34ページの表にあるように、全医薬品を考えて薬価をみれば、ずっとマイナス改定で推移しているよ。市場での取引価格と薬価の差を縮小することが目的だから、構造的に下落するのは今まで見てきた通りだね。

ただ、全品目の価格が引き下げられるのではなく、例外的にごく一部の品目は価格が従来よりも引き上げられるんだ。薬価が低くて採算が合わない「不採算」に陥った品目の価格を「救済」の意味で引き上げたり、消費税引き上げに伴ってその分を上乗せしたりしているためだ。また「新薬創出・適応外薬解消等促進加算」（112ページ）という加算制度の対象となり、改定前と後で薬価が「据え置き」になる場合もあるよ。

全体で薬価をどのくらい引き下げているかというと、2000年以降は、概ね5～7％程度のマイナスで推移しているね。昭和の時代には、薬価を20％近く引き下げることもあったけれど、その頃に比べると最近は差益が縮小していると言えるね。

それでも、大規模病院や大手の調剤薬局チェーンは、そのバイイングパワー（購買力）の大きさを背景に、医薬品卸に対して強く「値引き」を迫るから、平均以上の薬価差益を享受しているのが実態だ。

薬価改定は、厚生労働省が「薬価調査」（36ページ）を実施して市場での取引価格（市場実勢価格）を調べたうえで、薬価との乖離分を

◆薬価基準改定の経緯◆

改正年月日	改正区分	収載品目数	改定率(%)		備考
			薬剤費ベース	医療費ベース	
67.10.1	全面	6,831	▲10.2	—	
69.1.1	〃	6,874	▲5.6	▲2.4	
70.8.1	〃	7,176	▲3.0	▲1.3	
72.2.1	〃	7,236	▲3.9	▲1.7	
74.2.1	〃	7,119	▲3.4	▲1.5	
75.1.1	〃	6,891	▲1.55	▲0.4	
78.2.1	〃	13,654	▲5.8	▲2.0	銘柄別収載
81.6.1	〃	12,881	▲18.6	▲6.1	
83.1.1	部分	16,100 (3,076)	▲4.9	▲1.5	81%バルクライン方式
84.3.1	全面	13,471	▲16.6	▲5.1	
85.3.1	部分	14,946 (5,385)	▲6.0	▲1.9	
86.4.1	部分	15,166 (6,587)	▲5.1	▲1.5	
88.4.1	全面	13,636	▲10.2	▲2.9	修正バルクライン方式
89.4.1	〃	13,713	+2.4	+0.65	消費税分の引上げ
90.4.1	〃	13,352	▲9.2	▲2.7	
92.4.1	〃	13,573	▲8.1	▲2.4	加重平均値一定価格幅方式R15
94.4.1	〃	13,375	▲6.6	▲2.0	R13
96.4.1	〃	12,869	▲6.8	▲2.6 （薬価算定方式の一部変更及び材料価格等を含む）	R11
97.4.1	〃	11,974	▲4.4 このほか消費税対応分 +1.4	▲1.27 このほか消費税対応分 +0.4	R10（長期収載医薬品R8）
98.4.1	〃	11,692	▲9.7	▲2.7	R5（長期収載医薬品R2）
00.4.1	〃	11,287	▲7.0	▲1.6	調整幅2％
02.4.1	〃	11,191	▲6.3	▲1.3	調整幅2％（先発品の一定率引き下げ）
04.4.1	〃	11,993	▲4.2	▲0.9	調整幅2％（先発品の一定率引き下げ）
06.4.1	〃	13,311	▲6.7	▲1.6	調整幅2％（先発品の一定率引き下げ）
08.4.1	〃	14,359	▲5.2	▲1.1	調整幅2％（先発品の一定率引き下げ）
10.4.1	〃	15,455	▲5.75	▲1.23	調整幅2％（先発品の一定率引き下げ）
12.4.1	〃	14,902	▲6.00	▲1.26	調整幅2％（先発品の一定率引き下げ）
14.4.1	〃	15,303	▲5.64 このほか消費税対応分 +2.99%	▲1.22 このほか消費税対応分 +0.64%	調整幅2％(後発品への置換えが進まない先発品の一定率引き下げ)

(注) 部分改正における収載品目数欄の ( ) 内の数値は改正対象品目数を示す。

〈出所〉中医協資料を一部改変

引き下げるかたちで行われるよ。具体的には「市場実勢価格加重平均値調整幅方式」（100ページ）と呼ばれるやり方で改定するんだ。

ポイント

◎薬価は基本的に「下がるもの」
◎差益解消が薬価改定の目的
◎最近の薬価改定率は6％程度

薬価調査って何だ？

薬価を改定するために市場実勢価格を調べるのが薬価調査ですよね！全医薬品の価格を調べるんですか？
その通り。薬価収載されたものはすべて対象になるんだ。いくつかの調査を行うなかで、一番重要なのが「薬価本調査」だよ。

医薬品卸などの協力で成り立つ

薬価調査は、２年に１回、薬価を改定する際の「基礎資料」という位置付けで行われる。メインは「薬価本調査」で、サブが「経時変動調査」になる。

■薬価本調査

市場の実態を薬価改定に適切に反映するために行う「市場実勢価格」調査のことだよ。誰に価格を聞けばいいかな。実際に医薬品を**「売る側」（医薬品卸売業者）**と**「買う側」（医療機関や保険薬局）**に聞けば、いくらで取引されているか調べることができるね。
「売る側」の調査は、すべての医薬品卸（約6000営業所）を対象に品目ごとの納入価格を調べる。
「買う側」の調査は、一定率で抽出された医療機関、保険薬局を対象に品目ごとの購入価格を調べるんだ。

ちなみに13年度調査は、

●860病院（全病院の10分の1）

●1000診療所（全診療所の100分の1）

●1800薬局（全保険薬局の30分の1）

が対象だったよ。

さて、調査する対象はわかったけれど、今度はこの膨大な調査を「誰が行うのか」気になるところだね。この薬価本調査では、「売る側」（卸）と「買う側」（医療機関など）が自ら調査するんだ。こうした手法を**「自計調査」**と呼ぶよ。期間は1ヵ月間で、調査でわかった価格を厚労省に報告するんだ。

どの月に薬価本調査を行うかは、信頼性を担保するために公表されないが、最近の調査月は「9月」が慣例となっていて、事実上固定されているとも言えるよ。

■経時変動調査

2年に1回の薬価本調査を補完する目的で行われている。薬価本調査と違って常時、市場実勢価格を把握する目的で行う調査だ。自計調査と**「他計調査」**を組み合わせている。

他計調査というのは、厚労省職員や都道府県職員が医薬品卸や医療機関などに実際に出向いて、伝票などを実地で調査する「第三者調査」のことだよ。

でも、常時すべての製品を調査するのは、すごく大変だし、人件費などのコストもかかるから、販売規模の大きい品目、価格競争が激しいと思われる品目、新薬などについて随時、販売価格を調べるんだ。一定割合で抽出した医薬品卸に対して、品目を限って行うことになる。

一方、この経時変動調査での自計調査は、医薬品卸の一部（約1500営業所）が全医薬品の取引データを年4回程度、厚労省に提出するものだ。

◆薬剤費及び推定乖離率の年次推移◆

年度	国民医療費 (A)（兆円）	薬剤費 (B)（兆円）	薬剤費比率 (B/A)（%）	推定乖離率 (C)（%）
93年度	24.363	6.94	28.5	19.6
94年度	25.791	6.73	26.1	—
95年度	26.958	7.28	27.0	17.8
96年度	28.454	6.97	24.5	14.5
97年度	28.915	6.74	23.3	13.1
98年度	29.582	5.95	20.1	—
99年度	30.702	6.02	19.6	9.5
00年度	30.142	6.08	20.2	—
01年度	31.100	6.40	20.6	7.1
02年度	30.951	6.39	20.7	—
03年度	31.538	6.92	21.9	6.3
04年度	32.111	6.90	21.5	—
05年度	33.129	7.31	22.1	8.0
06年度	33.128	7.10	21.4	—
07年度	34.136	7.40	21.7	6.9
08年度	34.808	7.38	21.2	—
09年度	36.007	8.01	22.3	8.4
10年度	37.420	7.88	21.1	—
11年度	38.585	8.44	21.9	8.4

※13年度の推定乖離率は8.2％

(注)・国民医療費（厚生労働省大臣官房統計情報部調べ）は、当該年度内の医療機関等における傷病の治療に要する費用を推計したものであり、医療保険の医療費総額に、労災、原因者負担（公害健康被害等）、全額自己負担、鍼灸等を加えたものである。
(注)・薬剤費は、労災等においても医療保険と同じ割合で薬剤が使用されたものと仮定し、国民医療費に医療保険における薬剤費比率をかけて推計している。
(注)・推定乖離率における「－」は薬価調査を実施していないため、データがないことを示している。
(注)・00年度の介護保険の創設により国民医療費の一部が介護保険へ移行。

〈出所〉中医協資料を一部改変

■平均乖離率

こうした調査を通じて、全医薬品の販売数量を加味したうえでの、薬価と市場実勢価格の平均的な「乖離」を割り出すんだ。その数字が**「推定（平均）乖離率」**になる。13年度調査では「約8.2％」と報告されているよ。例えば、薬価が100円だった品目は、卸と医療機関との間で、実際は8.2円を引いた91.8円で取り引きされていたこと意味している。ここ数回の薬価本調査での推定乖離率は、表の通り「８％台」で推移しているよ。

ポイント

◎薬価調査の肝は「薬価本調査」
◎補完目的で行うのが「経時変動調査」
◎平均乖離率は「8％台」で推移

中医協って何だ？　①

中医協の読みは「チュウイキョウ」ですよね。診療報酬を決めているところ、と何となく聞いたことはあります。

「中央社会保険医療協議会」の略だよ。厚生労働大臣の諮問機関で、２年に１回、診療報酬点数や薬価など「医療にまつわる価格」をすべて決める役割を担っているんだ。

中医協は三者構成の合議制

国の審議会、検討会で「一番人気がある」のが、この中医協かもしれないよ。議論は原則として一般に公開され、実際の委員や関係者、厚労官僚以外に、毎回100人程度が傍聴しに来ている。厚労省内や都内のホテルなどが会場だ。

中に入れる人数は毎回限られているため、スマートフォンやゲームソフトなど「人気商品発売日」の店頭さながら､「先着順」で配布される傍聴券を求めて会場前には、いつも長い行列ができるよ。通常は、月に１～２回、水曜日に開催されている。

診療報酬改定の議論が大詰めを迎えたときなど「混雑必至」の回だと、前の日に会場近くのホテルに宿泊して早朝から並ぶ人までいる。午前９時か10時が開会時間だが、５時頃から人が集まり出すこともあるんだ。

前置きはこれくらいにして、実際の中医協についてみていこう。

まず、なぜ中医協が必要かだ。医療に対する対価を支払う場合、全医療機関・薬局と全保険者（健保組合、協会けんぽ、市町村国保など）が個別に価格交渉を行ったらどうなるかな。煩雑になりすぎ、混乱も招くよね。それで全国一律の価格設定を行うことにしたうえで、診療側・支払側がそれぞれ全国を代表して、中医協という場で価格交渉を行う仕組みとしているんだ。裁判で言えば「裁判官」にあたる、中立的な立場として公益側も加わっている。

つまり、中医協を舞台に、ざっと医療費40兆円（うち薬剤費は８兆円程度）の「疑似市場」（公的サービスに部分的に市場原理を取り入れた市場）を形成しているということだ。診療側委員７人、支払側委員７人、公益委員６人の計20人で構成されている。任期は１期２年、最大３期６年までと決まっているよ。

■診療側

医師代表５人、歯科医師代表１人、薬剤師代表１人で計７人。日本医師会（日医）推薦で３人、11の病院団体で構成する「日本病院団体協議会」（日病協）推薦で２人、日本歯科医師会（日歯）推薦で１人、日本薬剤師会（日薬）推薦で１人となっている。

■支払側

保険者、被保険者、事業主の代表計７人。具体的には、健康保険組合連合会（健保連）、全国健康保険協会（協会けんぽ）、日本労働組合総連合会（連合）、日本経済団体連合会（経団連）、全日本海員組合、自治体首長（市町村国保を代表）、連合推薦の患者代表の７人が委員を務めている。

■公益側

公益委員計６人は、文字通り「公益を代表するもの」として、大学教授ら有識者が選ばれている。日本銀行総裁などと並んで、衆議院・参議院の同意が必要な「国会同意人事」の対象。慣例で診療側・支払側の推薦により、６人のなかから中医協会長を選んでいる。

次は中医協のいくつかの特徴を箇条書きで示しながら、簡単に解説を加えよう。

①中医協は個別の診療報酬点数設定を議論する

診療報酬改定では、内閣が決定した診療報酬総体の上げ下げ割合を示す「改定率」により、プラス改定なら、どれだけの財源があるかが判明する。率がマイナスなら、その分を改定で圧縮しないといけない。例えば医療費を40兆円として、１％のプラス改定なら4000億円分の改定に使える財源が生まれ、反対に１％のマイナス改定なら診療報酬点数をやりくりして4000億円分を削減する必要性が生じたことになる。

中医協とは別の厚労相の諮問機関である社会保障審議会の医療部会及び医療保険部会が策定した「基本方針」に基づいて、中医協で具体的な診療報酬点数（薬価を含む）の設定に関する審議を行う。

②合議制である

基本的には、診療側と支払側で議論を続け、妥協点を見出しながら合意による決定で、一つひとつの審議事項をこなしていく。

③妥協点が見いだせない場合のみ「公益裁定」

両側の意見対立で膠着状態が続くなかで、時間的な制約もあり、結論を出す必要性に迫られた場合は、公益委員に判断を委ねる。

④ケタ外れに審議内容が多い

診療報酬の個別項目は8000以上。薬価収載品目は１万5000に及ぶ。２年に１回、制度改正を議論しながら、点数を見直している。

◆診療報酬改定のスキーム◆

診療報酬改定は、
①予算編成過程を通じて内閣が決定した改定率を所与の前提として、
②社会保障審議会医療保険部会及び医療部会において策定された「基本方針」に基づき、
③中央社会保険医療協議会において、具体的な診療報酬点数の設定等に係る審議を行い実施されるものである

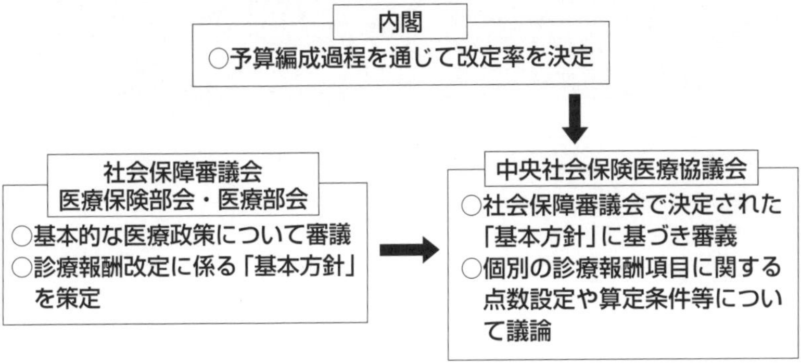
内閣
○予算編成過程を通じて改定率を決定
社会保障審議会
医療保険部会・医療部会
○基本的な医療政策について審議
○診療報酬改定に係る「基本方針」を策定
中央社会保険医療協議会
○社会保障審議会で決定された「基本方針」に基づき審義
○個別の診療報酬項目に関する点数設定や算定条件等について議論

〈出所〉厚生労働省資料

改定月は４月のため、それに間に合うよう２月中旬までに改定案をまとめて、厚労相に答申する。審議内容は膨大で、ピーク時には週２回、５～６時間の議論を繰り返す。

⑤決定事項は原則実施

答申内容は原則としてそのまま厚労省の告示（国民への周知）となる。法律改正ではないので、国会審議は必要としない。

⑥実際の価格付けは事務局に委任

それでも、すべての診療報酬点数を検討することは物理的に不可能なため、中医協では重要な部分について「価格の方向性」を示して、その点数取得に関する要件などを審議している。つまり点数を「上げるか、下げるか」「付けるか、付けないか」などが議論の中心だ。実際には厚労省保険局医療課という50人規模の官僚部隊が「医

療課長」をリーダーに事務局を組織し、個別点数を設定して、中医協で委員の了承を得る。

ポイント

◎中医協は「診療」「支払」「公益」の三者構成

◎合議制で不一致時のみ「公益裁定」

◎実際の価格付けは事務局（厚労省）に委任

中医協って何だ？　②

中医協のなかでも、薬価と関わりが深いのはどの会議ですか。

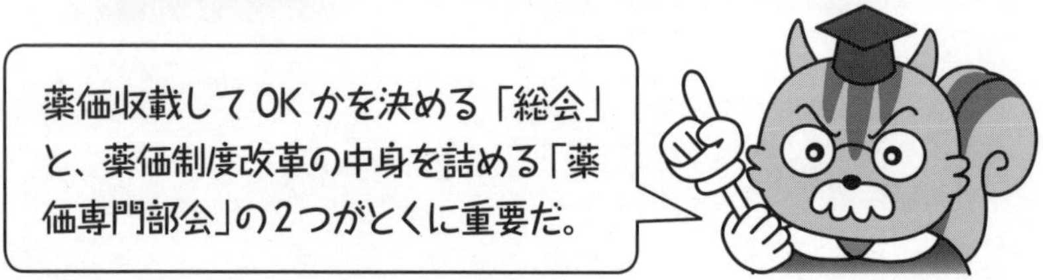
薬価収載して OK かを決める「総会」と、薬価制度改革の中身を詰める「薬価専門部会」の2つがとくに重要だ。

薬価算定ルールは薬価専門部会

中医協は総会と呼ばれる最高決定機関の下に、４つの専門部会、２つの小委員会、３つの専門組織、５つの分科会を抱える。総会が木の幹だとしたら、枝が多方向に伸び、たくさんの葉が付いているようなイメージだ。

では、薬価と関連が深い「総会」と「薬価専門部会」をそれぞれみていこう。

■総会

総会は、中医協の最高決定機関であり、薬価収載を正式に認める場にもなっている。薬価算定組織を経て「この薬の薬価はいくら」と固まった算定案が提示され、それに基づいて委員が審議するんだ。

委員からは質問、疑問が数多く出るだけでなく、ごくまれに「データ不足」などを理由に、薬価収載の了承が見送られることもある。

すると、メーカーは困った事態に陥る。中医協に諮る時点で、す

◆中央社会保険医療協議会の関連組織◆

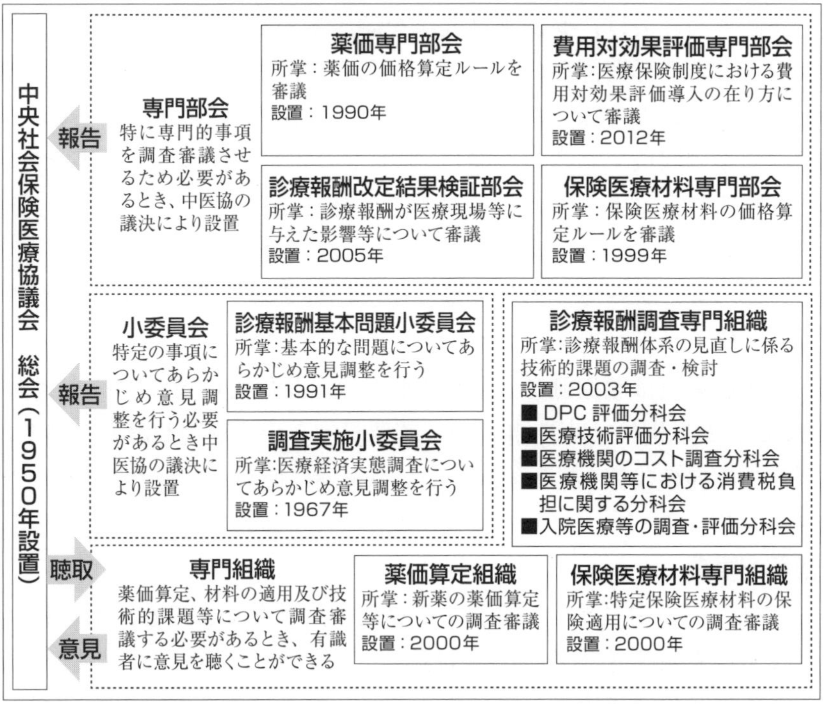
中央社会保険医療協議会　総会（1950年設置）
報告
専門部会
特に専門的事項を調査審議させるため必要があるとき、中医協の議決により設置
薬価専門部会
所掌：薬価の価格算定ルールを審議
設置：1990年
費用対効果評価専門部会
所掌：医療保険制度における費用対効果評価導入の在り方について審議
設置：2012年
診療報酬改定結果検証部会
所掌：診療報酬が医療現場等に与えた影響等について審議
設置：2005年
保険医療材料専門部会
所掌：保険医療材料の価格算定ルールを審議
設置：1999年
報告
小委員会
特定の事項についてあらかじめ意見調整を行う必要があるとき中医協の議決により設置
診療報酬基本問題小委員会
所掌：基本的な問題についてあらかじめ意見調整を行う
設置：1991年
調査実施小委員会
所掌：医療経済実態調査についてあらかじめ意見調整を行う
設置：1967年
診療報酬調査専門組織
所掌：診療報酬体系の見直しに係る技術的課題の調査・検討
設置：2003年
■DPC 評価分科会
■医療技術評価分科会
■医療機関のコスト調査分科会
■医療機関等における消費税負担に関する分科会
■入院医療等の調査・評価分科会
聴取
意見
専門組織
薬価算定、材料の適用及び技術的課題等について調査審議する必要があるとき、有識者に意見を聴くことができる
薬価算定組織
所掌：新薬の薬価算定等についての調査審議
設置：2000年
保険医療材料専門組織
所掌：特定保険医療材料の保険適用についての調査審議
設置：2000年

〈出所〉厚生労働省資料を一部改変

でに薬価収載されるつもりでいるから、医療機関などを回って「先生、今度ウチからこんな新しい薬が出ますから」と事前のプロモーション活動を行っているんだ。製品パンフレットなど販売促進の資材も薬価収載される時期を見越して用意している。

万が一収載されないと、次の収載まで最低3ヵ月は待たないといけなくなるよ。

とくに開発競争が激しい疾患領域では、各社が逸早く新薬を投入して市場のパイを押さえようと鎬を削っている。だから、市場への「最後の関門」である中医協で、滞りなく薬価収載を了承してもらうことは非常に重要なんだ。

■薬価専門部会

薬価専門部会は、薬価制度改革を議論する場になる。中医協の総会の下にある専門部会の１つだったね。診療報酬改定のタイミングと合わせて、２年ごとに薬価に関連する制度も手直ししているよ。総会で薬価収載を審議した際に、制度上の問題が提起された場合は、薬価専門部会に下ろして、検討することになるんだ。

ところで、メーカーの代表は、中医協の議論に参画できるのだろうか。答えは、一応イエスだ。

正式な委員は診療側７人、支払側７人、公益側６人の20人だけれど、これとは別に「専門事項の審議要員」という**専門委員**の立場で、医薬品業界の代表（製薬・卸）３人が審議に加わっているんだ。

■専門委員

メーカーの代表として参加する専門委員はあくまでも、「求められたときに意見を述べる」のが役割だから、自ら議論を提起したり、中医協で物事を決定する際に直接関与したりはできないんだ。そういう意味では、正式な委員より、かなり弱い立場で参画していることになる。

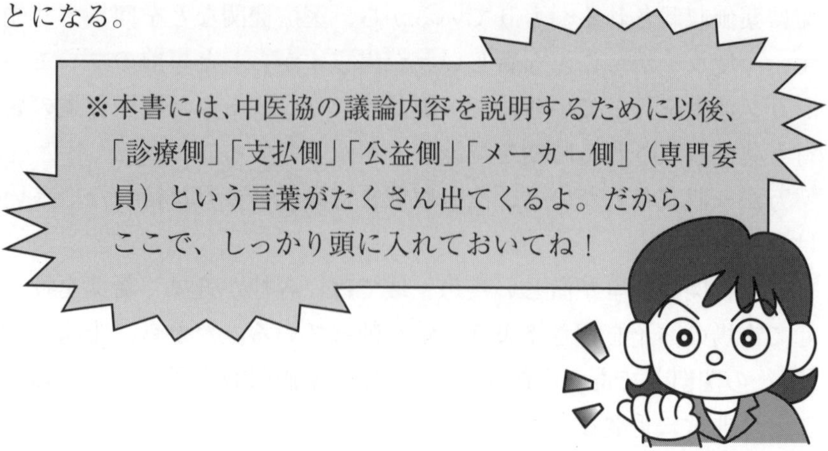
※本書には、中医協の議論内容を説明するために以後、「診療側」「支払側」「公益側」「メーカー側」（専門委員）という言葉がたくさん出てくるよ。だから、ここで、しっかり頭に入れておいてね！

ポイント

◎薬価収載は「総会」

◎薬価制度改革は「薬価専門部会」

◎医薬品業界からは中医協に「専門委員2人」

1日薬価って何だ？

薬価というのは､｢1錠いくら｣｢1カプセルいくら｣と、決まっているんですか？

その通り。基本的には「1錠いくら」のように規格単位ごとに薬価が付けられているんだ。それぞれの薬について、1日に服用する分に換算したのが「1日薬価」になるよ。

薬価算定基準における定義

薬価に関するルールを示したものが、厚生労働省が示す「薬価算定の基準について」（268ページからの資料）だ。次のような章立てになっているよ。

第1章　定義
第2章　新規収載品の薬価算定
第3章　既収載品の薬価の改定
第4章　実施時期等

「第1章　定義」では、1の「薬価」から34の「再算定」まで、言葉の意味を説明している。ここでは、そのなかでも、とくに押さえておくべき重要な言葉だけを抜き出して、解説を加えることにしよう。

1　薬価
2　1日薬価

9　新薬

14　汎用規格

の４つだ。「15」以降の言葉については、実際の制度を説明するなかで、番号を示さずにその都度触れていくよ。

1　薬価

薬価とは、保険医療機関及び保険薬局が薬剤の支給に要する単位あたりの平均的な費用の額として銘柄毎に定める額をいう。

「単位あたり」と「平均的な費用の額」というのが､引っ掛かるかな。

まず「単位あたり」から説明しよう。錠剤の場合なら、１錠ごとが単位になるんだ。

●セイブル錠25㎎　30.20円

●セイブル錠50㎎　52.90円

●セイブル錠75㎎　73.80円

有効成分量ごとに、それぞれの価格が決められるから、25㎎錠の価格を２倍にすれば50㎎錠、３倍にすれば75㎎錠とはならないんだ。

注射剤や液剤などでは、管（アンプル）、瓶、袋入りなど１つ１つに個別の価格が付けられている場合もあれば、そうでない場合もあるよ。例えば10㎖単位の価格だけが決められていて、その製品の容量が10倍なら、そのまま10倍の値段がつくケースもあるんだ。

次に「平均的な費用の額」について説明するよ。

医療機関・薬局が卸と医薬品を売買する際は、同じ医薬品でも施設によってバラバラの価格で取り引きされていることになるよね。A病院は100円で仕入れていて､B医院は105円で仕入れているとかね。全国で「いくらで」「どれくらいの量」が取り引きされているかを平均（加重平均）して薬価を求めていることから、薬価の定義に「平均的な費用の額」とあるんだ。

2　１日薬価

１日薬価とは、薬事法に基づき承認された用法及び用量に従い、通常最大用量を投与した場合における１日あたりの平均的な費用の額をいう。

次に「１日薬価」をみていこう。

例えば、用法・用量が１日50㎎を朝・昼・晩の３回なら、最大用量は150㎎となるね。仮に薬価が50㎎錠100円の場合には、１日薬価は３倍の300円だ。

なぜ１日薬価を求めるかといえば、新薬の薬価を決めるときに既存の類似薬の１日薬価に合わせたりするからなんだ。

１日薬価で、「１日あたりの平均的な費用の額」と言っている理由は、例えば、「休薬期間」がある医薬品は、毎日服用しないことになるよね。その場合、休薬期間も含めて１日薬価を割り出すんだ。

薬価が700円の500㎎錠を「１日１回３日間」服用して、４日間は休薬するとしよう。１週間（７日間）サイクルだから単位期間は７日間になる。すると、

１日薬価は、

700円×３日間÷７日間＝300円

となるね。

9　新薬

新薬とは、次の各号に掲げる新規収載品をいう。

イ　薬事法の規定に基づき厚生労働大臣の再審査を受けなければならないとされた新規収載品

「新薬」と聞いて、どんな意味を思い浮かべるかな。発する人によって意味が異なる場合が多い。単純に「新しく出た薬全般」とも言

えるし、「特許切れ前の医薬品」を指すこともある。「従来なかった薬効成分を持つ医薬品」として、ライフサイクルを通して、特許が切れてからも後発医薬品に対する「先発医薬品」＝新薬と呼ぶこともあるだろう。

薬価算定のルール上の「新薬」は、きちんと定義されているよ。「再審査を受けなければならない新規収載品」が「新薬」という定義だね。

「再審査」制度は、承認された医薬品を一定期間医療現場で使った後、もう一度有用性を審査する制度だ。承認申請時の申請には、動物試験や何百人、何千人規模の臨床試験の膨大なデータが求められるけれど、それでも販売後に使用される患者の数（多い場合は何百万人、何千万人）に比べれば、不十分だね。だから、承認後もメーカーに使用実態を調査させる期間を設けて、その後に安全性などの再審査を行っているんだ。

この調査期間を「再審査期間」と呼ぶよ。医薬品の特性によって再審査期間は4～10年の間で設定される。「新有効成分の医薬品」であれば再審査期間は8年だ。

再審査が必要かどうかは、個々の医薬品の新規制などを勘案して承認を与える際に厚生労働大臣が指定している。

◆主な再審査期間◆

期間	新医薬品の種類
10年	希少疾病用医薬品 長期の薬剤疫学的調査が必要なもの
8年	新有効成分医薬品
6年	新医療用配合剤（新規性により４年もある） 新投与経路医薬品
4年	新効能・効果医薬品／新用法・用量医薬品

〈出所〉厚生労働省資料

14　汎用規格

汎用規格とは、組成及び剤形が同一の類似薬の年間販売量を、規格別にみて、最もその合計量が多い規格をいう。

汎用規格というのは、「最もよく使われている規格」のことだ。薬価調査で調べた販売数量（1ヵ月分）を12倍して年間販売量を出してみる。そのなかで、「有効成分含有量」が一番多い規格が汎用規格になるんだ。

例えば100㎎錠、200㎎錠があったときに、

100㎎錠が1000万錠

200㎎錠が600万錠

売れたとする。

単純に数のうえでは、1000万錠と600万錠だから100㎎錠のほうが売れていることになるね。

でも、有効成分含有量でみると、

100㎎錠は1000kg

200㎎錠は1200kg

になるから、含有量の総量が多い「200㎎錠が汎用規格」になるんだ。

ポイント

◎「1日薬価」は1日分の平均的な費用

◎「再審査期間」があるものが薬価上の新薬

◎汎用規格は「有効成分含有量」でみる

薬価こぼれ話①

薬価制度改革を担う最重要ポスト「薬剤管理官」

厚生労働省のなかで、薬価制度改革を担当するのはどのポジションか？　もちろん中医協の事務局として診療報酬改定を担う保険局医療課の課長や、医薬品・医療機器業界の窓口役として機能する医政局経済課の課長は、カギを握るポストになる。ただ、薬価制度改革の直接的な関与で言えば、最も重要なのは、保険局医療課の「薬剤管理官」（課長級）という役職だよ。

手っ取り早く言えば、薬剤管理官は「医療保険の薬にまつわること」を網羅的に担う。一番の仕事は、２年に１度、診療報酬改定のタイミングと同時に行われる薬価制度改革、さらには調剤報酬の改定作業なんだ。薬剤管理官を筆頭に課長補佐、主査ら５～６人の部隊は医療課のなかで「薬山（くすりやま）」とも呼ばれている。

厚労省には、通常の国家公務員試験を受けて入省する事務職員のほか、医師、歯科医師、獣医師、看護師などの免許を持った職員が一定数いて、それぞれの専門分野を担当している。そのなかで薬剤師の知識を活かして、薬務行政を担当する職員が「薬系技官」になる。薬剤管理官は、薬系技官の「花形ポスト」と言えるよ。基本的に官僚の異動サイクルは２年だから、１人の薬剤管理官が経験するのは、１回の薬価制度改革であることが多い。

２年ごとの改革は、手直しの連続で、その時々の課題に対応しているわけだけれど、どんな人物が薬剤管理官を担うか、さらに政治情勢によっても、改革の方向性に少なからず違いが出てくるんだ。

製薬業界関係者の見立てなどに基づいて、直近の３人を振り返るだけでも興味深い。08、10年度と２度の改革に携わった磯部総一郎氏は、自他ともに「ジェネリックの伝道師」と認める存在。10年度改革では、業界が求めた薬価維持特例が暗礁に乗り上げた際、「新薬創出・適用外薬解消等促進加算」を数日間で捻り出した人物としても知られているよ。

12年度改革を担った吉田易範氏は堅実派の官僚。民主党政権が引っ張ってきた診療側委員の勢いに押されつつも、既収載の後発品で先発品価格の30％以上のものは「３％刻みで統一価格」といった細かな制度改正を行ったんだ。

14年度改革を担当したのが近澤和彦氏。飄々と振る舞いながらも、長期収載品の「Ｚ２」導入、既収載後発品の「３価格帯集約」など大胆な改革を仕上げた。16年度改革に向けて、もし中医協を傍聴する人がいれば、14年７月から薬剤管理官に座る中井清人氏に注目だ。

第1章

出てすぐの新薬（新規収載品）の薬価

膨大な資金と長い年月を注ぎ込んで、
メーカーがやっとの思いで承認に漕ぎ着けた新薬の薬価が、
どう決まっているかを詳しくみていきます。
日本の薬価制度は「複雑すぎる」「意外に透明度が高い」など、
いろんな感想があると思います！

新薬の薬価算定ルールの全体像

新薬の薬価は、どういうルールで決まっているのですか。

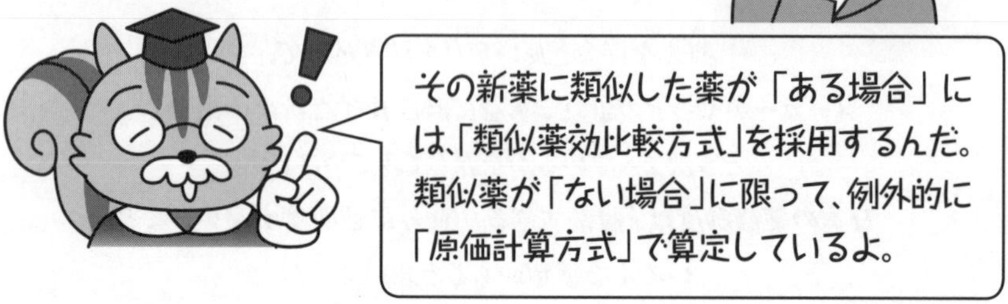
その新薬に類似した薬が「ある場合」には、「類似薬効比較方式」を採用するんだ。類似薬が「ない場合」に限って、例外的に「原価計算方式」で算定しているよ。

新薬（新規収載品）の値付けをどう行うのか。スタート地点は、すでに薬価収載されている医薬品（既収載品）のなかに、類似した薬があるか、ないかだ。次に概念図を示した。

■類似薬がある場合

類似薬がある場合は、「類似薬効比較方式」で算定するよ。新薬の薬価算定の大原則は、この類似薬効比較方式と覚えておこう。

患者がある病気で治療を受けていて、新薬が出てそちらを使うことになれば、前に使っていた薬から置き換わるわけだね。類似薬効比較方式のココロは、「同じ効き目であれば同じ値段」ということだ。

だから降圧剤なら降圧剤、抗がん剤なら抗がん剤と、効き目や作用が似ている薬**（類似薬）**を探す。見つかったら最も似ている薬**（最類似薬）**を、薬価を比較する薬**（比較薬）**と決めて、それを基準に価格を検討するんだ。「同じ効き目なら同じ値段」になるように設定し

◆新医薬品の薬価算定方式◆

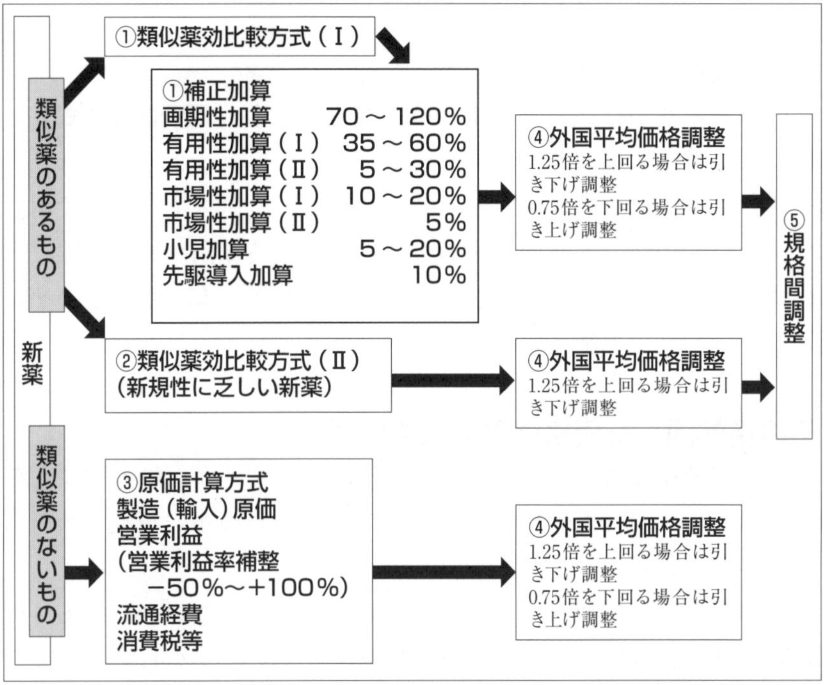
新薬
類似薬のあるもの
類似薬のないもの
①類似薬効比較方式（Ⅰ）
①補正加算
画期性加算 70～120%
有用性加算（Ⅰ） 35～60%
有用性加算（Ⅱ） 5～30%
市場性加算（Ⅰ） 10～20%
市場性加算（Ⅱ） 5%
小児加算 5～20%
先駆導入加算 10%
②類似薬効比較方式（Ⅱ）
（新規性に乏しい新薬）
③原価計算方式
製造（輸入）原価
営業利益
（営業利益率補整
−50%～+100%）
流通経費
消費税等
④外国平均価格調整
1.25倍を上回る場合は引き下げ調整
0.75倍を下回る場合は引き上げ調整
④外国平均価格調整
1.25倍を上回る場合は引き下げ調整
④外国平均価格調整
1.25倍を上回る場合は引き下げ調整
0.75倍を下回る場合は引き上げ調整
⑤規格間調整

〈出所〉中医協資料を一部改変

つつ、もしその新薬が、新しいメカニズムで働く（新規作用機序）とか、類似薬を上回る有効性・安全性を持つとか、優れた点が立証された場合には「補正加算」というかたちで、上乗せされて薬価が決まるんだ。

補正加算には、**「画期性加算」「有用性加算（Ⅰ）」「有用性加算（Ⅱ）」「市場性加算（Ⅰ）」「市場性加算（Ⅱ）」「小児加算」**があり、14年度薬価制度改革では、新たに世界に先駆けて日本で承認を取得した場合の**「先駆導入加算」**（186ページ参照）が加えられたよ。全部で7種類になった。

類似薬効比較方式は、（Ⅰ）と（Ⅱ）の2つに分かれる。新規性がある場合が（Ⅰ）、新規性に乏しい場合は（Ⅱ）が採用されるよ。（Ⅱ）

には、各種の補正加算はつかないんだ。

■類似薬がない場合

類似する薬が存在しない場合は、どうするか。**「原価計算方式」**と呼ばれる手法を用いる。

メーカーが、その新薬をつくるのにかかったコストを書類で示して、それに基づいて薬価が決められるよ。製造原価（原材料費、労務費、製造経費）、販売管理費（倉庫費、宣伝費、研究費）などを積み上げて、一定の利益も乗せたうえで薬価としているんだ。

その後外国平均価格調整や規格間調整

類似薬効比較方式（Ⅰ）、（Ⅱ）、原価計算方式いずれの方式でも算定によって導かれた価格について、今度はいくつかの調整のステップが待っているんだ。

他の先進諸国と比べて、高すぎないか、安すぎないかをみる**「外国平均価格調整」**に該当するか、しないかをチェックして、必要ならそれに基づく上げ下げの操作を施す。それから、もっとも使う「汎用規格」以外の規格については、薬価が類似薬の汎用規格と非汎用規格の規格間比と同じになるよう**「規格間調整」**を行うんだ。

ポイント

◎スタートは類似薬があるか、ないか
◎ある場合は「類似薬効比較方式」
◎ない場合は「原価計算方式」

類似薬効比較方式（Ⅰ）とは

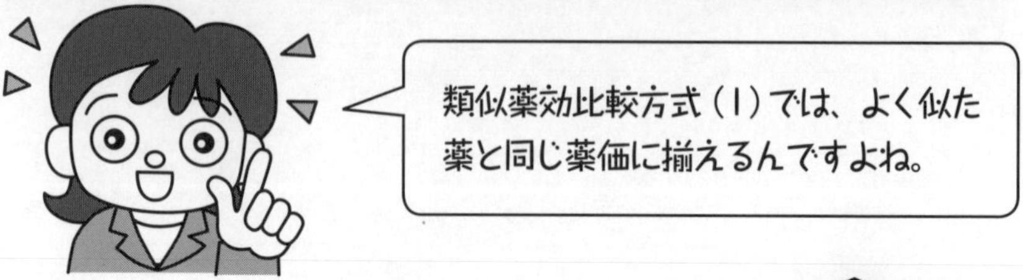
類似薬効比較方式（Ⅰ）では、よく似た薬と同じ薬価に揃えるんですよね。

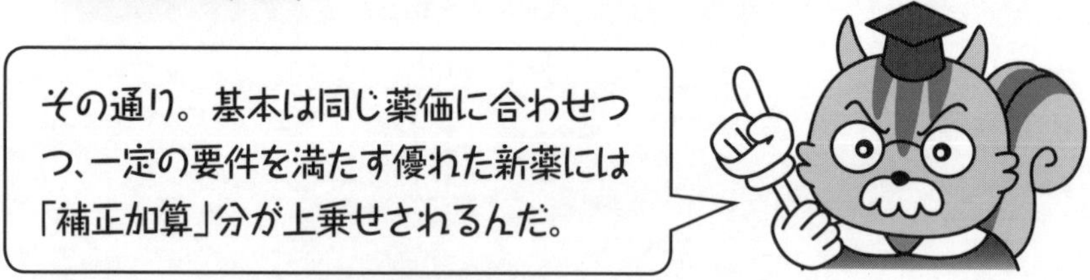
その通り。基本は同じ薬価に合わせつつ、一定の要件を満たす優れた新薬には「補正加算」分が上乗せされるんだ。

ハードルが高い画期性加算

類似薬効比較方式は、

新規性がある場合の「類似薬効比較方式（Ⅰ）」と、

新規性に乏しい場合の「類似薬効比較方式（Ⅱ）」

に分かれるよ。ここでは、新規収載品（新薬）の薬価算定の原則的な算定方式である（Ⅰ）についてみていこう。

■1日薬価合わせ

まず、類似薬となる薬はどうやって選ばれるのか、説明しよう。

①効能・効果（薬の効き目）

②薬理作用（薬が体に及ぼす変化）

③組成・化学構造式

④投与形態・剤形区分・剤形・用法

からみて、似ているものをピックアップする。そのうえで最も類似した既収載品（最類似薬）を決めるんだ。それを薬価を比較する比較薬に選んで、「１日薬価」（52ページ）が同一になるように薬価を算定する。この作業を「１日薬価合わせ」と呼ぶよ。

例を出そう。表を見てほしい。

	単位	薬価	用法・用量	１日薬価
比較薬	50㎎１錠	100円	１回１錠・１日３回	300円
新薬	50㎎１錠	300円	１回１錠・１日１回	300円

比較薬のほうは、薬価100円の薬を「１回１錠・１日３回」だから１日薬価は300円になるね。300円で「１日薬価合わせ」を行うことになる。そこで、新薬のほうは「１回１錠・１日１回」だから、薬価は300円と弾き出せるね。

なお、最も類似性の高いもの（最類似薬）は原則として、「薬価収載後10年以内の後発品のない新薬」とされているよ。これは08年度の薬価制度改革で、日本の新薬の薬価が概して諸外国より低いことを鑑みて、あまりに古く、薬価も低くなったものを最類似薬に選ばないよう配慮がなされたんだ。

せっかく新薬を開発しても、薬価がずっと前の薬と一緒で低くなるというルールでは「開発意欲を削ぐ。イノベーションを阻害する」というメーカー側の主張が一定程度、認められたことになるよ。

■剤形間比

新薬と比較薬の剤形区分が同一なら、上に示したように単純に１日薬価を合わせることで算定ができる。

でも、こんなケースも考えられるね。新薬は「錠剤」だけれど、比較薬には錠剤は存在せず「細粒剤」しかない。

そうすると２つを直接比較はできないことになる。この場合は、やや回りくどい作業になるが、類似する既収載薬のなかで、錠剤と細粒剤がある別のものの探して、その薬価の比率をみるんだ。この比率を**「剤形間比」**と呼ぶよ。

	錠剤	細粒剤
新薬	○	×
比較薬	×	○
類似する既収載品	100円	125円

表に示した通りこの場合、類似する既収載品の剤形間比は、100／125で0.8になる。

もし、新薬と剤形区分が異なる既収載品を比較薬とする場合は、「1日薬価合わせ」を行ったうえで、この剤形間比を乗じて薬価を算定するんだ。だから、仮に比較薬との1日薬価合わせにより、200円と算定されたとすると、剤形間比0.8を乗じて薬価は160円となるよ。

ここまでが1日薬価合わせを用いた、類似薬効比較方式（Ⅰ）の基本的な算定方法だよ。そのうえで、次のステップとして「上乗せ」に値するかを評価する「補正加算」についてみていこう。

■補正加算

イメージしやすいように、サラリーマンの世界に例えてみる。新薬の薬価を「報酬」とするならば、「基本給」が1日薬価合わせを行った算定額だ。たいていの人（薬）には、それがそのまま適用されるが、秀でたものを持っている人（薬）に対しては、「能力給」を上乗せする。これが、補正加算になるよ。

補正加算は、全部で7種類。**「画期性加算」「有用性加算（Ⅰ）」「有用性加算（Ⅱ）「市場性加算（Ⅰ）」「市場性加算（Ⅱ）」「小児加算」**の6つと、14年度改定で新たに加わった**「先駆導入加算」**になる。以下に、補正加算の種類と要件をまとめてみたよ。

各補正加算には、加算率の幅があるね。薬価算定組織（19ページ）

【類似薬効比較方式（Ⅰ）のイメージ】

◆新薬の補正加算の種類と要件◆

補正加算の種類	補正加算率	補正加算の主な要件
画期性加算	70～120％	新規の作用機序、有用性、治療方法の改善の３要件いずれも
有用性加算（Ⅰ）	35～60％	新規の作用機序、有用性、治療方法の改善のいずれか２要件
有用性加算（Ⅱ）	5～30％	新規の作用機序、有用性、治療方法の改善、製剤工夫のいずれか
市場性加算（Ⅰ）	10～20％	オーファン・ドラッグ（患者数５万人未満）
市場性加算（Ⅱ）	5％	市場規模が小さい医薬品（全医薬品市場の0.5％未満の薬効群）
小児加算	5～20％	主な効能・効果、用法・用量に小児に係るものが含まれる
先駆導入加算	10％	画期性加算、有用性加算（Ⅰ）が適用された新薬であって、世界に先駆けて日本で承認されたもの

〈出所〉中医協資料を一部改変

◆類似薬効比較方式（Ⅰ）の主要な加算制度の概要◆

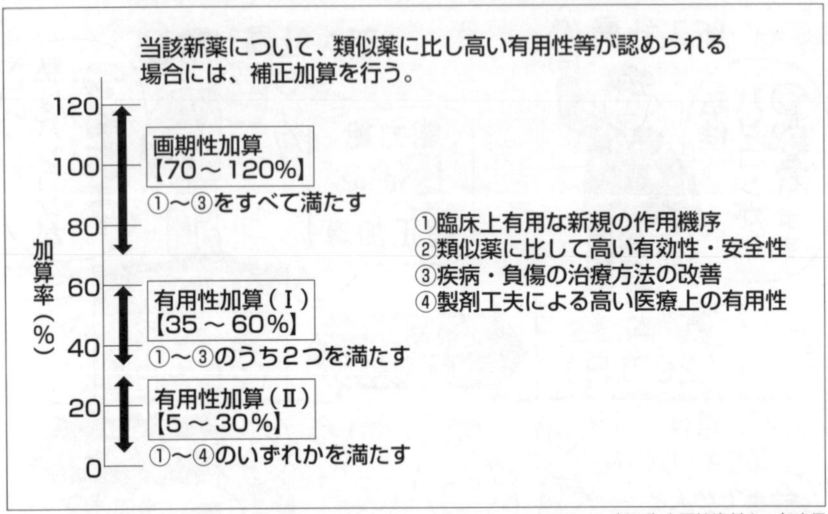
当該新薬について、類似薬に比し高い有用性等が認められる場合には、補正加算を行う。
120
100
80
60
40
20
0
加算率（%）
画期性加算
【70～120%】
①～③をすべて満たす
有用性加算（Ⅰ）
【35～60%】
①～③のうち2つを満たす
有用性加算（Ⅱ）
【5～30%】
①～④のいずれかを満たす
①臨床上有用な新規の作用機序
②類似薬に比して高い有効性・安全性
③疾病・負傷の治療方法の改善
④製剤工夫による高い医療上の有用性

〈出所〉中医協資料を一部改編

で、新薬がいずれかの加算に該当するか否かを判断した後、その幅のなかでどの程度の加算を付けるのが妥当かを検討しているんだ。

1日薬価合わせを行って100円と算定された新薬があるとしよう。

例えば、有用性加算（Ⅱ）の加算率10％が適用された場合の薬価は、100円の10％の「10円」が上乗せされるから、110円となる。

ちなみに加算率が一番大きい「画期性加算」が適用されたのは、薬価算定ルールが明文化された00年以降、何百もの新薬が収載されたにもかかわらず、以下に示すたった2成分しかないんだ。

●脳保護剤「ラジカット注50㎎」（一般名＝エダラボン、田辺三菱製薬）

→画期性加算　加算率20％（※）【01年6月収載】

●キャンディン系真菌症用剤「ファンガード点滴用50㎎」（一般名＝ミカファンギンナトリウム、アステラス製薬）

→画期性加算　加算率30％（※）【02年12月収載】

「ファンガード」が収載されてから、12年以上も該当する新薬は生まれていないことになるね。

※ちなみにこの２つの薬価算定が行われた当時は、新薬の１日薬価に応じて、補正加算率を0.5倍から1.5倍まで傾斜配分する仕組みがあった。１日薬価が高い場合は加算率を減らし、低い場合は加算率を増やす操作をしていたよ。整理すると、一定の標準額（内用薬・外用薬は500円、注射薬は4000円など）より、
　１日薬価が低い新薬には、高めの補正加算
　１日薬価が高い新薬には、低めの補正加算
を付けていたんだ。

この傾斜配分の適用で、「ラジカット」の加算率は40％→20％（0.5倍）、「ファンガード」の加算率は60％→30％（0.5倍）にそれぞれ引き下げられたんだ。なお、この傾斜配分は、業界が「本来は１日薬価でなく、市場規模で考えるべき」と主張して、それが認められて08年度からは廃止されているよ。

⇒先駆導入加算は
186ページへGO

ポイント

◎類似薬効比較方式（Ⅰ）の基本は「類似薬と同じ薬価」
◎補正加算は全部で7種類
◎画期性加算は過去10年以上該当なし

類似薬効比較方式（Ⅱ）とは

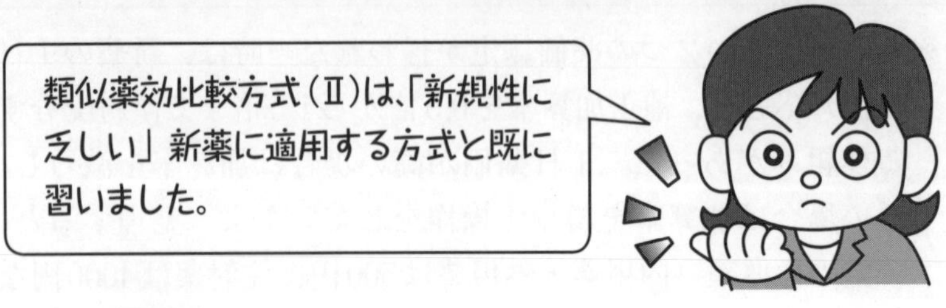
類似薬効比較方式（Ⅱ）は、「新規性に乏しい」新薬に適用する方式と既に習いました。

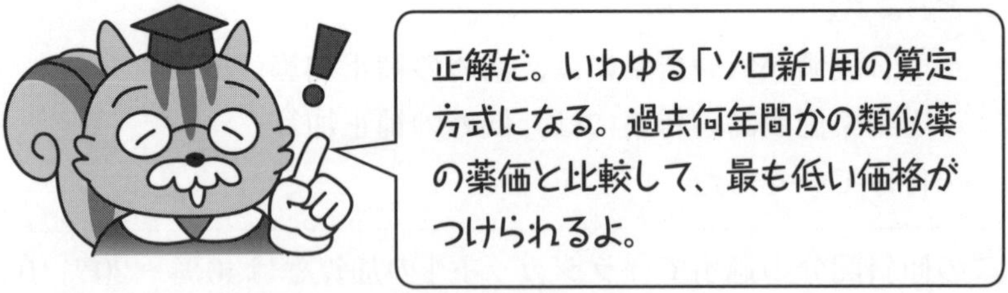
正解だ。いわゆる「ゾロ新」用の算定方式になる。過去何年間かの類似薬の薬価と比較して、最も低い価格がつけられるよ。

「加算なし、3成分、3年」が分岐点

「新規性に乏しい」新薬の評価には、類似薬効比較方式（Ⅱ）が適用される。新規性に乏しい新薬は、以下の条件をすべて満たすものが、該当するよ。

①補正加算の対象外

②薬理作用類似薬（同一の効能・効果・投与形態で、薬理作用が類似）が3成分以上存在

③最も古い薬理作用類似薬の薬価収載から3年以上経過

※一番手の薬理作用類似薬の収載日から起算して3年以内のものは、類似薬効比較方式（Ⅰ）で算定する

類似薬効比較方式（Ⅱ）では、類似薬効比較方式（Ⅰ）で算定される額を上回ることがないように、薬価を設定するんだ。過去10年間に収載された薬理作用類似薬が「ある場合」と「ない場合」に分かれる。

【類似薬効比較方式（Ⅱ）のイメージ】

以下の記述は、少しややこしいから、大雑把には、過去何年間かの類似薬の薬価と比較して、最も低い価格がつけられる、と思ってくれれば十分だよ。

■過去10年間に収載された薬理作用類似薬が「ある場合」

次の2つ（A、B）のうち、低い方と、「1日薬価合わせ」をして薬価を算定する。

A　過去6年間に薬価収載された薬理作用類似薬のうち、最も低い1日薬価

B　過去10年間に薬価収載された薬理作用類似薬の1日薬価の平均額

ただし、その額が類似薬効比較方式（Ⅰ）で算定した額を上回る場

合は、次の3つ（C、D、E）のうち最も低いものとの１日薬価合わせとなる。

C　過去10年間に薬価収載された薬理作用類似薬の最も低い１日薬価

D　過去15年間に薬価収載された薬理作用類似薬の１日薬価の平均額

E　類似薬効比較方式（Ⅰ）で算定した額

■過去10年間に収載された薬理作用類似薬が「ない場合」

直近に薬価収載された薬理作用類似薬との１日薬価合わせで算定する。

ただし、その額が類似薬効比較方式（Ⅰ）で算定した額を上回る場合は、次の3つ（A、B、C）のうち最も低いものとの１日薬価合わせとなる。

A　過去20年間に薬価収載された薬理作用類似薬の１日薬価の平均額

B　過去15年間に薬価収載された薬理作用類似薬の最も低い１日薬価

C　類似薬効比較方式（Ⅰ）で算定した額

さて、算定方式は理解できても、実際にどんな薬に類似薬効比較方式（Ⅱ）が適用さるのかは、イメージできないかもしれないね。

いわゆる**「ゾロ新」**が該当すると考えてもらえればいい。

新薬のなかでも新規性・有用性が高く、類似薬効比較方式（Ⅰ）の「画期性加算」にあたるような薬を「ピカピカの新薬」を縮めて、業界用語で**「ピカ新」**と呼ぶことがある。

これに対して、既存の医薬品の有効成分の化学構造を少し変えただけなどの「改良型新薬」を、「ゾロ新」と言っているんだ。

特許が切れた既存薬と同一成分である後発品（ジェネリック）は、

ゾロゾロ出てくるところから、かつて「ゾロ」と呼ばれていたが、それと新薬のカテゴリーに入る「ゾロ新」は、明確に区別されるよ。「ゾロ新」は比較的短い開発期間と、少ない研究開発費で開発ができる。それでも呼び名の響きは、ゾロゾロ似たような薬が出てくるイメージが付きまとうため、否定的に受け止められがちなんだ。

でも、実際は元のいい薬を、さらに改良しているわけだから、有用で、結果的に医療現場で長く使われる薬は「ゾロ新」ということも少なくないよ。「私も、私も」と続いて改良するニュアンスから「Me Too Drug」という呼ばれ方もするんだ。

ポイント

◎類似薬効比較方式（Ⅱ）は「ゾロ新」用
◎補正加算なし、類似薬3つ以上、3年以上経過
◎過去の類似薬のなかで最も低い価格に

外国平均価格調整って何だ？

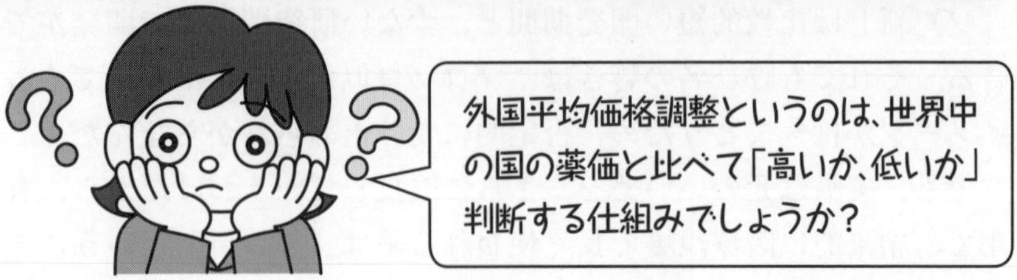
外国平均価格調整というのは、世界中の国の薬価と比べて「高いか、低いか」判断する仕組みでしょうか？

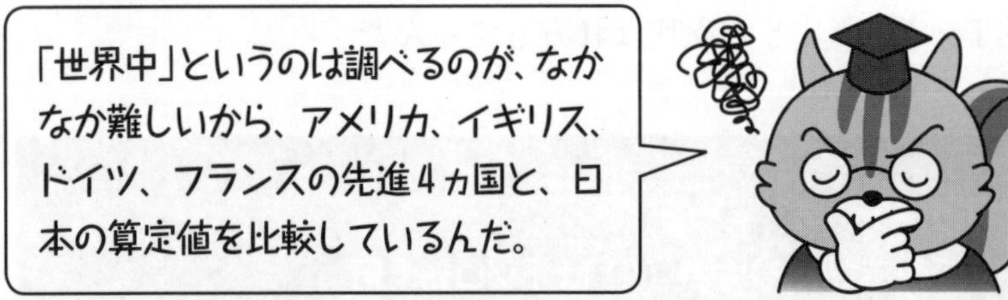
「世界中」というのは調べるのが、なかなか難しいから、アメリカ、イギリス、ドイツ、フランスの先進4ヵ国と、日本の算定値を比較しているんだ。

5倍外しと2倍止め

この「外国平均価格調整ルール」は、日本で算定する薬価が欧米主要国と比べて突出して高かったり、低かったりして大きな差が生じないように、適正な範囲に定めようというルールになる。

2段階の仕組みであることをまず押さえよう。

①「外国平均価格」を割り出す

②それを基に「外国平均価格調整」が必要か見極めて適用する

では、順番に解説していくよ。

■外国平均価格

最初は、外国平均価格をどう求めるかだ。例えば、次のような薬価の医薬品があったとしよう。

A国　320円

B国　300円

C国　300円

D国　280円

この場合は、４ヵ国の合計が1200円だから、４で割ると、相加平均は300円になるね。だから外国平均価格も300円と簡単に導ける。

このように、４ヵ国の薬価に差異がほとんどない場合なら、単純に相加平均で出せばいいが、「アメリカの薬価が突出して高い」など、１ヵ国だけ薬価がものすごく高いケースでは、外国平均価格もその高い価格に引っ張られてつり上がってしまうことが制度上の問題として過去に指摘されたんだ。

その問題を解消するために４ヵ国で１番高い価格（最高価格）に「手を加える」見直しが繰り返し行われているよ。

①「５倍外し」（06年度改革）

「５倍外し」というのは、米英独仏４ヵ国中２ヵ国以上で、同じ薬が存在するときに、それらの「最高価格が最低価格の５倍を超える場合は、その最高価格を除外」して、平均値を算定するルールだ。

例を出そう。

◆5倍外し◆

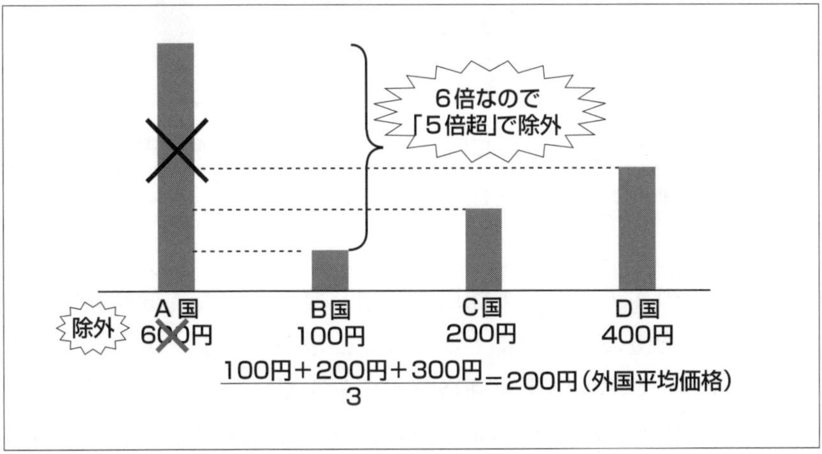
6倍なので
「5倍超」で除外
除外
A国
600円
B国
100円
C国
200円
D国
400円
100円＋200円＋300円
3
＝200円（外国平均価格）

A国の薬価が600円、B国が100円、C国が200円、D国が300円だったとする。A国の600円（最高価格）はB国の100円（最低価格）の「5倍」を超えている。このため、A国の600円を除いた、他の3ヵ国の相加平均で、外国平均価格を算定することになる。

$$\frac{100\text{円}+200\text{円}+300\text{円}}{3}=200\text{円（外国平均価格）}$$

②「2倍止め」（10年度改革）

次は「2倍止め」だ。

◆2倍止め◆

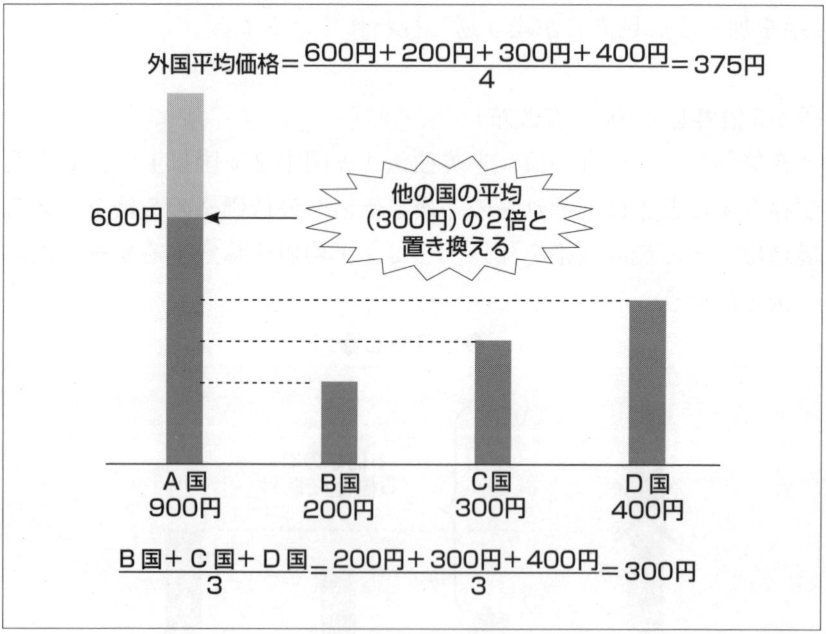
外国平均価格＝$\frac{600\text{円}+200\text{円}+300\text{円}+400\text{円}}{4}$＝375円
600円
他の国の平均
（300円）の2倍と
置き換える
A国
900円
B国
200円
C国
300円
D国
400円
$\frac{\text{B国}+\text{C国}+\text{D国}}{3}=\frac{200\text{円}+300\text{円}+400\text{円}}{3}$＝300円

英米独仏の4ヵ国中3ヵ国以上に同じ薬があって、最高価格がそれ以外の平均値の2倍を超える場合は、最高価格を「平均価格の2倍」とみなして、外国平均価格を求めるんだ。

A国の薬価が900円、B国が200円、C国が300円、D国が400円

だったとする。最高価格はA国の900円だが、

B国＋C国＋D国の平均は

$$\frac{200円+300円+400円}{3}=300円$$

A国の900円の代わりに、他3ヵ国平均価格300円の2倍＝600円をA国の価格とみなすんだ。

だから、外国平均価格は

$$\frac{600円+200円+300円+600円}{4}=375円$$

まず「5倍外し」に該当するかをチェックして、そうでない場合に、次は「2倍止め」に当てはまるかも確かめてみる。どちらとも関係なければ、単純に相加平均で外国平均価格を求めることになる。

また「5倍外し」ルールは、14年度改革で、さらに厳しく「3倍外し」に改められて、引っ掛かる範囲が広げられたよ。詳しくは194ページからをみてほしい。

■外国平均価格調整

さて、外国平均価格が求められたら、次は「外国平均価格調整」が必要か見極めるステップに進むんだ。ある新薬の薬価算定値（補正加算を含む）と、さっき求めた外国平均価格を比較する。

新薬が外国平均価格の「1.5倍」を上回る場合

→引き下げ調整

新薬が外国平均価格の「0.75倍」を下回る場合

→引き上げ調整

が、それぞれ行われるよ。

算定式は以下の通りだ。

●1.5倍超のときの引き下げ調整

$$\left(\frac{1}{3}\times\frac{\text{算定値}}{\text{外国平均価格}}+1\right)\times\text{外国平均価格}$$

→新薬の算定値180円、外国平均価格100円とおくと、

$$\left(\frac{1}{3}\times\frac{180\text{円}}{100\text{円}}+1\right)\times100\text{円}=160\text{円}$$

つまり、算定値で180円だったものが、外国平均価格調整を経て160円に引き下げられる。

この「1.5倍超」という引き下げ調整の基準は、14年度改革では「1.25倍超」に数字が改められたんだ。詳細は194ページ以降で解説しているよ。

●0.75倍未満のときの引き上げ調整

$$\left(\frac{1}{3}\times\frac{\text{算定値}}{\text{外国平均価格}}+\frac{1}{2}\right)\times\text{外国平均価格}$$

→新薬の算定値60円、外国平均価格100円とおくと

$$\left(\frac{1}{3}\times\frac{60\text{円}}{100\text{円}}+\frac{1}{2}\right)\times100\text{円}=70\text{円}$$

つまり、算定値で60円だったものが、外国平均価格調整を経て70円に引き上げられる。

※ただし、引き上げ調整では算定値の２倍を超えてしまっても、「２倍を上限」としている。

また、以下のような場合は「引き上げ調整の対象から除外」されるんだ。

①複数の規格（５㎎錠、10㎎錠、20㎎錠のように）があり、外国平均価格と比べて高い規格と低い規格が混在する場合

②複数の規格があり、非汎用規格（最もよく使われる規格以外の

規格）のみが引き上げ調整の対象となる場合
③米英独仏のうち、同じ薬が１ヵ国にしか存在せず、その価格に基づいて算出されることになる場合

⇒外国平均価格調整の見直しは
194ページへGO

ポイント

◎外国平均価格は「米・英・独・仏」が対象
◎「5倍（3倍）外し」「2倍止め」で抑制
◎調整には「引き下げ」も「引き上げ」もある

規格間調整は何をする？

規格間調整という名前からは、10mg錠、20mg錠のような規格の違いを何かしら薬価に反映する仕組みですかね？

いい線いっているね。最もよく使われる規格（汎用規格）の薬価をベースにして、それ以外の非汎用規格の薬価を調整しているんだ。

含有量２倍なら薬価も２倍？

規格間調整は、類似薬効比較方式（Ⅰ）、（Ⅱ）に適用されるものだよ。それぞれの方式に則って算定した後、外国平均価格調整を経たうえで、汎用規格以外は規格間調整を行うんだ。

■規格間比

では、どうするか。簡単に言うと、類似薬について、薬価と有効成分含有量の関係である**「規格間比」**を求めて、規格間比をもとに汎用規格から非汎用規格の薬価を割り出すんだ。順を追って説明していくから、わからなくても心配は無用だよ。次の図をみながら、ついてきてもらいたい。

さて今、新規収載品Ａ錠の汎用規格（５㎎錠）の算定額が174.60円になったとしよう。ここからＡ錠の非汎用規格である10㎎錠の薬価を算出していく。

◆規格間調整ルール◆

非汎用規格の薬価を算定する場合には、類似薬の規格間比を求め、規格間比と汎用規格の算定額を用いる。

【規格間調整】

◎ A 錠の汎用規格（5㎎錠）の算定額が174.60円の場合

○類似薬（B 錠）の薬価：

10㎎錠；158.30円（汎用規格）、5㎎錠；82.50円（非汎用規格）

○類似薬（B 錠）の規格間比：

$$\frac{\log\left(\dfrac{158.30\text{(汎用規格の薬価)}}{82.50\text{(非汎用規格の薬価)}}\right)}{\log\left(\dfrac{10\text{(汎用規格の成分量)}}{5\text{(非汎用規格の成分量)}}\right)}=0.9402$$

○ A 錠の非汎用規格（2.5㎎錠、10㎎錠）の算定額：

2.5㎎錠；

$$174.60\text{円(汎用規格の算定額)}\times\left(\frac{2.5\text{(非汎用規格の成分量)}}{5\text{(汎用規格の成分量)}}\right)^{0.9402}=91.00\text{円}$$

10㎎錠；

$$174.60\text{円(汎用規格の算定額)}\times\left(\frac{10\text{(非汎用規格の成分量)}}{5\text{(汎用規格の成分量)}}\right)^{0.9402}=335.00\text{円}$$

〈出所〉厚生労働省資料を一部改変

類似薬としてB錠が存在する。B錠には汎用規格の10㎎錠（158.30円）と非汎用規格の5㎎錠（82.50円）がある。この規格間比を求めると、0.9402となる。数学が苦手な人には「頭痛のタネ」になりそうな対数（log＝ログ）計算が出てくるけれど、ここでは「そうなる」と思って読み進めてもらって構わない。

規格間比0.9402というのは、有効成分含有量が2倍になったときに、価格は「2の0.9402乗」＝1.919倍になることを示している。

つまり、「含有量が2倍なら価格が2倍」という通常の比例関係ではなくて、「含有量が2倍でも価格は約1.9倍」に抑えられるんだ。

174.60円を単純に2倍にすると349.20円だが、実際のA錠の10㎎

錠は、1.919倍で335.00円と算定されるよ。薬価の上昇を少しでも抑えるために「ややこしい」仕組みが入っていることになるよ。

類似薬がB錠以外にもC錠、D錠，E錠と複数ある場合には、「最も似ている類似薬」の規格間比を採用する。

仮に、複数規格を持つ類似薬が存在せず「類似薬の規格間比がない場合」や規格間比が「1を超える場合」、は、規格間比を1と置いている。

ただし、内用薬については「通常最大用量を超える」ような高用量規格製剤については、規格間比の上限を「0.5850」を定めたんだ。この値は、「含有量が2倍でも価格は約1.5倍」で頭打ちになることを意味するよ。薬価をさらにきつく抑え込む仕組みと言えるね。

また14年度薬価制度改革で、厚生労働省はこの「0.5850上限」ルールを応用して、メーカーが製剤上の工夫をすることなく、投与期間の延長のみを目的として含有量を増やした製剤に対して、規格間調整が適用される場合にも、規格間比の上限を0.5850としたんだ。詳しくは198ページから解説しているよ。

⇒投与間隔延長のためだけの製剤に係る規格間調整は198ページへ GO

ポイント

◎規格間調整は類似薬効方式（I）、（II）に適用

◎含有量が2倍でも薬価は「2倍にはならない」

◎内用薬の高用量規格は含有量2倍でも薬価は「1.5倍」

原価計算方式って何だ？

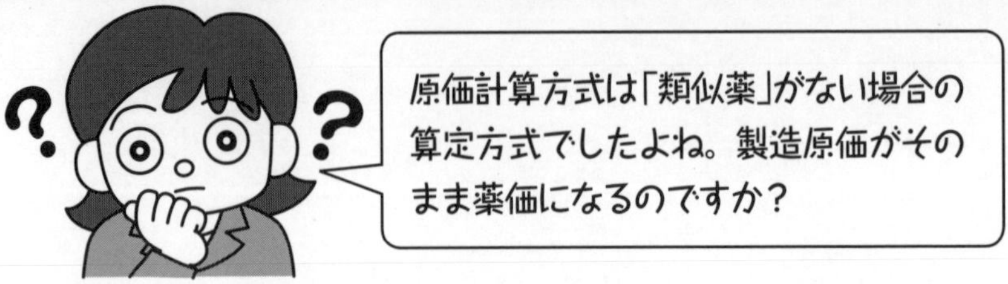
原価計算方式は「類似薬」がない場合の算定方式でしたよね。製造原価がそのまま薬価になるのですか？

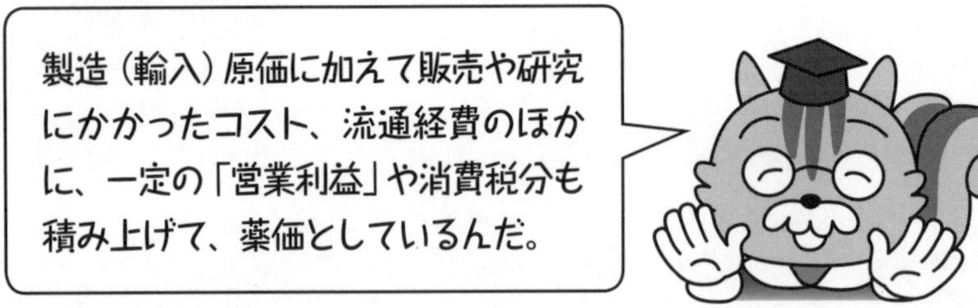
製造（輸入）原価に加えて販売や研究にかかったコスト、流通経費のほかに、一定の「営業利益」や消費税分も積み上げて、薬価としているんだ。

天秤と積み木の違い

少しおさらいをしよう。

新薬の薬価算定の基本は、類似薬効比較方式だったね。でも、類

【類似薬効比較方式と原価計算式の違い】

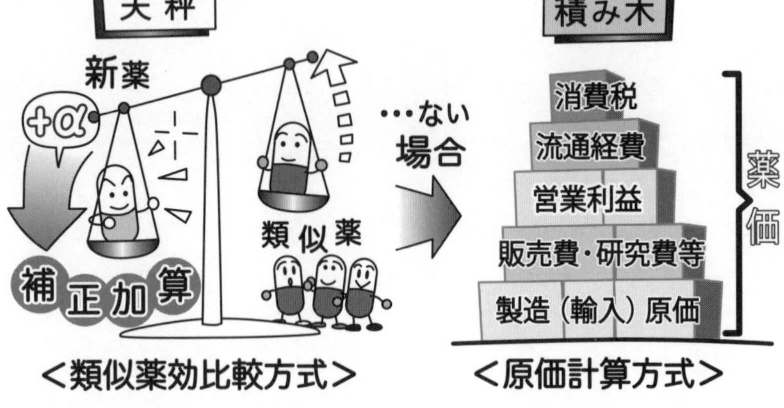
天秤
新薬
+α
補正加算
類似薬
…ない場合
積み木
消費税
流通経費
営業利益
販売費・研究費等
製造（輸入）原価
薬価
＜類似薬効比較方式＞
＜原価計算方式＞

◆原価計算方式による薬価算定のイメージ◆

製造業者

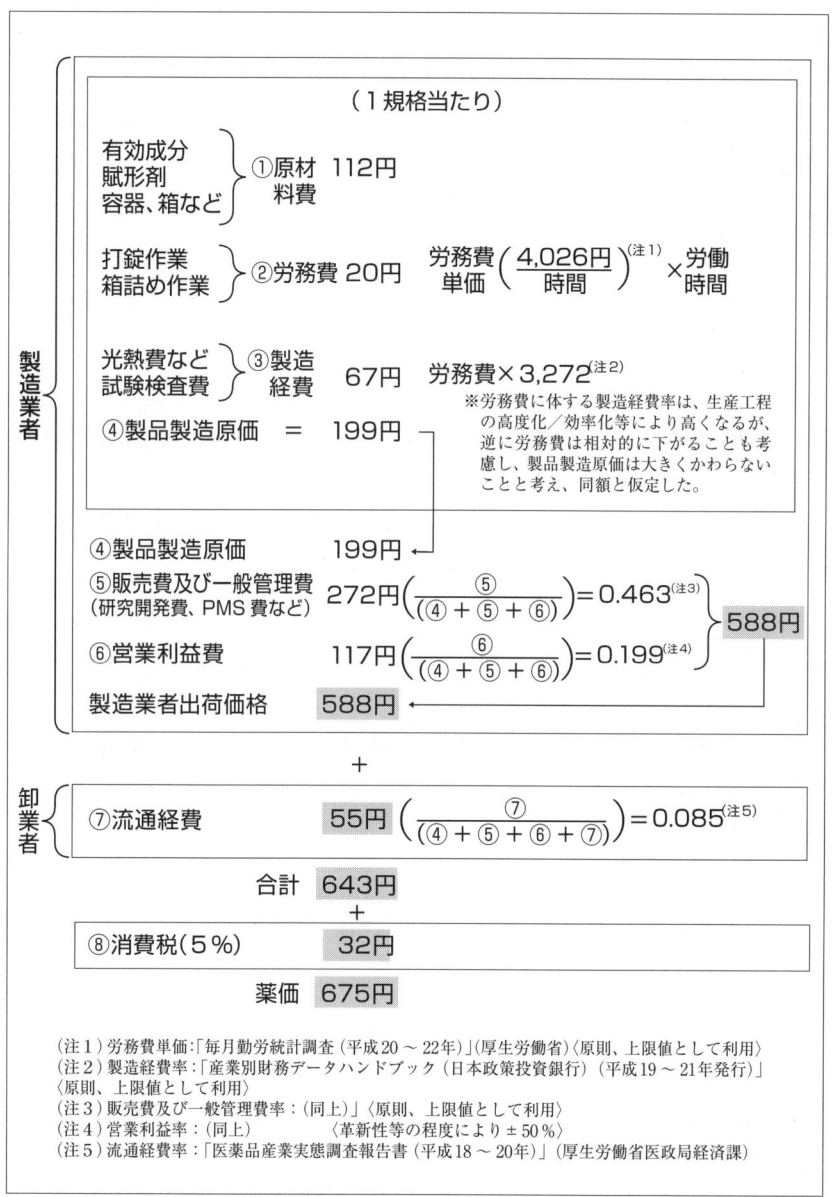

（1規格当たり）

有効成分
賦形剤
容器、箱など
→ ①原材料費 112円

打錠作業
箱詰め作業
→ ②労務費 20円　労務費単価（4,026円／時間）(注1) × 労働時間

光熱費など
試験検査費
→ ③製造経費 67円　労務費×3,272(注2)

④製品製造原価 ＝ 199円

※労務費に体する製造経費率は、生産工程の高度化／効率化等により高くなるが、逆に労務費は相対的に下がることも考慮し、製品製造原価は大きくかわらないことと考え、同額と仮定した。

④製品製造原価 199円

⑤販売費及び一般管理費（研究開発費、PMS費など） 272円（⑤／(④＋⑤＋⑥)）＝0.463(注3)

⑥営業利益費 117円（⑥／(④＋⑤＋⑥)）＝0.199(注4)

（⑤＋⑥＋④）→ 588円

製造業者出荷価格 588円

＋

卸業者

⑦流通経費 55円（⑦／(④＋⑤＋⑥＋⑦)）＝0.085(注5)

合計 643円

＋

⑧消費税（5％） 32円

薬価 675円

（注1）労務費単価：「毎月勤労統計調査（平成20～22年）」（厚生労働省）〈原則、上限値として利用〉
（注2）製造経費率：「産業別財務データハンドブック（日本政策投資銀行）（平成19～21年発行）」〈原則、上限値として利用〉
（注3）販売費及び一般管理費率：（同上）」〈原則、上限値として利用〉
（注4）営業利益率：（同上）　〈革新性等の程度により±50％〉
（注5）流通経費率：「医薬品産業実態調査報告書（平成18～20年）」（厚生労働省医政局経済課）

〈出所〉中医協資料を一部改変

似薬が存在しない場合には、「原価計算方式」で算定することになる。

例えるなら、類似薬効比較方式は**「天秤」**だ。類似薬と比べて、画期性、有用性、市場性、小児効能の有無、世界に先駆けて日本で承認などメリットが評価されれば、そちらのほうが「重たい」（＝優れている）ということで、補正加算を乗せて高い薬価をつけている。

これに対し、適切な比較対象が見つからない場合の原価計算方式は**「積み木」**と言える。製造（輸入）原価から消費税まで、積み上げた合計を薬価としているんだ。

具体的には中医協に過去に示された83ページの表（消費税率５％時）でみていこうか。

①原材料費（有効成分、添加剤、容器・箱）などと②労務費、③製造経費を足して、④製品製造（輸入）原価を弾き出す。

製造原価をベースに、⑤販売費及び一般管理費、⑥営業利益、⑦流通経費を足し上げて、最後には⑧消費税相当分（８％）も乗せて、それらの合計を薬価としている。

①にあたる原材料費は、薬価を算定する品目ごとに実費用が個別に積算可能だけれど、その他の要素については、品目ごとの正確な費用算出は技術的に難しいんだ。

例えば、⑤の販売費及び一般管理費。医薬品の適正使用のためのMRによる情報提供活動費、一般管理費、研究開発費、市販後調査（PMS）費などが含まれる。

情報提供活動や一般管理費については、企業トータルの「期間原価」として発生する費用のため、個別品目に要する費用を正確に予測・算出することはできない。研究開発費、PMS費も正確に市場規模を予測することは難しい。

だからと言って、そのメーカーが「実際にこれだけ掛かります」

◆原価計算方式に用いる各種統計◆

製品製造原価に各種統計に基づく販売費・一般管理等を勘案し、薬価を算定。既存治療と比較した場合の革新性や有効性、安全性の程度に応じて営業利益率の−50％〜＋100％の範囲内の値を用いる。

製品製造原価 （原材料費・労務費・製造経費）	販売費・一般管理費	営業利益	流通経費	消費税
	←各種統計に基づく係数を利用して算出→			
←薬　価→				

各種統計の係数	直近３年の平均値
労務費単価（法定福利費込み） 「毎月勤労統計調査」注１及び「就労条件総合調査」注２（厚生労働省）	4.137
製造経費率（／労務費） 「産業別財務データハンドブック」注３（日本政策投資銀行）	359.9％
一般管理販売費率（／製造業者出荷価格） 「産業別財務データハンドブック」注３（日本政策投資銀行）	46.2％
営業利益率（／製造業者出荷価格） 「産業別財務データハンドブック」注３（日本政策投資銀行）	16.9％
流通経費率（／税抜き価格） 「医薬品産業実態調査報告書」注４（厚労省医政局経済課）	6.8％

（注１）常用労働者５人以上の事業所から産業、事業所規模別に抽出調査。そのうち、年分結果確定した医薬品製造業（30人以上：第一種事業所）のデータを使用。
（注２）常用労働者30人以上の民営企業から産業、企業規模別に抽出調査。そのうち、素材関連製造業（化学工業が含まれる）の法定福利費のデータを使用。
（注３）証券取引所（東京、大阪、名古屋）１部、２部いずれかに上場している会社のうち11年以上上場を続けている会社の有価証券報告書から作成。そのうち、「医薬品」産業のデータを使用。
（注４）日本医薬品卸売業連合会及び日本ジェネリック医薬品販社協会の会員企業の決算実績から作成。

〈出所〉中医協資料を一部改変

という費用をそのまま認めていると、「いくら費用が掛かっても薬価に反映される」ことから、非効率な製造過程になってしまうよね。そこで、各種統計データを参照しながら「業界平均値」（直近３ヵ年の平均）を採用して、それを計算式に当てはめて薬価を算定しているよ。

改めて基本的な仕組みと各種統計の詳細を85ページに表で示しておいたよ。

まだ説明していない内容があった。それは「営業利益率」に関してだ。類似薬効比較方式には、「補正加算」という上乗せの仕組みがあるが、原価計算方式には「補正加算」は存在しない。その代わりに、計算過程に出てくる営業利益率をプラスしたり、マイナスしたりして補整する仕組みがある。既存治療（手術などの非薬物療法）と比較した場合の革新性、有効性、安全性の程度に応じて±50％の幅が設けられていたんだ。

マイナスとなる場合というのは、既存治療と比較して革新性が低く、開発リスクが高くない場合だ。例えば、その新薬の成分が、

①院内製剤（患者の病態やニーズに対応するために医師の求めに応じて、経済性・安定性の面から市販されていないため、薬剤師が院内で独自に調製している薬剤）などとして、医療現場で既に使われていて有用性が明らかな場合、

②国内で適切な規模の臨床試験が実施されていないケースなど、日本の医療環境下で使用時の有効性・安全性の予測に関するデータが少ない場合、が当てはまる。

14年度改革では、営業利益率の補整範囲である「±50％」のうち、イノベーションを評価する観点から、引き上げ方向の幅が＋50％から＋100％まで拡大されたよ。つまり補整の幅が「－50％～＋100％」に改められたんだ。

これらの補整を、14年度4月以降に用いられている業界平均の営業利益率16.9％で考えると以下のようになる。

●「－50％」は営業利益率を「半分」とみなすという意味で16.9×0.5で、「8.45％」を算定式で使用する。

●「＋100％」は営業利益率を「２倍」とみなすという意味で、16.9％×２で、「33.8％」を算定式で使用する。

なお、14年度改革前までに原価計算方式が適用された新薬のなかで、営業利益率の補整は最高が「＋40％」、最低が「－10％」となっているよ。

⇒原価計算方式の「営業利益率」補整上限引き上げは190ページへGO

ポイント

◎原価計算方式は、「天秤」に対し「積み木」方式
◎算定式の係数は各種統計データから「業界平均」を使用
◎メリハリ（加減算）は「営業利益率」で行う

新医療用配合剤の薬価の特例

配合剤というのは、薬と薬をくっつけてひとつにしたものですよね。A錠とB錠を合わせたら、薬価も単純に「A＋B」となるのではないですか？

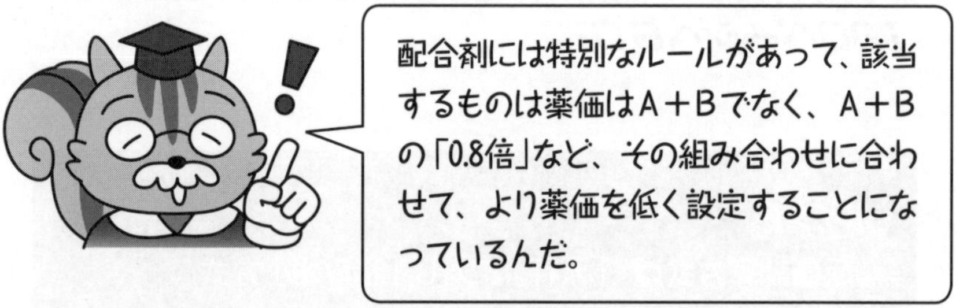
配合剤には特別なルールがあって、該当するものは薬価はA＋Bでなく、A＋Bの「0.8倍」など、その組み合わせに合わせて、より薬価を低く設定することになっているんだ。

基本は薬価合計の0.8倍

医療用配合剤の薬価の特例は、10年度改革で導入された新しいルールだ。そのルールを説明する前に、背景事情に触れておこう。

メーカー側が主張する配合剤の利点は、組み合わせることで、単剤より高い効能・効果が得られることが第一だ。加えて、患者の立場に立つと、例えば２錠飲んでいた薬が、配合剤なら１錠で済むことで「患者の服薬コンプライアンス（遵守）向上にメリットがある」とアピールできることになる。

一方で、メーカー側には、画期的な新薬がなかなか出せないなか、売れ筋の新薬の特許が切れて、後発品に侵食されないうちに配合剤を出して「延命」を図りたい狙いも強い。新薬として生き延びることができ、薬価も配合する単剤同士の「足し算」であれば、売上げの維持・伸長が期待できるからね。このルールができる前には、特許切れを目前に控えた大型品を核にした配合剤の「新薬ラッシュ」が起こっていたんだ。

とくに顕著なのが、高血圧症治療に用いるＡＲＢ（アンジオテンシンⅡ受容体拮抗薬）と利尿薬を配合した組み合わせで、各社から続々と配合剤が市場に投入されたよ。

中医協の議論では、こうした配合剤の新薬ラッシュに対し、診療側から「新薬メーカーの後発品対策ではないか」といった批判の声が出ていた。さらに配合剤では、組み合わせが固定されるデメリットがあるため、「医師が個々の患者の症状に応じて、用量を調整して単剤を組み合わせて処方すれば済む話」と切り捨て、医師の処方権を尊重すべきとの意見も多かった。

支払側からも「配合剤が新薬というのは違和感がある」といった否定的な声が上がっていたよ。

そうした一連の議論を反映して、「薬価を引き下げる」新医療用配合剤の特例ルールが導入されたんだ。配合剤について、基本は既収載品薬価の合計の「0.8倍」と大雑把にイメージしておいてもらって次に進んでほしい。

■特例ルールの対象

それでは、まずどんな配合剤が特例ルールの対象になるのかを見ていこう。次の条件に当てはまるものが該当するんだ。

イ　すべての配合成分が「単剤」として薬価収載されている

（ただし、抗ＨＩＶ薬、臨床試験の充実度または臨床上のメリットが明らかな注射用配合剤・外用配合剤は対象外）

ロ　既収載品と同様の効能・効果

（ただし、薬価収載されていない有効成分のうち、一般用医薬品の有効成分など新規性がない有効成分についてはこの限りでは

ない→14年度改革でできた「特例の〝特例〟」は202ページ)

ハ　既収載品と投与経路が同一

配合剤の特例ルールは、配合剤にするほうが「単剤」の組み合わせよりも「製造経費、流通経費の節減が見込める」として、10年度改革で「内用配合剤」を対象に導入されたルールだ。ただ注射用や外用の配合剤でも「製造経費、流通経費が減るのは同様」ということで、2年後の12年度改革では「内用、注射用、外用」すべてが特例ルールの対象となったよ。

ちなみに、抗HIV薬については、米英独仏では「単剤の合計価格」と「配合剤の価格」がほぼ同額であることを踏まえて、日本でも特例の対象外としているよ。

■算定方法の3パターン

実際に特例ルールに該当する場合の算定方法には主に次の3パターンがあるんだ。

①配合成分がすべて自社品(自社+自社)

②配合成分が自社品と他社品からなる(自社+他社)

③配合成分がすべて他社品(他社+他社)

混同しやすいところだから、一つひとつ丁寧にみていくよ。

①自社+自社

→単剤の薬価の合計×0.8倍

単剤A成分が300円、単剤B成分が100円とすると、配合剤は(300円+100円)×0.8で320円となる。

②自社+他社

→次の2つのうち低い額

○自社品薬価の0.8倍+他社品(**最高価格**)薬価の0.8倍の合計

○自社品薬価の0.8倍＋他社品**（最低価格）**薬価の合計

例えば、自社品の単剤A成分が300円で、単剤C成分は、200円（他社最高価格）と80円（他社最低価格）のものがあるとしよう。

特許が切れて後発品が出ていれば、他社最低価格は一番安い後発品になるよ。

○最高価格を用いた場合

（300円＋200円）×0.8＝500円×0.8＝**400円**

○最低価格を用いた場合

（300円×0.8）＋80円＝**320円**

よって、単剤Aと単剤Cの配合剤の薬価は、より低い方の320円になる。

③他社＋他社

→薬価が最も低い額となる他社品薬価の合計

他社品の単剤D成分が150円（他社最低価格）、単剤E成分が50円（他社最低価格）とすると、単剤Dと単剤Eの配合剤の薬価は、150円＋50円で200円となる。

①～③のいずれの場合でも「補正加算」（64ページ）の要件を満たせば、その分は上乗せされるよ。

※ただし①～③のいずれの場合も、配合する「単剤の一番高いもの」を下回る場合は、その「単剤の額」が配合剤の薬価になる。例えば①で、自社品の単剤F成分500円、単剤G成分100円の配合剤を出すとすると、（500円＋100円）×0.8＝480円となり、これは単剤F成分の500円を下回ってしまう。こうしたケースでは、配合剤の薬価は480円でなく、500円とするんだ。

つまり、せっかく組み合わせたのに、その一部である単剤の価格より低くなるのは道理が合わないということで、算定額から単剤の価格まで「戻す」操作をすることになるんだ。

⇒新医療用配合剤の特例の〝特例〟は 202ページへGO

ポイント

◎配合剤ラッシュに厳しい指摘で「特例ルール」
◎対象は内用から注射・外用にも拡大
◎「自社＋自社」なら単剤合計の0.8倍

同一成分で別効能の新薬の特例

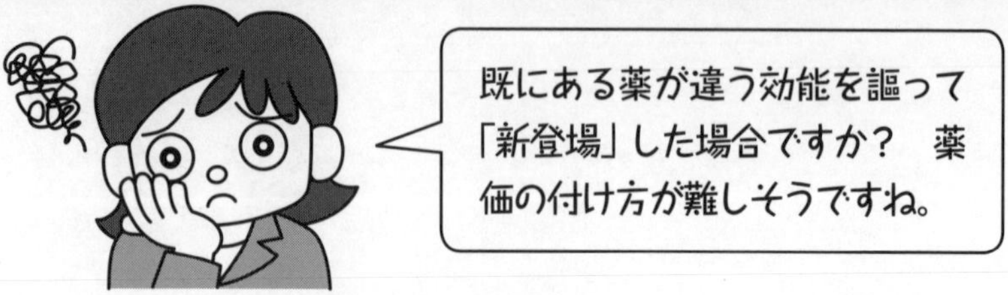
既にある薬が違う効能を謳って「新登場」した場合ですか？　薬価の付け方が難しそうですね。

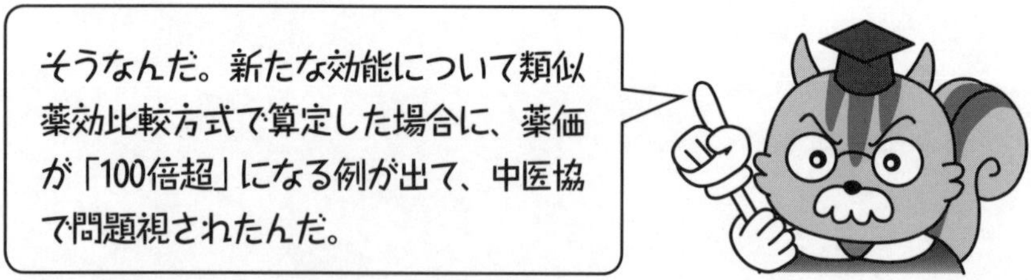
そうなんだ。新たな効能について類似薬効比較方式で算定した場合に、薬価が「100倍超」になる例が出て、中医協で問題視されたんだ。

類似品があっても原価計算方式で

同一成分で別効能の新薬の特例ができたのは、当時の算定ルールに沿った結果、次の①ような事例が出て、「成分同じで薬価100倍超え」という報道があったのがきっかけだった。中医協では、②の事例も合わせて議論が行われたんだ。

①パーキンソン病治療薬「トレリーフ」(09年３月収載)

トレリーフは、同一成分（ゾニサミド）の抗てんかん剤「エクセグラン」が既に収載されていたが、効能が異なるため、成分が違う他のパーキンソン病治療薬を最類似薬とする類似薬効比較方式（Ⅰ）で算定したところ、エクセグランに比べ１日薬価比で「７倍」、含量単位薬価比で「111.3倍」という高い薬価が付いた。

②統合失調症治療薬「リスパダール　コンスタ筋注用」(09年６月収載)

リスパダール　コンスタ筋注用は、同一成分（リスペリドン）・効

【同一成分の既収載品がある新薬の特例のイメージ】

グラビアのギャラ（薬価）
効能追加
同一人物
ギャラは昔の100倍もらわなくちゃね
グラビアアイドル
女優

能の錠剤が既に発売されており、それを最類似薬とする類似薬効比較方式（Ⅰ）で算定したが、錠剤と比べ１日薬価比で「7.3倍」、含量単位薬価比で「24.7倍」と高い薬価がつき、精神科系の団体が薬価の再検討を求めた。

なぜ、こうした薬価の差が生まれるかといえば、類似薬効比較方式が、基本的に効能・効果などの類似した薬と１日薬価が同一となるように薬価を算定する仕組みだからだよ。

イラストに照らせば、過去にグラビアアイドルをやっていた女性芸能人がグラビア界の基準でギャラ（薬価）を受け取っていたとしても、華麗に女優に転身（効能追加）したら、女優のカテゴリーに見合った高額のギャラをもらうようになる。「100倍」かどうかは別にしてだけど、そういう事態が生じてしまったんだ。

話を元に戻そう。

「トレリーフ」と「リスパーダール　コンスタ筋注用」について、薬価算定組織で算定の妥当性を検討した結果は「いずれも薬価は適正に算定された。算定方式を変更する必要はないとの結論に至った」というものだったんだ。

ところが、その報告を聞いた中医協の医師代表は、黙っていなかった。次の例③も挙げて「現行のままでいいという考え方は容認できない。これでは医師も患者も理解しにくい。何らかの基準を設けてもらいたい」と反論したんだ。

③関節リウマチ治療薬「リウマトレックス」(99年5月収載)

先に発売された白血病治療薬「メソトレキセート」(2.5㎎、錠剤)は09年当時、薬価は45.9円だったのに対し、後から出た同成分の関節リウマチ治療薬「リウマトレックス」(2.0㎎、カプセル)は同時期に344.3円と、単純比較で「7.5倍」、含量単位薬価比で「9.4倍」の差がついた。しかも、09年にはリウマトレックスの後発品が上市され、薬価は200円前後。メソトレキセートの45.9円に対し、同一成分の後発品のほうが「4倍以上」高い〝逆転現象〟が起こった。

支払側からも「効能拡大と言える新薬の薬価が(トレリーフの例で)100倍以上になるという理屈はまったく理解できない。何らかの新しいルールをつくるべき」と声が上がったよ。

これを受けて、厚生労働省は、同一成分で別効能の新薬については、小児は除いて「類似薬がある場合であっても原価計算方式で算定し、類似薬効比較方式で算定した額を上限とする」ルールを提案したんだ。

この提案がそのまま通って新ルールになったよ。

メーカー側は、同一成分の既収載品が存在する新薬は、可能な限り薬価を低く算定すべきという方向性に「患者負担」の観点からは理解を示した。でも、効能追加のために臨床試験などでデータを整備して、通常の新薬と同様の費用を掛けて市販後の安全対策も行う。

だから患者負担の多寡に限らず、新たな効能取得に伴う患者メリットも考慮した議論をしてほしいという主張もあるわけで、ルールの改正を渋々受け入れたことになるね。

ポイント

◎同じ成分なのに「薬価100倍」の新薬登場

◎なぜなら同じ薬効であれば同じ薬価が原則だから

◎類似薬があっても「原価計算方式」という特例

薬価こぼれ話②

メーカーの不服意見はどれくらい？

新薬の薬価算定では、中医協の下部組織である薬価算定組織が「算定してみたら薬価はこんな感じになりました」と価格を盛り込んだ算定案を作成するね。厚生労働省医政局経済課を通じて、それを通知されたメーカーは、不服がない場合は了承し、不服がある場合には意見書を提出して再検討を求めるんだったね。

さて、それでは各メーカーはどれくらい不服を申し立てているのだろうか。

厚労省が10年4月～13年5月までの3年余りの期間に薬価収載された170成分を調べたところ、メーカーから不服が寄せられたのは16件（不服率は9.4%）だった。およそ1割について、不服が出ている計算になるね。

16件のうち、不服意見が加算など実際に何らかのかたちで認められたケースは5件あった。その多くが、薬事承認のときに出している審査報告書に記載されているデータ以外に、海外での追加の臨床試験データなどを「こんなのもありますけれど、いかがでしょうか」と示して、それが評価された結果、加算などに結び付いていた。残り11件については、却下されたことになる。

また厚労省は、薬価算定組織から算定案がメーカーに示されて、不服の有無を言うより前の段階で、メーカーが当初から加算を要望して、それが実際にどうなったか、調べた結果も示している。

同じ期間中に「類似薬効比較方式」で収載された102成分のうち、類似薬と比べて有用性が高いとメーカーが「補正加算」（画期性加算、有用性加算Ⅰ・Ⅱ）を求めた実績を調べた。すると、加算を求める要望は48件あったのに対し、実際に加算が認められたのは23件だった。

また「原価計算方式」で収載された55成分のうち、既存治療と比べて革新性や有効性・安全性が高いと営業利益率補整によるプラス評価を求めたのは33件だった。このうち実際に加算されたのは16件だった。

これらデータから、大雑把に言うと、メーカーの不服率は「1割」で、不服意見が反映されて加算などに至ったのは、その「3分の1」くらい。当初の加算要望については、類似薬効比較方式、原価計算方式ともに、認められたのは「半数程度」とまとめることができる。

第2章

過去に出た薬（既収載品）の薬価

新薬が上市されるときに値付けをして終わりではありません。
2年に1回、薬価改定が行われ、薬価が見直されます。
「新薬創出・適応外薬解消等促進加算」という
新しい仕組みの行方もまだ定まっていません。

市場実勢価格加重平均値調整幅方式って？

既に収載されている医薬品（既収載品）の薬価は「市場実勢価格加重平均調整幅方式」によって、2年に1回見直されているよ。市場での取引価格は段々下がるから、薬価調査結果に合わせて、薬価を一つひとつ付け替えているんだ。この項では「調整幅」がポイントになるよ。

1万を超える収載品目について、全部調べて、すべての薬価を改めるんですよね。膨大な作業になりますね。ところで「調整幅」って何ですか？

加重平均値に２％分上乗せ

■改定方式

まず「市場実勢価格加重平均値調整幅方式」という長い名前に圧倒されてしまうかもしれないね。噛み砕いて言えば、銘柄別の市場で取り引きされる価格の「加重平均値」を出して、それに消費税を加えて、さらに改定前の薬価の「一定割合」（調整幅）を加えた値を新しい薬価（改定後薬価）とする。

ただし、上限は改定前薬価と決まっているから、算定値がそれを超える場合でも、改定前薬価が上限になるんだ。（14年度改革では、消費税率５％から８％への引き上げ薬価上の対応で、例外的に改定前薬価を上回ることが認められた。詳細は220ページ）

◆市場実勢価格加重平均値調整幅方式の例◆

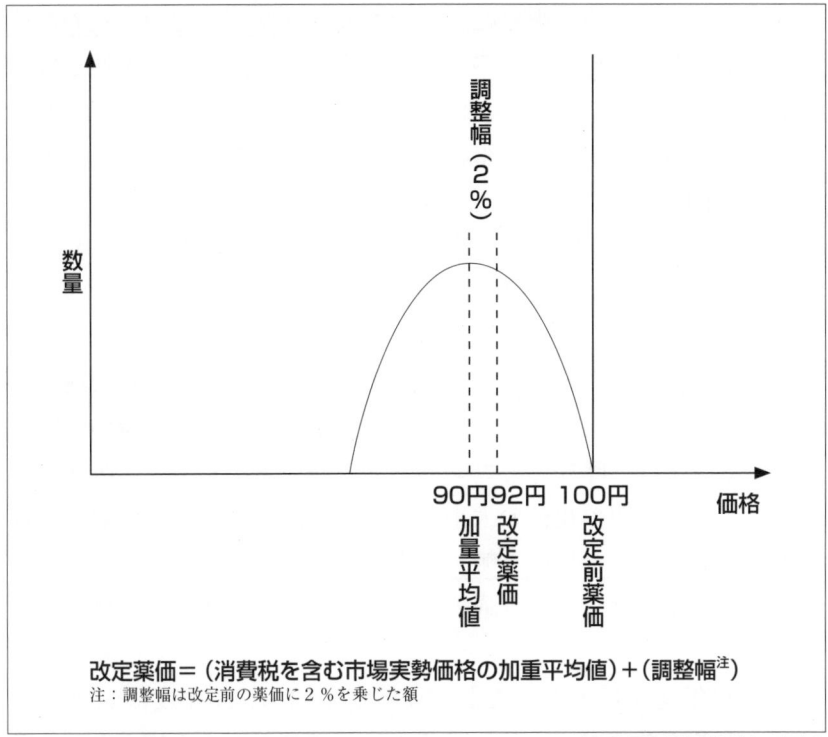

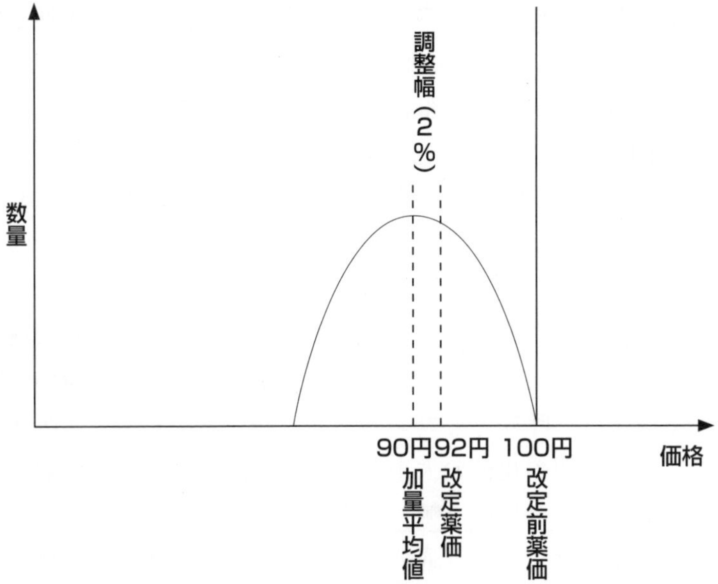

改定薬価＝（消費税を含む市場実勢価格の加重平均値）＋（調整幅注）

注：調整幅は改定前の薬価に２％を乗じた額

〈出所〉厚生労働省資料を一部改変

以上の内容を数式で示すと以下のようになる。

例えば、改定前薬価が１錠100円の既収載品があり、消費税を含む市場実勢価格の加重平均値は90円だったとしよう。その場合は次のように計算する。

新薬価（改定後薬価）＝加重平均値（消費税含む）＋調整幅（改定前薬価の２％）

＝90円＋（100円×0.02）

＝90＋２円

＝92円

■調整幅

計算式に出てくる「調整幅」というのは、「薬剤流通の安定のための最小限必要な調整比率」のことだ。安定的に医薬品を流通していくために、必要なコストを薬価に足し入れることで賄っているんだ。市場実勢価格加重平均値調整幅方式が導入された00年以降、調整幅は２％で固定されていて、変わっていないよ。

それ以前の92～98年度までは、「加重平均値一定価格幅方式」（Ｒ幅方式）と呼ばれるやり方が用いられていたよ。Ｒ幅というのは、「リーズナブルゾーン（合理的な幅）」の略に当たる。

Ｒ幅と調整幅。新旧２つの方式に実質的な運用面で大きな違いはないよ。基本的に同じ役割を持つものと思ってもらって構わない。

あえて言えば、呼び方とコンセプトが異なる。Ｒ幅は、医薬品に関して、医療機関の規模の大小といった要因から生じる「取引条件の差異などによる合理的な幅」と定義されていたんだ。

一方の調整幅は「薬剤流通の安定のため」に存在すると位置付けられたんだ。

Ｒ幅92年度は15％あったが、94年度は13％、96年度は11％と２％ずつ小さくなっていった。97年度は、消費税引き上げ（３％→５％）に伴う臨時特例的な措置で、Ｒ幅は10％（長期収載品は８％）に縮小。さらに98年度にはその半分の５％（長期収載品は２％）まで縮められて、00年度から「調整幅」に移行したことになるんだ。

さて、次のページの表をみてほしい。

Ｒ幅導入から調整幅へ移行していった変遷を薬価改定率などと一緒に示している。92年度改定前に１錠100円だった医薬品の価格は、改定のたびに薬価がどう下落していったかがわかるね。92年度に91.9円になり、その後もどんどん下がり続けて、14年度には44.7円と、100円の半分以下になってしまう計算になるよ。

◆最近の薬価基準改定率の変遷◆

薬価改定実施年月	薬価改定率			薬価算定における価格幅	診療報酬改定率（%）
	薬価ベース（%）	1992年度改定前の1錠100円の医薬品の価格（円）	医療費ベース（%）		
1992/4	▲8.1	91.9	▲2.4	R幅15%	5.0
1994/4	▲6.6	85.8	▲2.0	R幅13%	3.3
1996/4	▲6.8	80.0	▲2.5	R幅11%	3.4
1997/4	▲3.0[注1]	77.6[注1]	▲0.87[注1]	R幅10% 長期収載品R幅8%	1.25
1998/4	▲9.7	70.1	▲2.7	R幅5% 長期収載品R幅2%	1.5
2000/4	▲7.0	65.2	▲1.6	調整幅2%	1.9
2002/4	▲6.3	61.1	▲1.3	調整幅2%　先発品の追加引下率　平均5%	▲1.3
2004/4	▲4.2	58.5	▲0.9	調整幅2%　後発品が新たに収載された先発品の追加引下率　概ね6%	0
2006/4	▲6.7	54.6	▲1.6	調整幅2%　後発品が新たに収載された先発品の追加引下率　概ね8%、さらに過去特例引き下げ品目2%の追加引き下げ	▲1.4
2008/4	▲5.2	51.8	▲1.1	調整幅2%　後発品が新たに収載された先発品の追加引下率　概ね6%	0.38
2010/4	▲5.75[注3]	48.8	▲1.23	調整幅2%　後発品が新たに収載された先発品の追加引下率　概ね6%	1.55
2012/4	▲6.00[注4]	45.9	▲1.26	調整幅2%　後発品が新たに収載された先発品の追加引下率　概ね6%	1.38
2014/4	▲2.65 2.99 （消費税対応分）	44.7	▲0.63 0.73 （消費税対応分）	調整幅2%　後発品が収載されて5年経過した後の先発品の追加引下率　3段階に②2.0%、④1.75%、⑥1.5%	0.1 1.36 （消費税対応分）

注1：消費税引き上げに伴う改定を含む。
注2：医科、歯科および調剤の技術料本体改定率。
注3：後発品のある先発品に対する2.2％の引き下げ分は含まず。
注4：後発品のある先発品に対する0.86％の引き下げ分、および後発品に対する0.33％の引き下げ分は含まず。

〈出所〉厚生労働省資料を一部改変

では、そもそもなぜ「薬剤流通の安定」に調整幅が必要なのか。それは、単に「加重平均値＋消費税」では、小規模の医療機関や医療上必要性の高い小包装医薬品などの取り引きに不都合が生じて、安定的な購入が難しくなることが懸念されるからだ。

厚生労働省の担当者が過去にこんな説明をしている。

ある薬を100錠購入する場合と、1000錠購入する場合の納入価格の差を比べた調査結果を踏まえ、

「だいたい２％くらいの差が付いている。小包装を実際に供給させようとすると加重平均値（プラス消費税）から２％くらいの上乗せが必要だ」

つまり、大病院や大手薬局チェーンといった大口需要家には購買力があり、大包装で問題なく医薬品卸からより安い価格を引き出せる。中小の医療機関や薬局は、小包装でないと医薬品を消化しきれない。大包装と小包装の価格差が概ね「２％程度」存在し、小包装であっても全国の隅々まで医薬品を行き渡らせるためには、調整幅を設定して、その分（２％）をあらかじめ補填する必要がある、という理屈を持ち出しているよ。

ポイント

◎新薬価＝（加重平均値＋消費税）×調整幅（2％）
◎「R幅」縮小を経て、00年から調整幅を採用
◎調整幅があるのは「薬剤流通の安定」が理由

後発品初収載に伴う長期収載品の特例引き下げ

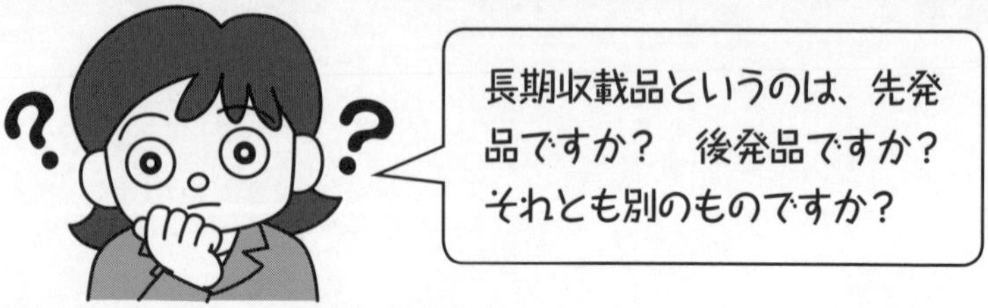
長期収載品というのは、先発品ですか？　後発品ですか？　それとも別のものですか？

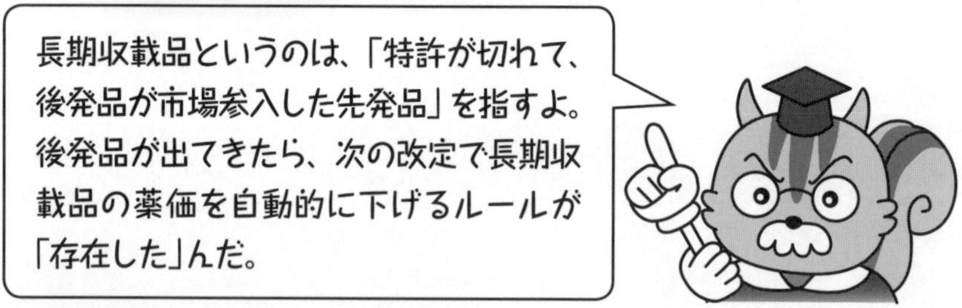
長期収載品というのは、「特許が切れて、後発品が市場参入した先発品」を指すよ。後発品が出てきたら、次の改定で長期収載品の薬価を自動的に下げるルールが「存在した」んだ。

後発品が入ってきたら下がる

この後発品初収載に伴う長期収載品の「特例引き下げ」ルールができたのは02年度のことだよ。

当時の中医協の議論で、診療側、支払側双方から「日本では先発品の価格が特許期間終了後もあまり下がっていない。特許が切れた先発品について、ある程度の価格の引き下げが必要ではないか」という指摘が出たんだ。

欧米では、特許が切れたら速やかに後発品に切り替わるにもかかわらず、日本では、後発品の侵食スピードが遅く、しかも「安くならない」長期収載品が長年に渡って売り続けられる。

それならば、薬剤費節減のために「長期収載品の薬価を強制的に下げてしまおう」。そんな発想だ。まだ日本では後発品を使用促進できる環境になかったため、その「代償策」として導入されたとも言えるよ。

実際に02年度から特例引き下げルールが導入され、引き下げ幅は、

【後発品初収載に伴う長期収載品の特例引き下げ】

医薬品によって４～６％で設定されたよ。

市場実勢価格加重平均値調整幅方式に基づく算定値から、４～６％を引くことになる。例えば、その方式による算定値が100円で、特例引き下げが６％だとすると、新薬価は94円になる。一部の例外を除くほとんどの長期収載品に適用されるルールだから、製薬業界へのインパクトは大きかったんだ。

■対象となる医薬品

対象医薬品の範囲	引き下げ幅
①67年10月１日から80年９月30日までに承認された既収載品	４％ (2.0％)
②80年10月１日以降に承認された既収載品であって、97年度薬価改定でR幅が８％に、98年度薬価改定でR幅が２％に縮小されたもの	５％ (2.5％)
③80年10月１日以降に承認された既収載品であって、②以外のもの	６％ (3.0％)

※(　)は日本薬局方収載医薬品のうち「銘柄別に収載」されているもの

どの長期収載品を4～6%の間でどれだけ引き下げるかは、上記①～③のどれに当てはまるかで異なる。

大前提として引き下げ幅は**「6%が基本」**と捉えたほうが話は早い。そのうえで対象をみていこう。

①は、67年に先発品と後発品の概念が生まれてから、80年に新薬の特許期間に準ずる扱いを受ける「再審査期間」制度ができるまでの医薬品対象となる。

②は、再審査期間が設定されるようになった以後、97、98年度の改定で、長期収載品としてR幅を縮小したものが対象。

そして最後に、①、②以外の大半の長期収載品が③となる。

■対象とならない医薬品

67年9月30日以前に承認された品目は「先発品と後発品という概念がはっきりしていなかった」ため、特例引き下げの対象にならないんだ。他にも特例対象から外れる項目をざっと並べてみる。

イ　日本薬局方収載医薬品（銘柄ごとに薬価収載さてているものを除く）
ロ　生物学的製剤（血液製剤を含む）
ハ　漢方製剤及び生薬
ニ　希少疾病医薬品の指定を受け、希少疾病以外の疾病に対する効能を有しないもの
ホ　不採算品の要求を満たしている医薬品
ヘ　後発品の薬価を下回る医薬品または最低薬価を下回る医薬品

イ～ヘについて、エッセンスを抜き出すなら、後発品と競合的な関係性が存在しない場合は、その長期収載品について「特例引き下げを行わない」ということになるよ。

■特例ルールの変遷

次の表をみてもらいたい。長期収載品の特例引き下げルールの変遷になるよ。

◆後発品初収載に伴う長期収載品の特例引き下げ（幅）の変遷◆

02年度	04年度	06年度	08年度	10年度	12年度	14年度
4～6％	4～6％	6～8％	4～6％	4～6％	4～6％	廃止

目に付くのは、06年度だけ引き下げ幅が「4～6％」から「6～8％」に拡大して、08年度に再び戻っていることと、14年度にこの特例ルール自体が「廃止」になっていることだろう。

06年度は、小泉政権の「聖域なき構造改革」によって、全体で▲3.16％という過去最大の診療報酬のマイナス改定が断行されたタイミングにあたる。薬剤費に対しても厳しく抑制が求められたため、「更なる適正化を図る」という理屈で、長期収載品の特例引き下げの幅を2ポイント拡大することになったんだ。

ただし、2年後の08年度改革の中医協の議論では、「後発品使用促進の諸施策を総合的に講じている」ことを踏まえつつ、さらに「長期収載品の特例引き下げが、後発品との薬価の差を縮小させるため、かえって後発品への置き換えが進みにくくなる」といった指摘が出たため、再び特例引き下げの幅は「4～6％」に戻ったよ。

その後の14年度改革では、特例引き下げ（4～6％）は廃止されることに決まった。その代替策として、新たに「後発品への置き換えが一定期間を経ても進まない場合の特例引き下げ（1.5～2％）」が導入されたんだ。これが、14年度改革の「目玉」と言えるよ。

⇒長期収載品の新「特例引き下げ」ルールは
158ページへ GO

ポイント

◎長期収載品特例引き下げの幅は4〜6％

◎06年度には一旦引き下げ幅が6〜8％に拡大

◎14年度に「廃止」で、新「特例引き下げ」に移行

新薬創出・適応外薬解消等促進加算って何だ？　①

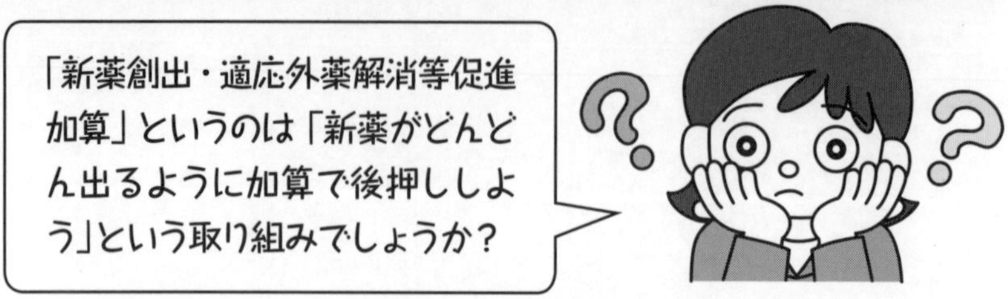
「新薬創出・適応外薬解消等促進加算」というのは「新薬がどんどん出るように加算で後押ししよう」という取り組みでしょうか？

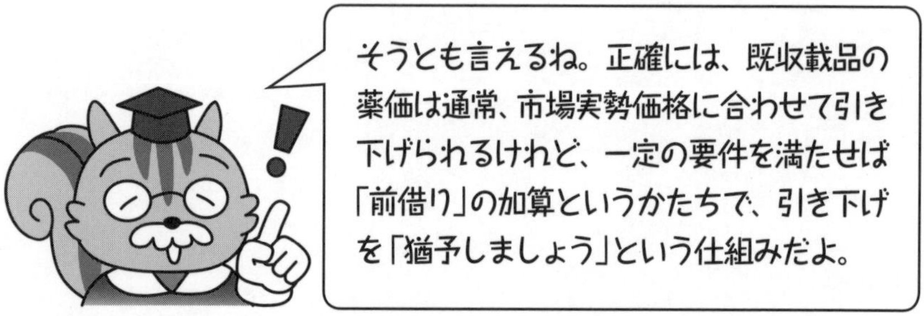
そうとも言えるね。正確には、既収載品の薬価は通常、市場実勢価格に合わせて引き下げられるけれど、一定の要件を満たせば「前借り」の加算というかたちで、引き下げを「猶予しましょう」という仕組みだよ。

例外的に薬価が下がらない

今回から３回にわたって新薬創出・適応外薬解消等促進加算をみていこう。縮めて「新薬創出加算」と呼ばれることも多い。

■新薬創出加算の基本

新規収載品の類似薬効比較方式で画期性加算など、評価したうえで薬価に上乗せするさまざまな加算が存在するけれど、新薬創出加算はそれらとは大きく異なる。特許期間中の既収載品について、改定前薬価から市場実勢価格に合わせて下がるはずの分を「穴埋め」するように加算分を乗せて、改定前薬価の水準が維持されるようにしているんだ。

この加算が〝導入〟されたのは10年度の薬価制度改革になる。ただ、断りを入れないといけない点は、まだ「正式には導入されていない」ということだ。試行導入を経て**「試行継続」**の状態にあるんだ。自動車の運転免許でいえば、**「仮免」**中に過ぎないよ。

メーカー側は、仮免ではなく、きちんと正真正銘の免許証を発行するかのごとく、新薬創出加算の恒久化をずっと要望しているんだ。

それらを頭に入れたうえで、まずは大雑把にどんな仕組みかを捉えてもらいたい。背景から順にみていこう。

新薬の研究開発は一般的に10年以上を要し、その費用は数百億円と言われ、なかには1000億円以上かかるものもある。成功確率は２万分の１と言われるほど厳しいんだ。

欧米では、特許期間中の新薬の薬価はほとんど下がらないけれど、日本では特許期間中であっても２年に１回の薬価改定ごとに、市場実勢価格を反映して「階段状に」下がり続ける。

そのために、研究開発コストの回収に時間が掛かり、次の新薬開発に着手するのが遅れる。その結果、革新的な新薬の創出、未承認薬・適応外薬の問題解消への対応が遅れ、**「ドラッグ・ラグ」**（海外では開発・承認された薬が、国内で承認され医療現場で使用できるまでの時間差）を生んでいる。こうした問題点をメーカー側が指摘していたんだ。

そこで、中医協で議論して、最終的に得た結論が新薬創出加算になる。一定の要件を満たせば、特許期間中の新薬の薬価が加算によって実質維持されることで、「製薬企業はより早く次の開発投資を得ることができ、研究開発に集中できる環境が整う」という寸法だ。これにより、「新薬や未承認薬・適応外薬などの開発が促進されて、患者や医療関係者のニーズに逸早く応えられるようになる」ことをめざしている。

■新薬創出加算の対象範囲

では、どういう医薬品が新薬創出加算の適用を受けられるのか。

◆製薬企業界が示した新薬創出加算制度のイメージ◆

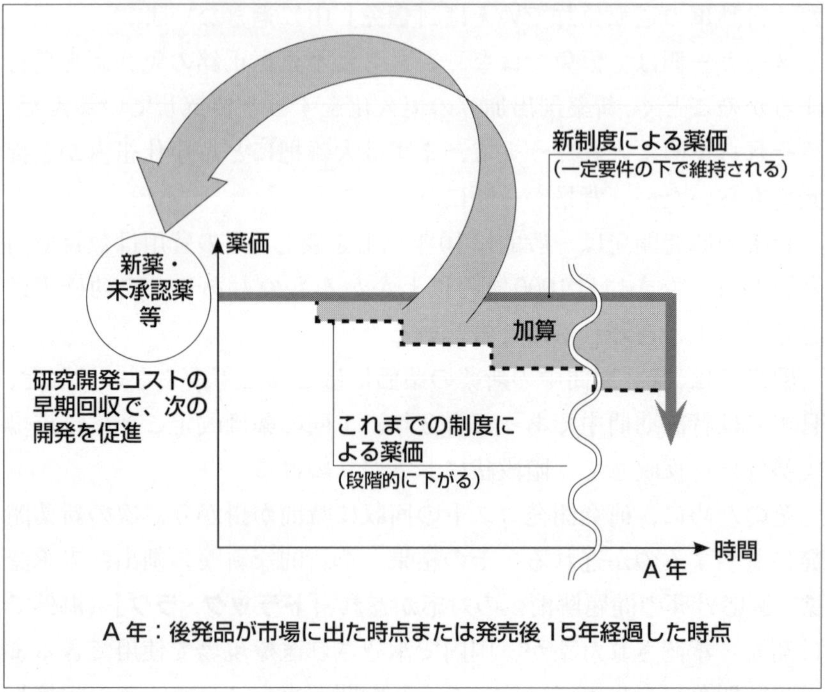

〈出所〉厚生労働省資料を一部改変

次の２つが要件になるよ。

①後発品が上市されていない新薬（ただし、薬価収載後15年を経過した後の最初の薬価改定を経ていないもの）
②市場実勢価格と薬価の乖離率が、全既収載品の加重平均乖離率を超えないもの

①だけなら、広く特許が切れてない新薬に適用となるが、②を課すことで、おのずと対象がある程度絞られる。市場が大きく複数の製品が参入して激しい価格競争が繰り広げられている領域（高血圧症、糖尿病といった生活習慣病領域など）の製品は、市場実勢価格

が下がり、乖離率が平均をオーバーしてしまうから、加算対象から外れる。

反対に希少疾病（オーファン）など市場規模の小さい領域、競合が少ない領域の製品は、乖離率が平均より小さいため、加算対象に残ることになるんだ。

14年度改定では、後発品が上市されていない新薬全体のうち、約37％が加算対象になったよ。

■新薬創出加算率の計算式

新薬創出加算率の計算式は以下の通りだ。

（すべての既収載品の加重平均乖離率－調整幅２％）×0.8

10年度改定を例にとると、すべての既収載品の加重平均乖離率は8.38％だったから、新薬創出加算の加算率は、

（8.38％－２％）×0.8＝6.38％×0.8＝5.10％

と導くことができる。

つまり、市場実勢価格を反映した算定値（暫定薬価）に対して、この5.10％分を加算したものが新しい薬価になるんだ。

計算式で表すと

新薬価＝（暫定薬価）＋（暫定薬価）×0.051＝（暫定薬価）×1.051

となる。ただし、「改定前薬価が上限」となっているよ。

具体例を出すよ。表をみてほしい。

改定前薬価を100円と置いて、乖離率が異なる３つの「後発品が上市されていない新薬」があったとする。乖離率は薬剤Ａが10％、薬剤Ｂが8.3％、薬剤Ｃが５％だ。10年度のケースに当てはめると、

◆新薬創出加算の算定例◆

	薬剤A	薬剤B	薬剤C
改定前薬価	100円	100円	100円
乖離率	10％ （8.38％超）	8.3％ （8.38％以内）	5％ （8.38％以内）
加算対象か	→×	→○	→○
調整幅2％除いた率	8％	6.3％	3％
暫定薬価	92円	93.7円	97円
加算した場合（×1.051）	対象外	98.5円	101.9円
新薬価	92円	98.5円	100円 （改定前薬価が上限）
改定前との比較	▲8.0円	▲1.5円	±0

加重平均乖離率は8.38％だった。さて、新薬創出加算はどれに適用されるのか。

薬剤Aは、乖離率が10％で平均の8.38％をオーバーしてしまっているから、加算対象にならない。つまり通常通り引き下げられて、調整幅２％分を除いた92円がそのまま新薬価になる。

薬剤Bは乖離率が8.3％だから、ぎりぎり平均の8.38％の範囲内で、加算が適用される。調整幅２％分を除いて、6.3％引き下げた暫定薬価は93.7円。これに5.10％分加算されるから、93.7×1.051で98.5円が新薬価になる。改定前の100円から完全に戻りきらないけれど、▲1.5円の98.5円だから、引き下げ幅はかなり緩和されたことになる。

薬剤Cは、乖離率が５％と小さく、やはり平均の8.38％の範囲内で、加算が適用される。調整幅２％分を除いて、３％引き下げた暫定薬価は97円。これに5.10％分加算されるから、97×1.051で101.9円という計算になるが、これは改定前薬価の100円を超えてしまう。上限は改定前薬価だから100円が新薬価となる。この場合は、完全に戻りきったことになる。

　ちなみに10年度は加算率が5.10％だったが、12年度は5.14％、14年度は4.94％で推移しているよ。

⇒新薬創出・適応外薬解消等促進加算の「試行継続」①は170ページへGO

ポイント

◎新薬創出加算は「仮免中」
◎2要件は「後発品なし」「平均乖離率以内」
◎上限は改定前薬価

新薬創出・適応外薬解消等促進加算って何だ？　②

新薬創出加算では、加算によって薬価引き下げを「猶予」する代わりに、特許が切れたら、これまで下げなかった累積分を薬価から一気に引き下げて、加算を「返還」することになるんだ。

最終的に加算を「返還」してしまうんですか。何だか、すごくシビアに聞こえます。おいしいことばかりではないのですね。

特許が切れたらまとめて下げる

■加算の「返還」

新薬創出加算は、あくまで特許期間中の新薬の薬価維持（引き下げ猶予）が目的だから、特許が切れて後発品が出れば（または薬価収載から15年経過すれば）、その次の薬価改定で、これまでの加算分を薬価から一気に引き下げて「返還」することになるんだ。

次に示す図の一番右の直角に下がる線をみてほしい。
「後発品収載後または薬価収載後15年経過後の直後の改定」で、「薬価改定猶予分」（階段上に下がるはずだった部分）を一気に引き下げつつ、通常の「市場実勢価格による引き下げ」と「特例引き下げ」も行うことがわかるね。

◆新薬創出・適応外薬解消等促進加算対象薬の薬価算定例◆

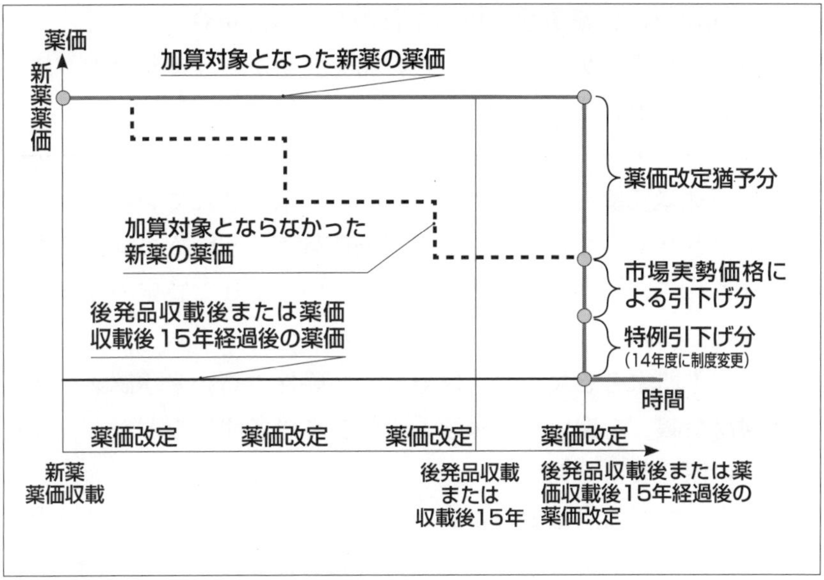

〈出所〉厚生労働省資料を一部改変

■メーカーの取り組みに対する評価

基本的に、後発品が上市されていない新薬で、加重平均乖離率を超えないものには新薬創出加算が適用される。「医薬品」そのものに着目した要件だね。これとは別に「企業の取り組み」について条件を課しているんだ。それを満たしていないと、加算の適用除外となってしまうよ。

（条件）
国は、メーカーに開発要請をした未承認薬・適応外薬について、当該企業の開発・上市状況を確認して、以下の場合にはその企業のすべての新薬について加算を適用しない。

①公知申請（海外などで適応外使用の実績がある場合などに臨

床試験を省く申請）が行えるケース…国からの開発要請から「半年以内」に薬事承認申請を行わなかった場合
②治験が必要なケース…国からの開発要請から「１年以内」に治験に着手しなかった場合

まず、**「未承認薬」**というのは、海外では承認されているが、日本では承認されていない薬のことだ。**「適応外薬」**というのは、日本で承認はされているが、海外で認められているような特定の効能・効果について承認されていない薬のことだよ。

国は、専門家らを集めた「医療上の必要性の高い未承認薬・適応外薬検討会議」を開いて、医学系の学会や患者団体などから、これらの薬の開発要望を聞いて、一つひとつ評価している。

そのうえで医療上必要性が高いと認められる薬については、それを開発する能力がありそうな企業に開発要請を行っている。または、開発要請先がなく企業が自ら開発意思を表明して開発を進める「公募品目」に指定しているんだ。

国からの開発要請を受けた企業に関しては、上に示した①半年以内の薬事承認申請、②１年以内の治験着手を行わない場合に、その企業のすべての新薬が、新薬創出加算の適用除外となるんだ。

さらに加算の適用を受けた後に、未承認薬・適応外薬の開発要請に消極的で①、②に該当すれば、加算不適用となるだけかと思えば、それにとどまらない。

その後の薬価改定で、加算で得た年間販売額の合計額に加えて「利子」として５％を上乗せした額を、その企業の既収載品の年間販売額から差し引いたうえで、それを反映してその企業のすべての既収載品の薬価が下げられるペナルティが課されるんだ。

ただし、これまでに、①、②に該当して、実際に適用除外となった例は１つも存在しないよ。

一方で、14年度改革では「加算だけ受けて、未承認薬・適応外薬の開発要請を受けず、しかも公募にも手を挙げない」、いわゆる〝ミスマッチ〟企業の存在が問題視されて、加算取得の条件が厳格化されたんだ。

⇒新薬創出・適応外薬解消等促進加算の「試行継続」②は174ページへGO

ポイント

◎後発品が出たら加算は「返還」する

◎国の開発要請に応じないと加算不適用

◎半年以内の公知申請、1年以内の治験

新薬創出・適応外薬解消等促進加算って何だ？　③

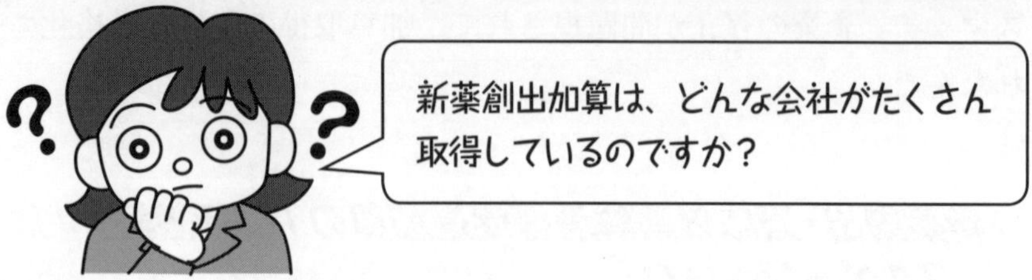
新薬創出加算は、どんな会社がたくさん取得しているのですか？

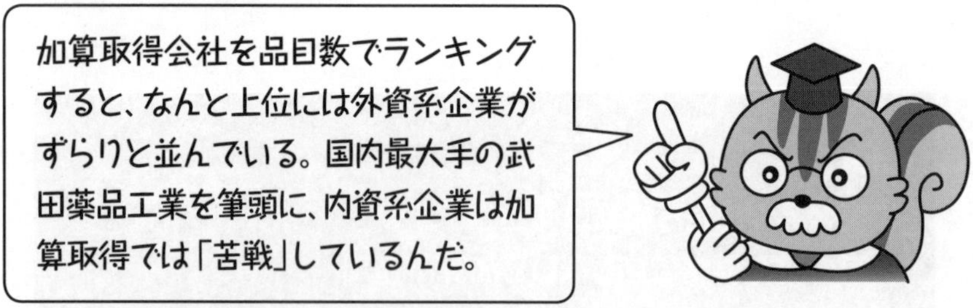
加算取得会社を品目数でランキングすると、なんと上位には外資系企業がずらりと並んでいる。国内最大手の武田薬品工業を筆頭に、内資系企業は加算取得では「苦戦」しているんだ。

外国製薬業界創薬加算 !?

この項では、新薬創出加算の各社取得状況と、そもそも業界が主張していた「薬価維持特例」についてみていくよ。

■新薬創出加算の取得状況

次に示した表は、14年度改定での新薬創出加算の各社取得状況に関して、上位15社を品目数順に並べたものだ。

新薬創出加算の取得状況の上位１～15社を一目みただけで、外資系企業ばかりということに気付くね。４位の中外製薬はスイス・ロシュの傘下だから、外資系とカウントすると、内資系企業は８位のアステラス製薬と第一三共、12位の大塚製薬、13位の大日本住友製薬の４社にとどまる。残り11社はすべて外資系企業が占めている。ちなみ他の内資大手では、エーザイが22位（９品目）、武田薬品工

◆新薬創出加算取得品目数上位15社（2014年度改定）◆

順位	会社名	品目数
1	ファイザー	55
2	グラクソ・スミスクライン	47
3	ノバルティスファーマ	36
4	ヤンセンファーマ	35
4	中外製薬	35
6	MSD	34
7	アストラゼネカ	26
8	アステラス製薬	25
8	第一三共	25
8	日本イーライリリー	25
11	サノフィ	24
12	大塚製薬	21
13	大日本住友製薬	20
14	バイエル薬品	19
15	ノボノルディスクファーマ	18

〈出所〉厚生労働省資料を一部改変

業が27位（7品目）となっている。

こうした加算取得の「外資偏重」傾向は、10年度に加算が試行導

【新薬創出加算企業がサッカー日本代表なら】

入されて以来、変わっていないんだ。

メーカー側は加算の恒久化を叫び続けているけれど､「仮免」状態が続いて、なかなか実現しないひとつの大きな要因にもなっている。12年度改定後には、中医協の医師代表委員がこんなコメントまで残しているよ。

「新薬創出加算はトライアル（試行）中だが､恒久化は反対。加算取得メーカーの上位に並ぶのは、外資系メーカーばかりで、日本国の創薬加算になっていない。いわば『外国製薬業界創薬加算』であって、本来の趣旨とは違う」

■薬価維持特例

根本的な話になるけれど、そもそも製薬業界が導入を求めていたのは新薬創出加算ではなく、一定の基準をクリアした薬価を維持する**「薬価維持特例」**という制度だったんだ。新薬創出加算のように、引き下げた暫定薬価から加算を上乗せして「戻す」仕組みではなく、最初から対象になれば例外的に「下げない」とするスキームだよ。

対象は次の①、②に該当する医薬品になる。

①特許・再審査期間中で薬価と市場実勢価格の乖離率が、全品目の加重平均乖離率以内にある医薬品（初の後発品参入をもって特例期間終了）

②その他国が定める医薬品（希少疾病医薬品、必須医薬品など＝保険医療上不可欠で採算性に乏しい医薬品

10年度改革の議論が行われた中医協で、メーカー側は、薬価維持特例により「研究開発費を早期に回収して、次の革新的な新薬の研究開発を進めることができる｣「アンメット・メディカルニーズ（未充足の医療ニーズ）に応えることができ、ドラッグ・ラグの解消にもつながる」といった主張を繰り広げたよ。

中医協では、革新的な新薬の評価と後発品の使用促進は「車の両輪」というコンセンサスができていた。さらに未承認薬・適応外薬の解消は薬価上も喫緊の課題になっている。そこで診療側や支払側からは、薬価維持特例の導入で後発品使用促進と、未承認薬・適応外薬の解消について「きちんとできるのか」「できなかったらどうするんだ」という趣旨の発言が相次いだんだ。

それらに対して、明確な回答を求められたメーカー側は、後発品促進が目標通りに進まなかったら「既収載品（長期収載品）の薬価引き下げはやむを得ない」と覚悟を示し、未承認薬・適応外薬解消に関しては「業界全体で取り組む」ことを約束したんだ。

ただそうした主張も決定打にはならず、薬価維持特例の導入は、雲行きが怪しいまま推移したよ。

薬価維持特例改め……

そんな状況下で、09年12月2日、厚生労働省が中医協で突如、提案したのが、薬価維持特例改め「新薬創出・適応外薬解消等促進加算」になる。当時の担当官はこんな説明をしている。

「現行の薬価制度が市場実勢価格主義を基本としているなかでは、薬価維持というより、新薬創出や適応外薬解消のための加算と言うほうがわかりやすい」

政府の予算編成が大詰めを迎えた時期にあって、厚労省と財務省が折衝するなか、財務省側からは「市場価格が下がっているのに維持するのはおかしい」「特例と言いながら、一定条件に合致するものを原則としてすべて対象にするのはいかがなものか」と、薬価維持特例には〝物言い〟がついていたんだ。

そこで厚労省は、名称・コンセプト変更した加算に衣替えを提案して、慎重姿勢を崩さない診療側、支払側に対する配慮として、新薬創出加算は10年度から次の12年度改定までのあくまでも「試行的な実施」と強調したんだ。

最終的に加算の試行導入が実現した。ただし、薬価維持特例のように、必ずしもすべての対象が改定前薬価に戻る仕組みではなくなったよ。加算率の計算式は、

（すべての既収載品の加重平均乖離率－調整幅２％）×0.8

に決まった。

「×0.8」というのは、「国の財政上の理由」でしかない。加えて、メーカー側は、ルールにない長期収載品の追加引き下げ（一律で▲2.2%）も呑まされることになったんだ。

この「×0.8」は、12年度、14年度改革でも尾を引いて、消えることなく残っている。

⇒新薬創出・適応外薬解消等促進加算の「試行継続」③は178ページへGO

ポイント

◎新薬創出加算の上位は「外資系ばかり」
◎業界提案は加算でなく「薬価維持特例」
◎加算率の「×0.8」は財政的理由から

市場拡大再算定って何だ？　①

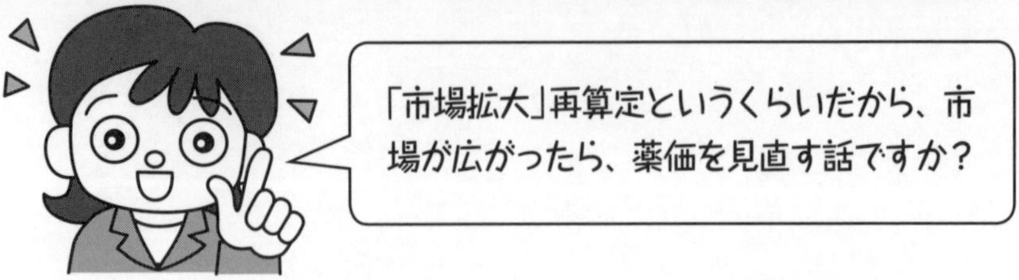
「市場拡大」再算定というくらいだから、市場が広がったら、薬価を見直す話ですか？

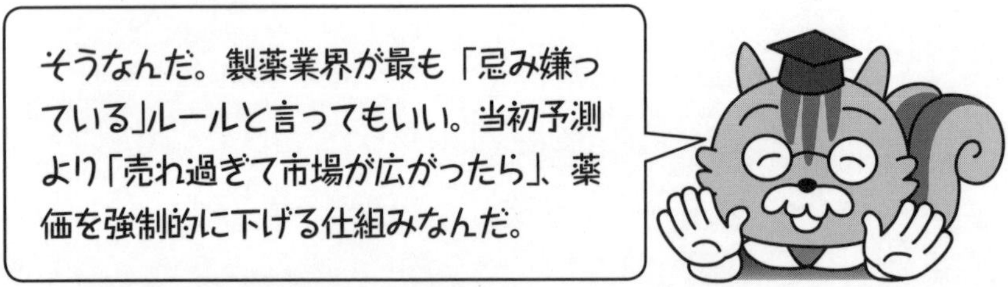
そうなんだ。製薬業界が最も「忌み嫌っている」ルールと言ってもいい。当初予測より「売れ過ぎて市場が広がったら」、薬価を強制的に下げる仕組みなんだ。

メーカーの「うれしい悲鳴」

想定外のヒットを飛ばして売り上げを伸ばし、マーケットが拡大したら、価格が最大25％も下げられてしまう――。それが市場拡大再算定だ。他業界の人が普通に聞いたら「そんな理不尽な話はあり得ない」となって当然のところだ。でも、公的医療保険の枠組みのなかで、薬剤費が膨張しないように国がコントロールしている医療用医薬品の世界では、「必要な措置」として、まかり通ってしまっているよ。製薬業界は一貫して反対し続けているけれど、ルールとしてなくなる兆しはまったくないんだ。

では、ルールの詳細をみていこう。

■市場拡大再算定対象品の要件

市場拡大再算定を受けるのは、次のイ、ロ、ハのすべてに当てはまる場合だ。

【市場拡大再算定のイメージ】

イ　原価計算方式による算定されたもの。類似薬効比較方式で算定されたもののうち、使用方法の変化、適用患者の変化、その他の変化により使用実態が著しく変化した既収載品

ロ　薬価収載の日（または効能変更の場合は承認を受けた日）から10年を経過した後の最初の薬価改定を経ていない既収載品

ハ　市場規模（組成、投与形態が同一の類似薬の年間販売額の合計額）が薬価収載時点における基準年間販売額の２倍以上かつ年間150億円以上を超えた場合。また原価計算方式で算定された場合であって10倍以上かつ年間100億円を超えた場合

上記の〝お役所言葉〟を簡略化して、対象を示すとこうなる。

イ　原価計算方式での算定品、使用実態が著しく変化した類似薬効比較方式での算定品

ロ　薬価収載・効能変更から「10年以内」

ハ　基本は「2倍以上・150億円超」、原価計算方式に限って「10倍以上・100億円超」も対象

以下では、市場拡大再算定の概念について「類似薬効比較方式で算定された場合」を図で示そう。

さて、イ、ロ、ハのすべての要件を満たす場合に、市場拡大再算定が実施されるよ。「市場規模拡大率」によって、下げ幅が決められる。

◆市場拡大再算定の概念図◆

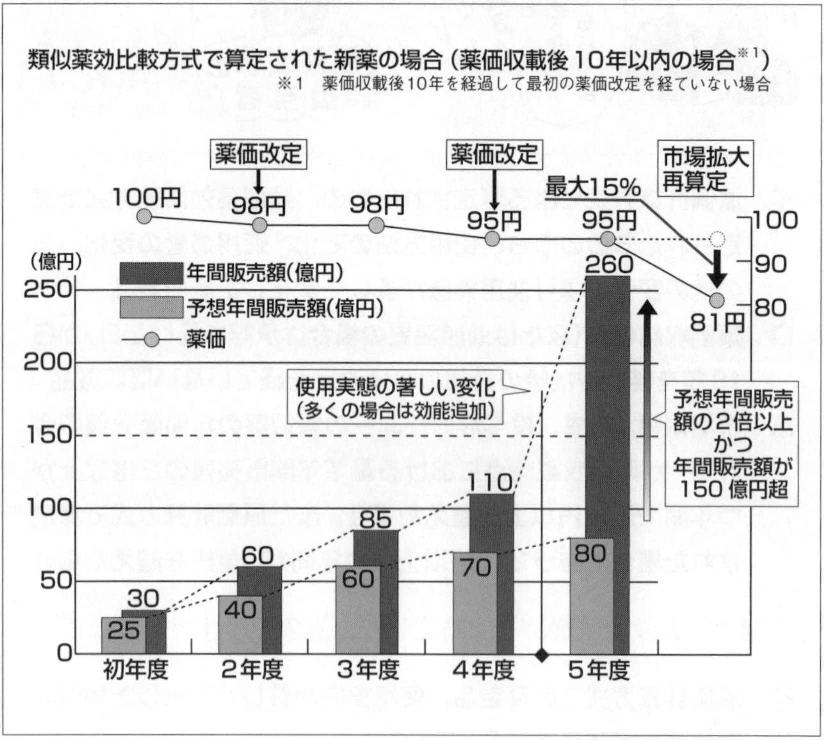
類似薬効比較方式で算定された新薬の場合（薬価収載後10年以内の場合※1）
※1　薬価収載後10年を経過して最初の薬価改定を経ていない場合
薬価改定
薬価改定
市場拡大
再算定
最大15%
100円
98円
98円
95円
95円
81円
100
90
80
（億円）
年間販売額(億円)
予想年間販売額(億円)
薬価
250
200
150
100
50
0
260
使用実態の著しい変化
（多くの場合は効能追加）
予想年間販売額の2倍以上
かつ
年間販売額が
150億円超
30
25
60
40
85
60
110
70
80
初年度
2年度
3年度
4年度
5年度

〈出所〉厚生労働省資料を一部改変

●原価計算方式なら改定前薬価の75％が下限
＝最大25％引き下げ（改定前薬価100円なら75円が下限）
●類似薬効比較方式なら改定前薬価の85％が下限
＝最大15％引き下げ（改定前薬価100円なら85円が下限）

となるんだ。

通常の「市場実勢価格加重平均値調整幅方式」での算定値と、市場拡大再算定による算定値の「どちらか低い方」が改定後薬価になるよ。その下げ幅の大きさから、ほとんどのケースは、市場拡大再算定による算定値がそのまま新しい薬価になっているんだ。

ちなみに原価計算方式の「10倍以上・100億円超」という要件は12年度改定で導入され、唯一、グラクソ・スミスクラインの肺高血圧症治療薬「静注用フローラン」（エポプロステノールナトリウム）がその改定時に引っ掛かって、再算定を受けた。

このため、「フローランを念頭に、狙い撃ちするルール見直しが行われたのではないか」といった疑念の声も業界からは出ていたんだ。

■補正加算による引き下げ緩和

なお、薬価収載後の効能・効果の追加などで、その薬の有用性が認められれば、補正加算（5～10％）によって、市場拡大再算定の引き下げ幅が緩和される場合もあるよ。以下の①～③が要件だ。

ただし、市場規模の拡大率が大きい場合には、12年度改定時に実際に日本イーライリリーの抗がん剤「アリムタ注射用」（ペメトレキセドナトリウム水和物）がそうだったように、補正加算が適用されても原価計算方式で最大の25％の引き下げを受けたものも存在するよ。

①小児に係る効能・効果等を追加した場合
②希少疾病に係る効能・効果を追加した場合

③市販後に集積された調査成績により、真の臨床的有用性が直接的に検証されていると認められる場合

最後に経緯について少し触れておこう。

この市場拡大再算定ルールの歴史は古く、82年7月の国の「新医薬品の薬価算定に関する懇談会」報告で「薬価基準収載後、効能・効果、用法・用量等を拡大した場合には必要に応じ価格の見直しを行う」ことが考え方として、謳われている。以後、93年11月には中医協の了解事項として、患者数の増加など「市場に変化」があった場合に薬価を見直すことを確認している。

さらに95年11月の中医協建議（意見書）で、「市場拡大再算定」に相当する具体的なルールが明示されて、その後はマイナーチェンジを繰り返しながら、現在に至っているよ。

ポイント

◎売れ過ぎて市場が拡大したら薬価引き下げ
◎市場規模「2倍以上・150億円超」が基本
◎原価計算は最大25％下げ、類似薬効は最大15％下げ

市場拡大再算定って何だ？　②

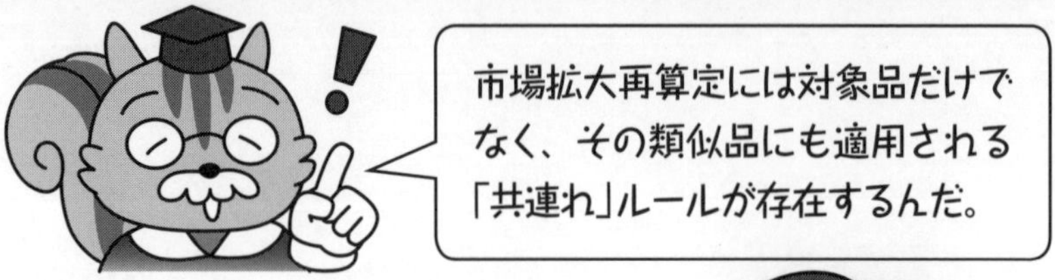
市場拡大再算定には対象品だけでなく、その類似品にも適用される「共連れ」ルールが存在するんだ。

対象でなくても対象になるってことですよね。どんな理屈があるのですか？

みんなが一緒にコケる

■道連れルール

市場拡大再算定を直接受ける対象品以外に「市場拡大再算定類似品」というものがある。次のいずれかに該当する既収載品のことだ。

イ　市場拡大再算定対象品の「薬理作用類似薬」である既収載品

ロ　市場拡大再算定対象品または市場拡大再算定類似品と組成が同一の既収載品

※ただし、市場規模、薬価基準への収載時期、適応の範囲等を考慮し、市場拡大再算定対象品と市場における競合性が乏しいと認められるものを除く。

イは、市場拡大再算定対象品となったら、それと薬理作用が類似する「薬理作用類似薬」（同一の効能・効果で薬理作用が類似。投与形態が同一）は、すべて再算定に引っ掛かることを意味している。再算定で大幅な引き下げという、いわば「とばっちり」を受けることになるわけだね。

ロは、対象品と類似品と「同一組成」ということだから、それらの「後発品」も一緒に再算定で引き下げ対象、という意味になるよ。「ただし」とある部分は、とはいえ、「いくらなんでも対象品と競合しないものまで再算定するのはどうか」という問題意識から、12年度改定でルールに書き加えられた「除外規定」を指している。

この共連れルールができたのは、00年度改革だよ。このときの要件は、「薬価収載の際の比較薬（ないしは比較薬の比較薬）が市場拡大再算定対象品となった場合」ということだった。業界でこんな例え方をする人がいた。

「親亀（対象品）がコケたら（再算定を受けたら）、子亀（類似品）もコケる（再算定を受ける）。ただし子亀がコケても、親亀はコケない」

これに続いて、08年度改革では「市場拡大再算定」の対象拡大が行われたんだ。その際、共連れルールが強化されて、薬価算定上の比較薬かどうかにかかわらず「薬理作用類似薬のすべて」が引っ掛かる仕組みに変わったよ。こちらは亀の例えでは、

「親亀がコケると子亀がコケて、子亀がコケても親亀がコケる。みんな一緒にコケるルール」

と言えるんだ。

厚生労働省は「市場で競合している医薬品について公平な薬価改定を行う観点から」薬理作用類似薬をすべて対象にすると、改正の意図を説明したんだ。

では、具体例を２つみてみよう。

①高血圧症治療に使うＡＲＢ（アンジオテンシンⅡ受容体拮抗薬）「ブロプレス」（一般名＝カンデサルタン、武田薬品工業）は類似薬効比較方式による算定で、「市場規模が当初の予測を著しく上回った」（２倍超・150億円以上に該当した）ため、08年度改定で市場拡大再算定対象品となった。

↓
それに伴い、共連れルールで、
○「ディオバン」(バルサルタン、ノバルティスファーマ)
○「ミカルディス」(テルミサルタン、日本ベーリンガーインゲルハイム)
○「ニューロタン」(ロサルタンカリウム、MSD)
○「プレミネント」(ロサルタンカリウム・ヒドロクロロチアジド、MSD)　※配合剤
○「オルメテック」(オルメサルタン、第一三共)
がすべて、市場拡大再算定類似品として再算定を受けた。

②国内初のアルツハイマー型認知症（AD）治療薬「アリセプト」(ドネペジル、エーザイ)は、12年度改定で2度目の市場拡大再算定を受けた。原価計算方式で算定され、06年度改定で市場拡大再算定を受けたが、高度ADの効能追加などで売上高が1000億円以上に拡大。「効能追加から10年経過した後の最初の薬価改定を経ていない」、前回の再算定時の年間販売額の「2倍以上・150億円超」に該当したため。
↓
○「レミニール」（ガランタミン臭化水素酸塩、ヤンセンファーマ）は「薬理作用類似薬」として、また11年11月に収載した30社のアリセプト後発品は「組成が同一」として、市場拡大再算定類似品として再算定を受けた。

ただし、「メマリー」（メマンチン塩酸塩、第一三共）はアリセプトと作用機序が異なるため、「イクセロンパッチ／リバスタッチパッチ」（リバスチグミン、ノバルティスファーマ／小野薬品工

業）は投与経路が異なるため、それぞれ再算定を免れている。

■新薬創薬加算との関係

市場拡大再算定ルールを巡って、メーカー側の主張は「売れれば下げる」といった機械的な運用をするなら「このルールは廃止すべき」というものだ。

とくに類似薬効比較方式について、「使用実態の著しい変化」を再算定の要件にしているにもかかわらず、単に「効能追加」しただけで「使用実態の著しい変化」とみなすかのような算定例が相次いでいる。そんな批判がメーカー側からは出ている。それを踏まえて「使用実態の著しい変化」「市場規模の伸び」を判断する基準の検討が必要と、かねて主張しているけれど、08年度改革以降、具体的な検討は行われないまま、時が流れている。

また10年度から試行導入中の「新薬創出・適応外薬解消等促進加算」と市場拡大再算定との関係も問題視している。現行ルールでは、「市場拡大再算定に該当すると、新薬創出加算の要件を満たしても加算が適用されない」ことになっているが、再算定がなければ加算が取れたはずのものがほとんどなんだ。

加算に該当するということは「市場の評価が高い」ということでもあるのに、再算定で加算が適用されない運用では「イノベーションが適切に評価されていない」と、ルールの見直しを求めているよ。

ポイント

◎市場拡大再算定には「共連れ」ルール存在
◎薬理作用類似薬や後発品も再算定対象
◎新薬創出加算との整合性には疑問符

不採算品再算定と最低薬価

新薬が出る一方で、販売から何十年経っても医療現場で使われる必要な薬があるよね。それらが不採算になって、メーカーが供給停止に陥らないように「不採算品再算定」や「最低薬価」制度があるんだ。

なくなってしまっては、患者が困るような「古くても大事な薬を守る」ための制度なのですね。

薬価上のセーフティネット

■不採算品再算定

不採算品再算定は文字通り、薬価が著しく低いために、供給困難な状況にある既収載品に適用する仕組みだよ。次の要件をすべて満たすものが対象になるんだ。

イ　中央社会保険医療協議会において、保険医療上の必要性が高いものであると認められた既収載品。

・関係学会等から医療上の必要性の観点からの継続供給要請があるもの

・日本薬局方収載医薬品であって、薬価基準に１品目のみ収載されているもの（最終局方品）等

ロ　薬価が著しく低額であるため製造販売業者が製造販売を継続することが困難である既収載品

不採算品再算定の対象となったものは、**「原価計算方式」**で改めて薬価を算定するんだ。ただし、通常の原価計算方式だと、各項目を積み上げる際に加味する「営業利益率」は、「製薬業界の平均的な営業利益率」（14年４月からは16.9％）が用いられるけれど、不採算品再算定では、該当する企業の経営効率を精査したうえで「製造業の平均的な営業利益率」ということで、５％を上限として認めることになっているよ。

販売から数十年経つような医薬品は、薬価改定を経るごとに薬価が低くなる一方、薬事規制の見直し・厳格化、設備の老朽化などで生産体制を維持するコストが嵩むことになる。それで、不採算化が進んで、メーカーは供給が難しくなる場合には、「不採算に陥った」ものと認めて、２年に１回の薬価改定で引き上げる措置を取っているよ。

なお、後発品に関しては、一般的に先発品より改定時の下落率が大きいから「すべての後発品が不採算に陥って販売中止となる場合」もあり得る。それでは患者は後発品を継続的に使えずに困ってしまうよね。後発品がすべて不採算で供給困難な状況になった場合には、後発品のみに対して不採算品再算定を適用するんだ。

■最低薬価

次に最低薬価をみていこう。

最低薬価制度は、既収載品の薬価改定ルールに従って算定された価格が、成分に関係なく剤形ごとに設定した「最低価格一覧」にある最低薬価を下回った場合には、この一覧にある最低薬価を改定後の薬価とするルールになる。14年度改革では、注射剤の最低薬価について一部見直しが行われたよ。

なお、「日本薬局方」（日本国内で扱う重要な医薬品について品質・

◆最低薬価◆

	区分			最低薬価
日本薬局方収載品	錠剤		1錠	9.90円
	カプセル剤		1カプセル	9.90円
	丸剤		1個	9.90円
	散剤（細粒剤を含む。）		1g※1	7.40円
	顆粒剤		1g※1	7.40円
	末剤		1g※1	7.40円
	注射剤	100mℓ未満	1管又は1瓶	95円
		100mℓ以上500mℓ未満	1管又は1瓶	113円
		500mℓ以上	1管又は1瓶	149円
	坐剤		1個	19.90円
	点眼剤		5mℓ 1瓶	88.00円
			1mℓ	17.60円
	内用液剤、シロップ剤（小児への適応があるものを除く。）		1日薬価	9.60円
	内用液剤、シロップ剤（小児への適応があるものに限る。）		1mℓ※2	10.00円
	外用液剤、シロップ剤（外皮用殺菌消毒剤に限る。）		10mℓ※1	9.80円
その他の医薬品	錠剤		1錠	5.80円
	カプセル剤		1カプセル	5.80円
	丸剤		1個	5.80円
	散剤（細粒剤を含む。）		1g※1	6.40円
	顆粒剤		1g※1	6.40円
	末剤		1g※1	6.40円
	注射剤	100mℓ未満	1管又は1瓶	58円
		100mℓ以上500mℓ未満	1管又は1瓶	69円
		500mℓ以上	1管又は1瓶	91円
	坐剤		1個	19.90円
	点眼剤		5mℓ 1瓶	87.20円
			1mℓ	17.60円
	内用液剤、シロップ剤（小児への適応があるものを除く。）		1日薬価	6.60円
	内用液剤、シロップ剤（小児への適応があるものに限る。）		1mℓ※2	6.60円
	外用液剤、シロップ剤（外皮用殺菌消毒剤に限る。）		10mℓ※1	6.50円

※1　規格単位が10gの場合は10gと読み替える。
※2　規格単位が10mℓの場合は10mℓと読み替える。

〈出所〉厚生労働省資料を一部改変

純度・強度の基準などを定めた公定書）に収載された医薬品（局方品）は、医療現場で汎用されていて、医療上の必要性も高いことから、最低薬価を他の医薬品よりも高く設定している。

また、この最低薬価ルールを定めた00年度時点で、既に最低薬価を下回っているものがあった。それらの品目については、その時点での薬価を最低薬価とみなして設定したんだ。これを「みなし最低薬価」と呼ぶよ。

⇒最低薬価の見直しは
182ページへGO

ポイント

◎不採算品は「原価計算方式」で再算定
◎剤形ごとに「最低薬価」を一覧表にしている
◎局方品の最低薬価は高く設定

薬価こぼれ話③

米価同様のバルクライン方式から、現行方式に至るまで

現在、既収載品の薬価改定は「市場実勢価格加重平均値調整幅方式」で行われているんだったね。銘柄別の市場実勢価格の加重平均値を出して、消費税と調整幅（2％）を加えるやり方だ。この方式になったのは00年で、それに至るまでには変遷があった。

1953年の薬価改定から約30年間、用いられたのが「90％バルクライン方式」と呼ばれる手法だよ。バルクラインは、「一定の大きさを示す線」という意味で物価設定の際の経済用語になる。戦後、物価庁が米などの生活物資の価格決定に用いていたんだ。

医薬品の「90％バルクライン」方式は、個別銘柄ごとに市場実勢価格を安い順に並べてみて、販売数量が90％に達した段階を、その薬の「代表的な値段」（90％の人が買える）とみて、薬価基準と定めていたよ。

ところが、この方式の欠点が指摘されるようになった。

①高い価格の販売数量を10％確保すれば、価格は下がらず、薬価を高い水準で維持できる②残りの90％より下の方はいくらでも安くできるから、病院は猛烈に買い叩く③その結果、巨額の薬価差益を生み出す温床となっている。メーカーが販売対応で高い改定薬価を維持できてしまうことや、①～③のような悪循環が問題視されたよ。

そこで市場実勢価格の歪みを是正するために、83年には、その「高い10％部分をカットすればいい」との発想から、「90％の90％」ということで「81％バルクライン」が取り入れられた。

でも、引かれる線が下がったところで、方式自体は変わらないから、イタチごっこでしかない。

そこで88年、従来のバルクライン方式に、一部修正を加えるための加重平均値が導入された「修正バルクライン方式」に改められたんだ。さらに92年には「加重平均値一定価格幅方式」が採用された。一定価格幅は、当時の実態に合わせて15％に設定され、3回の薬価改定を経て13％、11％、10％と段階的に縮小する措置が取られたよ。

そして、96年には一定価格幅は5％まで縮小され、00年に市場実勢価格加重平均値調整幅方式に移行したよ。一定価格幅を「薬剤流通安定のための調整幅」に位置付けて2％と設定して、その方式が現在まで続いているんだ。

第3章

後発品の薬価

新規収載品、既収載品という分け方で、
そのなかに後発品を含めることもできますが、
頭の整理には別に項目立てしたほうがいいと考え、
本書ではあえて「後発品の薬価」を独立させました。
「安さ」が魅力の後発品の薬価はどう決めているのでしょうか？

新規収載後発品の薬価①

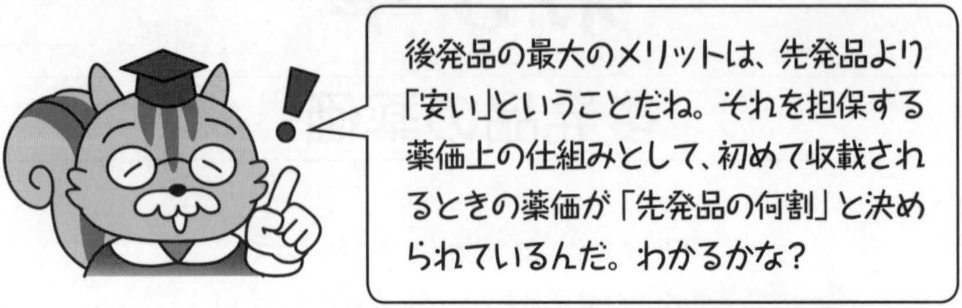
後発品の最大のメリットは、先発品より「安い」ということだね。それを担保する薬価上の仕組みとして、初めて収載されるときの薬価が「先発品の何割」と決められているんだ。わかるかな？

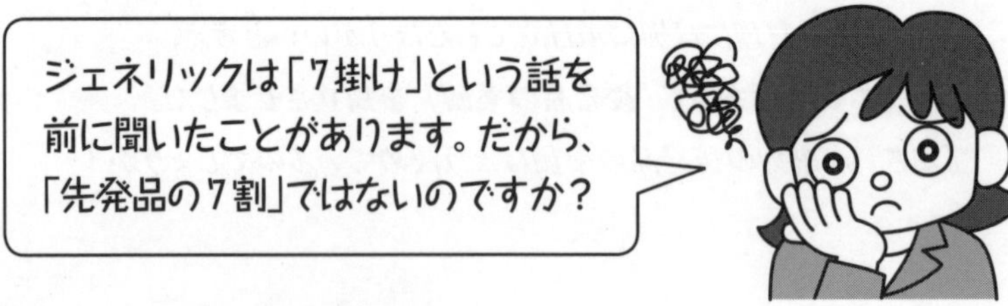
ジェネリックは「7掛け」という話を前に聞いたことがあります。だから、「先発品の7割」ではないのですか？

先発品の「0.6」倍が基本に

■初めての後発品の場合

ここでは同一成分のうち、初めて薬価収載が認められた後発品（初ゾロ）についてみていこう。

結論から先に言うと、現在は、原則として「先発品薬価の0.6倍」と決まっている。

政府は、医療費の約2割を占める薬剤費も国の財政悪化要因とみて、何とか削減しようと後発品の使用促進を続けている。使用を促すインセンティブとして、後発品が市場に出るときの薬価を低くして、先発品と差をつけている。年を追うごとに後発品の市場投入時の下げ幅を拡大して、先発品との差を広げているんだ。

過去に「先発品の0.9倍」という時代を経て、96年度薬価制度改革では「先発品の0.8倍」に改められた。それから、04年度改革で、今度は「先発品の0.7倍」に変わったよ。

その時代が10年と長く続いたから、まだ漠然と「0.7倍」のイメージを持っている人は少なくないかもしれないね。けれど実際には、14年度改定で「先発品の0.6倍」が原則になったんだ（詳細は210ページ）。

◆新規後発品を巡る薬価設定の変遷◆

～96年度	先発品の0.9倍
96年度～	先発品の0.8倍
04年度～	先発品の0.7倍
12年度～	先発品の0.7倍（ただし内用薬10品目超は0.6倍）
14年度～	先発品の0.6倍（ただし内用薬10品目超は0.5倍）

■内用薬10品目超の場合

次に「原則」から外れる話についてみていくよ。

内用薬の後発品をめぐっては、国内での売上げが１０００億円を超えるようなクラスの大型品の特許が切れると、数十もの後発品が一気に出る事態が相次いで、中医協でも診療側・支払側双方から「あまりに品目数が多すぎるのはいかがなものか」といった批判が出ていたんだ。

代表例を示そう。

- **●カルシウム拮抗剤「ノルバスク錠／アムロジン錠」（一般名＝アムロジピン）に34社【08年7月収載】**
- **●アルツハイマー型認知症治療薬「アリセプト錠」（一般名＝塩酸ドネペジル）に30社【11年11月収載】**

しかも、厚生労働省が後発品の価格を調べてみると、「同一規格に品目数が多ければ多いほど、初回の薬価改定時の下落率が大きい」ことがわかった。

そこで、12年度改革のなかで、原則の「先発品薬価の0.7倍」に対して、「ただし内用薬については組成、剤形区分及び剤形が同一の後発品が10品目超の場合は先発品薬価の0.6倍」という新ルールが追加されたんだ。14年度改革では、原則が「先発品薬価の0.6倍」になったのに伴って、「内用薬10品目超は0.5倍」とスライドするように引き下げられたんだ。(詳細は210ページ)

【内用薬10品目超は0.6倍から0.5倍に】

このルールについて少し具体例を出そう。

後発品の収載時期は6月と12月だ。例えば、薬価改定直後の6月の後発品収載で初収載の内用薬があったとする。6月の収載希望品目数が同一規格で10品目を超えていたら、即0.5倍のルールが全10品目で適用される。

これに対して、6月の収載希望が8品目だったとすると「10品目超」には当たらないから0.6倍で済む。その後、次の12月の収載希望が5品目あった場合、「8＋5」で「10品目超」となるため、12月収載の５品目すべてに0.5倍が適用されるよ。その次の年は薬価改定のない年だから、６月、12月に追加で後発品が出た場合、そのまま0.5倍の適用が続くんだ。

つまり、内用薬では初めて「薬価改定を受けるまでの間」は、10品目未満（９品目まで）なら0.6倍、初めて10品目を超える場合から0.5倍という整理になる。

⇒新規収載後発品の薬価の見直しは
210ページへGO

ポイント

◎初めての後発品は「先発品薬価の0.6倍」
◎大型品には30社以上の後発品が集中
◎内用薬は10品目超だと0.5倍（半額）

新規収載後発品の薬価②

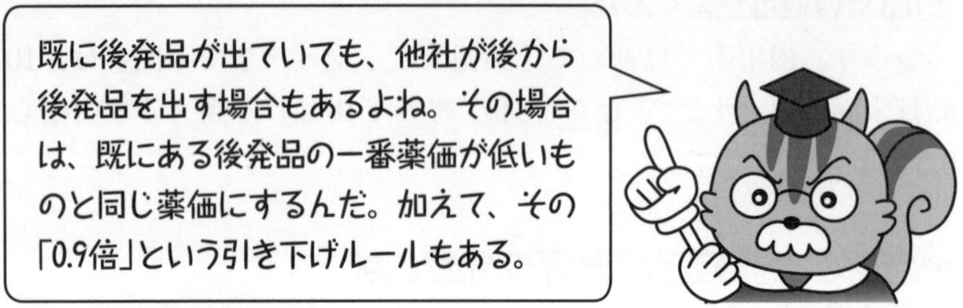
既に後発品が出ていても、他社が後から後発品を出す場合もあるよね。その場合は、既にある後発品の一番薬価が低いものと同じ薬価にするんだ。加えて、その「0.9倍」という引き下げルールもある。

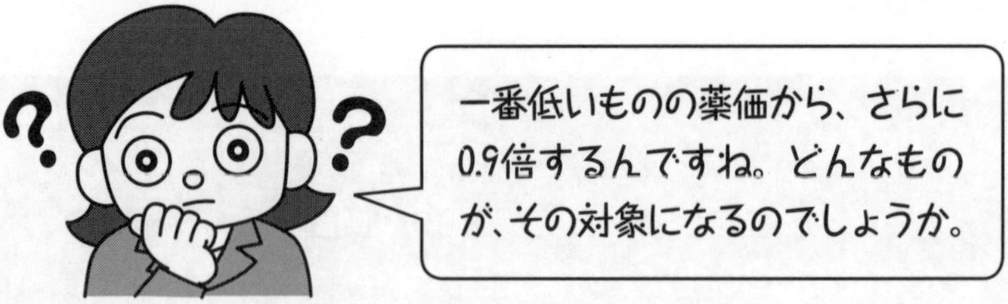
一番低いものの薬価から、さらに0.9倍するんですね。どんなものが、その対象になるのでしょうか。

■他の後発品が既に存在する場合

既に後発品が出ている場合には、市場競争に晒されたなかで「最も薬価が低いもの」に合わせるのが基本だよ。

どういうことか説明しよう。

初めて後発品が収載されるときには、「先発品薬価の0.6倍」で、どの後発品も同じ薬価だけれど、医薬品卸を通じて納入される価格は、メーカーの販売戦略なども反映して、かなりバラける。薬価改定では、その市場実勢価格に基づいて新たな薬価が設定されるから、同じ後発品でもいくつもの価格帯が生まれるんだ。

例えば、薬価改定を経て、市場に組成、剤形、規格が同一の後発品55円、45円、25円の3つがあるしよう。その状況から、新たに後発品が出てくるときには、一番低い25円と同じ薬価がつけられる。

ただし、例外的にもっと低くする場合もあるよ。

◆既に後発品が収載されている場合（内用薬）◆

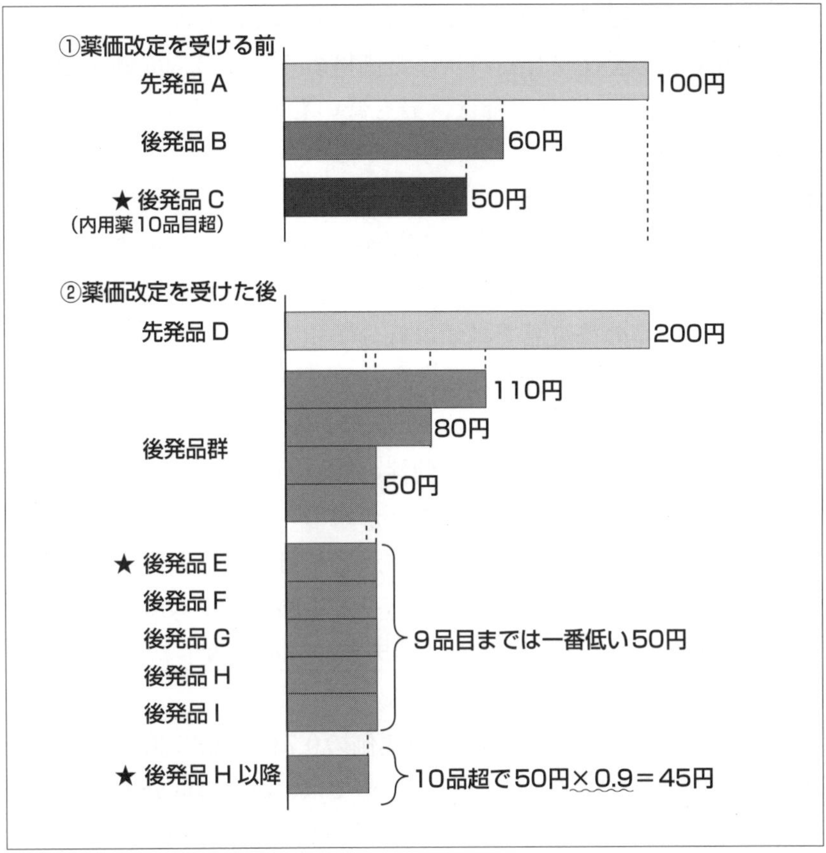
①薬価改定を受ける前
先発品 A
100円
後発品 B
60円
★ 後発品 C
（内用薬10品目超）
50円
②薬価改定を受けた後
先発品 D
200円
110円
80円
後発品群
50円
★ 後発品 E
後発品 F
後発品 G
後発品 H
後発品 I
9品目までは一番低い50円
★ 後発品 H 以降
10品超で50円×0.9＝45円

●内用薬では、既存後発品と合わせて10品目を超える場合
●注射薬・外用薬では既存後発品と合わせて20品目を超える場合には、それぞれ**「最も薬価が低いもの×0.9」**が適用されるんだ。

内用薬については、この直前の項でみた、「内用薬10品目超は0.5倍」というのと、混同するかもしれないね。注意すべきは10品目超になる段階が「最初の薬価改定を経る前か後か」ということなんだ。

①薬価改定を受ける前であれば、9品目までは「先発品薬価の0.6倍」だが、10品目超になった時点からすべての品目が、「先発品薬価

の0.5倍」となる。

②薬価改定を受けた後は、10品目超になって時点からすべての品目が、市場実勢を反映してバラけた価格のうち、「最も薬価が低いもの×0.9」となる。それ以降は、最も低いものに合わせる。

■バイオシミラーの薬価

ここでいわゆる後発品とは異なるが、バイオシミラーの薬価について触れておこう。バイオシミラーというのは、特許期間が満了したバイオ医薬品の後続品を指す。低分子化合物の後発品と違い、分子量が大きく構造が複雑なため、先行バイオ医薬品との同一性を示すのは困難なんだ。

そのため、品質、安全性、有効性の観点から、先行バイオ医薬品との同等性・同質性を検証することが求められている。健康な成人を対象とした臨床試験だけでなく、患者を対象とした臨床試験も実施する必要があるんだ。こういたハードルの高さを考慮して、先行バイオ医薬品の0.7倍を基本に、「臨床試験の充実度」に応じて10％を上限として加算が設けられている。

すなわち、「先行バイオ医薬品の薬価の0.7倍～0.77倍」で薬価が設定されることになるよ。14年度改革では、通常の低分子の後発品は「先発品薬価の0.7倍」（内用薬10品目超は0.6倍）から、「先発品薬価の0.6倍」（内用薬10品目超は0.5倍）に下げられたけれど、バイオシミラーに関しては、先行バイオ医薬品の0.7～0.77倍」に据え置かれたんだ。

ポイント

◎他の後発品がある場合は「一番低いもの」と同じ
◎内用薬10品目超、注射薬・外用薬20品目超は0.9倍
◎バイオシミラーは先行品の0.7〜0.77倍

低薬価品の特例

後発品をつくっているメーカーは、中小を含めて200社に上るよ。市場競争で取引価格が下落して薬価がどんどん下がり、先発品に対して一定の割合以下になったら、「低薬価品」として薬価をまとめているんだ。

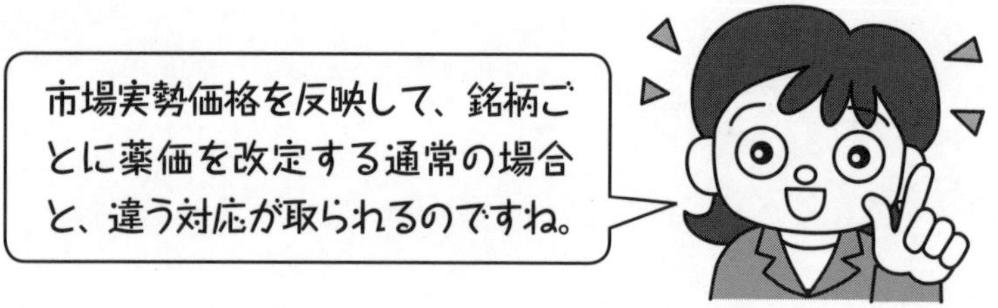
市場実勢価格を反映して、銘柄ごとに薬価を改定する通常の場合と、違う対応が取られるのですね。

「3％刻み」など経て3価格帯に

激しい価格競争が市場で繰り広げられ、最高価格（ほとんどのケースは先発品）に対して、とくに後発品について著しく低い薬価が算定されてしまう場合がある。

これを踏まえて、12年度改定以前は、最高価格の20％を下回る場合は**低薬価品**として「統一名収載」にしていたんだ。つまり、各社ごとの銘柄は示さず、一般名を「統一名」として、当てはまるすべてのものの加重平均値を統一価格とする方式だ。

その対応では、後発品の価格のバラつきは解消されておらず、最高価格の20％を上回る部分についてもテコ入れをしようとなったのが12年度改革だったよ。

◆既収載後発品の薬価算定方式（12年度改革）◆

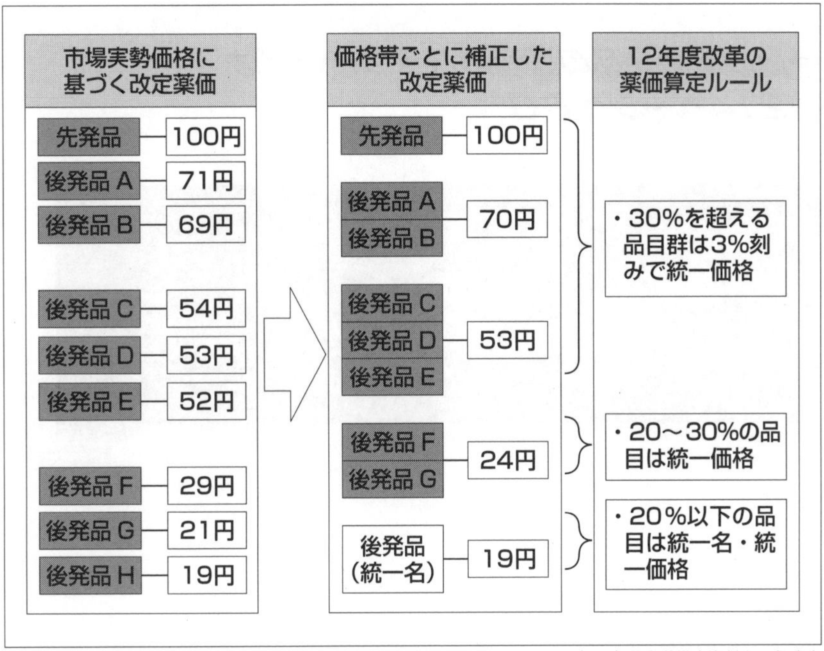
市場実勢価格に基づく改定薬価
先発品 100円
後発品A 71円
後発品B 69円
後発品C 54円
後発品D 53円
後発品E 52円
後発品F 29円
後発品G 21円
後発品H 19円
価格帯ごとに補正した改定薬価
先発品 100円
後発品A
後発品B
70円
後発品C
後発品D
後発品E
53円
後発品F
後発品G
24円
後発品（統一名） 19円
12年度改革の薬価算定ルール
・30％を超える品目群は3％刻みで統一価格
・20～30％の品目は統一価格
・20％以下の品目は統一名・統一価格

〈出所〉厚生労働省資料を一部改変

具体的には、価格が低いほうから、最高価格（≒先発品）との関連で、

> **①20％未満の品目はそれまで通り「統一名・統一価格」**
> **②20％～30％未満はまとめて１つの価格（統一名とはせず、銘柄別収載）**
> **③30％以上のものは３％以内の価格帯のものはまとめて１つの価格（ただし、改定前薬価を超えない）**

としたんだ。

これによって、一定程度は後発品の価格帯が減って集約化が進んだよ。けれど、中医協では「それでもまだ不十分」と見なされて、２年後の14年度改革では、一気に「３価格帯」に絞る仕組みが導入されたんだ。その詳しい内容は214ページから解説しているよ。

⇒既収載後発品の薬価のバラつき対策は
214ページへGO

ポイント

◎低薬価品は「統一名収載」
◎30％以上は「3％ごとにひとまとめ」
◎なお価格帯集約不十分でさらに見直し

薬価こぼれ話④

後発品「5年以内の供給停止」に自制求める声、そして不満!?

後発品を使うことが「国是」となっているなか、医療現場で品質とともに課題になっているのが「安定供給」だよ。厚労省は06年の通知で「少なくとも5年は継続して製造販売すること」を求めているんだ。

「ひょっとして5年経過後に供給停止が相次いでいるのではないか」。こんな疑問が中医協の支払側から呈されて、厚労省が13年5月に関連データを提示した。

06年度以降、薬価収載して「5年経過後」（6年以内の1年間に）メーカーから供給停止の申し出があった品目は、全体で23社60品目に上ったんだ。

同時に、それよりも問題のある事例として「5年以内」に供給停止の申し出があったのは、399社107品目だったから、厚労省の求めに反する「5年以内」の供給停止が「結構ある」ことが明らかになった。主な理由は「需要減少」「不採算」「先発品の規格を揃えられない」などだったよ。

厚労省は、もし「5年以内」の供給停止などで、安定供給に支障が出て、改善が図られない場合には、該当メーカーに対して「新規の薬価収載希望書を受け付けない」強硬策を含めて厳しく対応する姿勢を示している。けれど、これまで実際に収載希望書を却下した例は存在しないんだ。

支払側は「5年以内に供給停止では患者の信頼を失い、後発品使用促進の妨げにもなる。収載希望書を受け付けないペナルティーは使っていないというが、供給停止を自制する仕掛けを」と求めたよ。

こうした議論に対して後日、後発品業界から不満の声が上がった。

厚労省データは、メーカーの供給停止「申し出」がベースにもかかわらず「そのまま供給停止数であるかのような誤解が広がった」（後発品業界関係者）というわけだ。

申し出以後であっても、日本医師会の疑義解釈委員会が了解しなければ供給停止はできないほか、仮に薬価削除願の提出や経過措置期間があり、最短でも申し出以降、1年は供給が続くのが通例となっている。このことから「少なくとも薬価収載後5年以内に供給停止に至ったケースは、厚労省がまとめた申し出ベースの数字よりは少ないはず。また多くは廃業や企業統合など、やむを得ない理由がある場合も多い」（同）と、反論する声も出ていたよ。

第4章

14年度薬価制度改革での変更点

お待たせしました。
いよいよ、ここからが本番です！
14年度の大改革で何が変わったのかを、
この章で一つひとつ詳しくみていきます。
並べてみると薬価を「上げる」話はごくわずかで、
「下げる」ルール改正ばかりであることが目につきます。

長期収載品の新「特例引き下げ」ルール①

今回の薬価制度改革の一番の目玉になる！　長期収載品は「卒業」できるまで、繰り返し薬価が引き下げられるんだ。
何だか過酷な感じがしますね。どうしたら卒業できるんですか？

後発品にどれだけ道を譲ったか

ズバリ、長期収載品が「繰り返し」の薬価引き下げから「卒業」する条件は、

その長期収載品（後発品のある先発品）が

<u>「後発品にシェアを60％以上明け渡すこと」だ。</u>

だから先発品メーカーが〝頑張って〟売り続けてシェアを維持していては、いつまで経っても、その長期収載品は卒業できないんだ。特許が切れて、後発品が収載された時点から、５年経って最初に訪れる薬価改定で「卒業」判定が行われるよ。

特許が切れたら速やかに後発品に道を譲るべし——。

こうした考え方が根底にあり、後発品への置き換え率60％以上なら「晴れて卒業」だが、後発品への置き換え率60％未満なら即「留年決定」だ。薬価の強制引き下げが待っている。

もちろん２年に１回の薬価改定で市場実勢価格が下がる分の引き

【特例引き下げ（Z2）を卒業するには】

下げはあり、それに追加して「特例引き下げ」が行われる。

２年後の薬価改定のときに、再び「卒業判定」を受けることになるんだ。引き下げ「幅」は、いわば「どれだけ惜しかったか」によって３段階設定されたよ。

- **後発品への置き換え率20%未満→「全然ダメ」で▲２%**
- **後発品への置き換え率20%以上40%未満→「まだまだ」で▲1.75%**
- **後発品への置き換え率40%以上60%未満→「もう少し」で▲1.5%**

ところで、なぜ「卒業基準」が60%に設定されているのか。

厚労省は13年４月に「後発品のさらなる使用促進のためのロードマップ」を出して、18年３月までの５年間に後発品の数量シェアを「新指標」（分母は長期収載品と後発品）で40%程度から「60%」まで引き上げる目標を立てたんだ。この60%目標で「卒業ライン」を引いたうえで、未達成の割合に応じて20%未満（▲2%）、40%未満（▲1.75%）、60%未満（▲1.5%）と3段階の引き下げ幅が設定されたよ。

この長期収載品の新たな特例引き下げは、中医協の議論過程ではずっと「Z2」（ゼットツー）と呼ばれていたんだ。

厚労省資料の該当部分の最後には、こう書かれているよ。

「なお、Z2の導入に当たり、『初めて後発品が薬価収載された既収載品の薬価の改定の特例』（Z）を廃止する」

Zについては、106ページを参照してほしい。

整理すると、

- **Z＝後発品初収載時の特例引き下げ→▲4%～▲6%**
- **Z2＝後発品への置き換えが進まない場合の特例引き下げ→▲1.5%～▲2%**

となる。

いずれも長期収載品を対象にしている。薬価制度に「後発品促進策」が組み込まれたもの、と理解できるね。

ポイント

◎Z2は〝卒業〟できるまで繰り返し引き下げ
◎基準は後発品シェア20%未満▲2.0%
40%未満▲1.75%
60%未満▲1.5%
◎Z2導入によりZは廃止

長期収載品の新「特例引き下げ」ルール②

「Z」や「Z2」のZって、
いったいどういう意味ですか？
厚労省は公式には見解を出していないんだ。ただ、Zは、アルファベットの最後で「これより後はない」ことから、「最後の」とか「究極の」という意味で使われることがあるね。

2度の追加引き下げ経てルール化

アニメの「ドラゴンボールZ」、日産の「フェアレディZ」など、「最後の」「究極の」といった意味が込められたものは多い。それと同様に、薬価制度のなかには「究極の引き下げ」としてZが存在していたんだ。

中医協で「特許が切れても先発品の価格があまり下がっていない。ある程度の引き下げが必要」と指摘が出て、02年度から導入されたよ。後発品が出たときに市場実勢価格の下落分に加えて、長期収載品の薬価を4～6％強制的に下げるルールだ。Zには、こうした〝問答無用〟なやり方は、「最後の手段」という意味が込められんだ。

ところが今回、後ろがないはずのZに続く「究極なうえに究極の」引き下げとして、Z2が導入されたことになる。

簡単に導入の経緯を振り返っておこう。

【Z2の導入とZの廃止】

10年度と12年度の過去2回、厚労省は、薬価算定ルールにない長期収載品の**「追加引き下げ」**という措置を講じたんだ。薬価ルールにあるZに対して、この追加引き下げはルールにない。通常の薬価改定の枠組みとは別枠だ。

政府の予算編成が大詰めを迎えると、国のお財布を握る財務省と各省庁は大臣を入れて折衝を行う。財務省の猛烈なプレッシャーを受けるかたちで、歳出削減を迫られて、厚労省は長期収載品の追加引き下げを受け入れざるを得なかったんだ。

Zは、後発品が出た直後に改定を迎える**長期収載品のみが対象**だけれど、追加引き下げは**「長期収載品全部」**に適用される点で異なるよ。

07年から、膨張する医療費の適正化を狙って「12年度末までに後発品の数量シェア30%以上」(分母は全医薬品)という政府目標が掲げられていたんだ。その途中段階で「後発品使用促進の目標に達していなかった」ことを理由に、製薬業界に対し、未達成分を強制的に薬価引き下げで負担してもらうことで、政府は財政的につじつまを合わせた。その額は、10年度は600億円、12年度は250億円に上ったよ。

◆長期収載品の追加引き下げ◆

10年度	長期収載品▲2.2%(▲600億円)
12年度	長期収載品▲0.86%(▲225億円)、 後発品▲0.33%(▲25億円)

12年度は、後発品使用が思うように進まない責任を「なぜ長期収載品を売る先発品メーカーだけが負うのか」といった議論が沸き起こり、長期収載品を扱う先発品メーカーだけでなく、後発品メーカーも一定の負担(▲0.33%、▲25億円)を負うことになったんだ。痛み分けの構図だね。

しかし、先発品、後発品含めてすべてのメーカー側からしたら、こんな「後出しジャンケン」を繰り返されてはたまらない。ルールになく、恣意的なだけに、予見するのが難しく、経営上も大きなリスクになる。

そうした「筋の悪さ」は中医協でも認識されて「それではきちんとルール化しましょう」と、長期収載品の薬価のあり方について検討が行われた。約半年間の議論で、12年12月には「中間とりまとめ」がなされたよ。この時点で、Z2の導入方針が決まったんだ。

> ***「長期収載品の薬価については、市場実勢価格を反映することを原則とするが、一定期間を経ても後発品への適切な置き換えが図られていない場合には、特例的な引き下げを行い、薬価を見直すというルールを導入する」***

その後、約1年間かけてZ2の中身が詰められた。Zの扱いも含めて議論が行われたんだ。

メーカー側は「Ｚが入った02年当時は、後発品を使用促進できる環境にない『代償策』としての引き下げという意味合いだった。しかし、その後環境が整ったなかで、長期収載品と後発品の価格差を一気に縮めるＺは後発品使用を阻害する」と主張したよ。

一方で、Z2については「後発品への置き換えが進まなかったときの代償策。Z2を入れるなら、Ｚの役割は終了しているのではないか」と訴えたんだ。

厚労省も「ＺとZ2は同様の目的の特例引き下げ制度」との認識に立ち、最終的には「Ｚ2導入」「Ｚ廃止」で決着したことになる。

余談になるが、自民党の厚労関係議員の重鎮、尾辻秀久元厚労相が、医薬品関係団体のパーティーでＺとZ2についてこんな話を披露している。

「Ｚはアルファベットの最後でＺの後ろにＺはない。だから東郷平八郎元帥は日露海戦のときに『背水の陣だ』と言って、Ｚ旗を掲げた。なぜ、薬の制度だけＺの後ろにＺをつくらないといけないのか。そんな馬鹿な話はない」

一番の理想は「Ｚを廃止して、Z2はなし」。そんなメーカー側の本心を代弁したことになるね。

ポイント

◎「究極のＺ」に続きがあった

◎ルールにない2回の「追加引き下げ」

◎それをルール化したのが「Ｚ２」

長期収載品の新「特例引き下げ」ルール③

どれくらいの長期収載品が、「卒業」できずにZ2を受けたんですか？

ざっと90％！　卒業判定を受けた1200品目のうち、1100品目が引き下げられたよ。

成分ごとにひとまとめで判定

まず長期収載品がトータルで約1600品目ある。このうち「後発品初収載後５年」という基準に当てはまるのが、約1200品目だ。その1200品目がZ2判定にかけられて、90％程度にあたる約1100品目が引き下げを受けたんだ。

逆に言えば、卒業できたのは10％程度の約100品目となるね。

では卒業判定はどう行われるのか？

同じ成分について内用薬、外用薬、注射剤とわけてグループ化する。それぞれのなかで長期収載品と後発品の合計数量のうち、後発品の占めるシェアをみるんだ。

それで「卒業」（引き下げなし）か「留年」（３段階の引き下げ）かを判定して、規格・単位ごとの個別の薬価に反映される。

繰り返しになるが、後発品シェア20％未満なら▲2.0％、40％未満なら▲1.75％、60％未満なら▲1.5％が引き下げ幅だ。

例えば同じ成分の内用薬であれば「５㎎錠」でも「10㎎錠」でも、

◆Z2の対象となる品目数◆

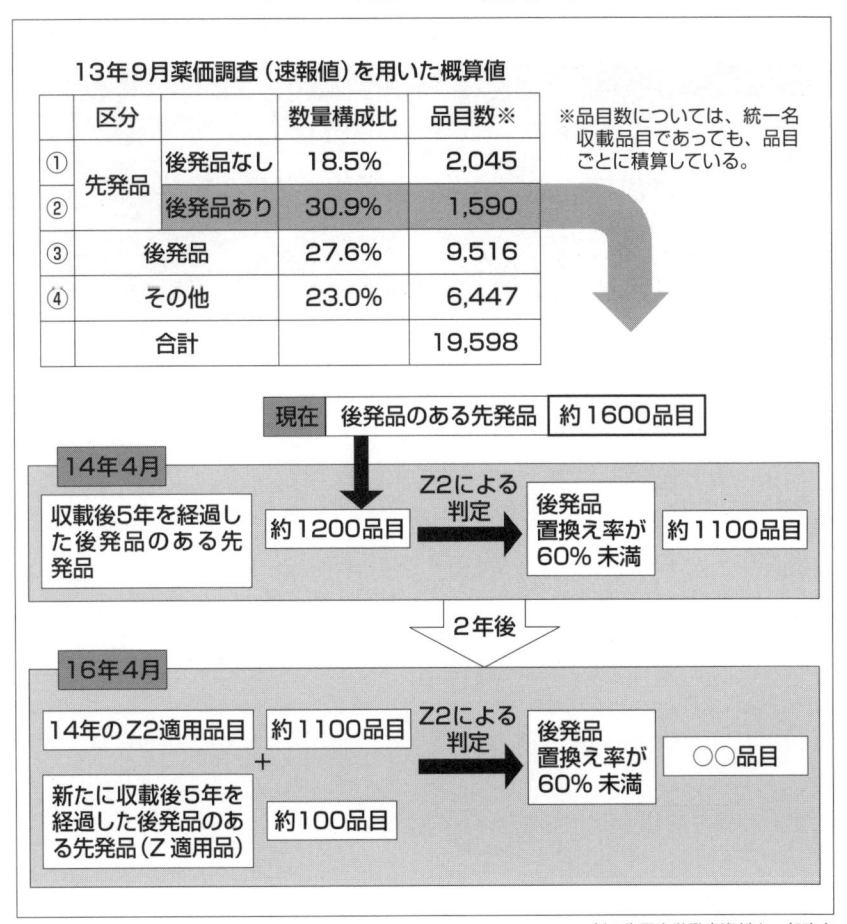

13年9月薬価調査（速報値）を用いた概算値

	区分		数量構成比	品目数※
①	先発品	後発品なし	18.5%	2,045
②		後発品あり	30.9%	1,590
③	後発品		27.6%	9,516
④	その他		23.0%	6,447
	合計			19,598

※品目数については、統一名収載品目であっても、品目ごとに積算している。

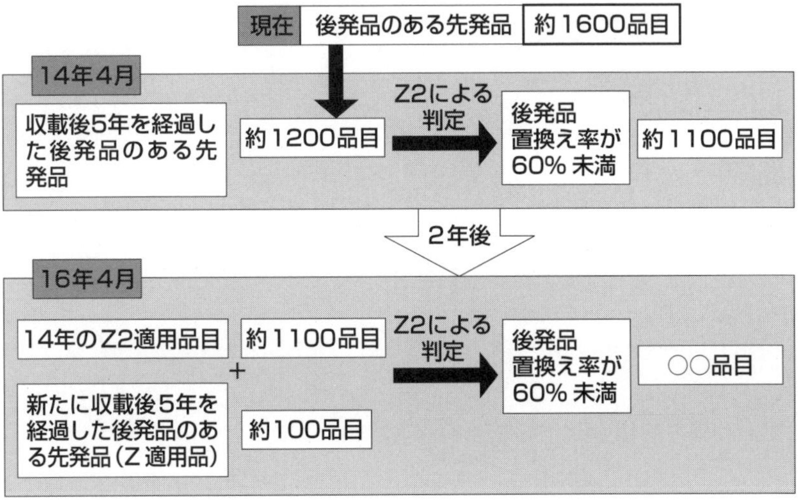
現在
後発品のある先発品
約1600品目
14年4月
収載後5年を経過した後発品のある先発品
約1200品目
Z2による判定
後発品置換え率が60% 未満
約1100品目
2年後
16年4月
14年のZ2適用品目
約1100品目
+
新たに収載後5年を経過した後発品のある先発品（Z 適用品）
約100品目
Z2による判定
後発品置換え率が60% 未満
○○品目

〈出所〉厚生労働省資料を一部改変

汎用規格（一番よく使われる規格）でも「非汎用規格」でも、まとめてZ2判定がなされるよ。もちろん厳密にみれば、「5㎎」と「10㎎」、「汎用規格」と「非汎用規格」では後発品のシェアは異なるだろうけど、そこは同じ「成分」でひとまとめにして判定する運用になる。これが原則だ。

ただし、同じ成分であっても、用途や適応症が異なる場合など例外的なケースでは、そこだけ切り分けて別途、判定が行われるんだ。

ポイント

◎長期収載品の9割、1100品目を引き下げ

◎〝卒業判定〟は内・外・注で成分ごと

◎例外的ケースは個別に判定

新薬創出・適応外薬解消等促進加算の「試行継続」①

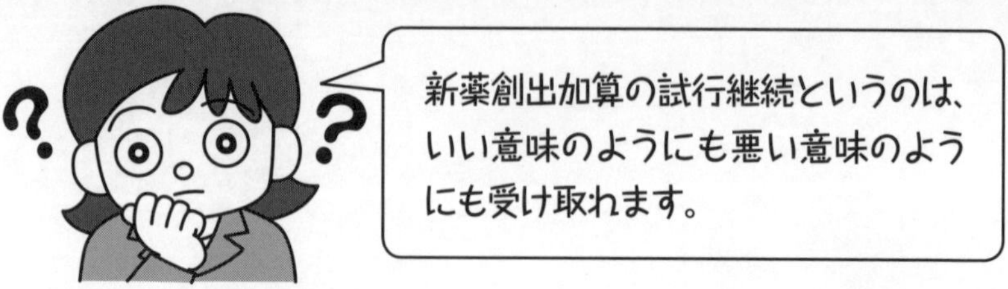
新薬創出加算の試行継続というのは、いい意味のようにも悪い意味のようにも受け取れます。

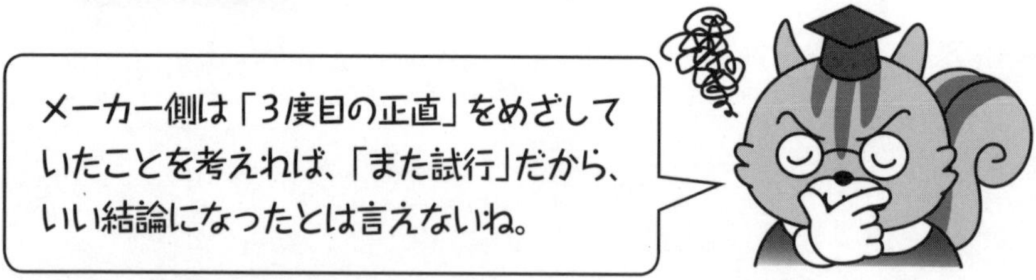
メーカー側は「3度目の正直」をめざしていたことを考えれば、「また試行」だから、いい結論になったとは言えないね。

制度趣旨めぐり食い違う主張

新薬創出加算（112ページ）は10年度に試行導入された。今回の14年度改定では、また試行継続になってしまったんだ。12年度に既に試行継続になっていたから、正確に言えば今回は「試行再継続」になるよ。

メーカー側は、制度として恒久化することをめざしたけれど、中医協委員たちを納得させるだけの材料を示せなかったんだ。

厚生労働省という役所は、ものごとを縛る「規制官庁」という色彩が強いけれど、「医政局経済課」という部署が、医薬品・医療機器業界の窓口として、メーカー側の意向を汲んで必要な助言やサポートを行っているんだ。省内唯一の「産業振興」セクションとして位置付けられているよ。そこの課長が今回の改革が決着した後にこんな話をしている。

「メーカー側は『新薬創出加算』のイメージだったが、支払側のイメージは『適応外薬解消加算』だった」

【新薬創出 VS 適応外薬解消 !?】

新薬創出・適応外薬解消等促進加算という長い名前で、「・」を境に「前」に重きを置くメーカー側、「後ろ」を重視する支払側という構図だね。加算趣旨の決定的な認識のズレが議論のなかで表面化したことを指しているよ。なぜこんなことになってしまったのか。

まずメーカー側の認識はこうだ。

「特許期間中の新薬の薬価が維持（加算）されることで、製薬企業はより早く研究開発コストを回収することができ、次の研究開発に投資を行うことができる。これにより、新薬や未承認薬・適応外薬の開発が促進され、患者や医療関係者のニーズに応えられる」

これに対し、支払側の違う認識を持つ。

「もともとは海外で使える薬が日本で使えない『ドラッグ・ラグ』解消のため、未承認薬・適応外薬の研究開発費を、薬価を加算で維持することで補償する制度」

くどくなるが整理すると、

メーカー側は「画期的な薬を含む広い意味での新薬創出、それに加えて未承認薬・適応外薬の解消」を加算趣旨と捉えている。厚労省もメーカー側の認識に近く、「新薬創出と未承認薬・適応外薬の解消の両方の目的がある」との見解を示している。

一方、支払側は「あくまで未承認薬・適応外薬の解消が目的で始まった制度」との立場を譲らなかった。

ちなみに厚労省は加算創設時に以下のような説明をしている。

> *「革新的な新薬の創出や、未承認薬・適応外薬の開発を目的に、後発品のない新薬で値引率の小さいものに一定率までの加算を行うもの。これにより実質的に薬価を維持する」*

深い深〜い認識の溝が埋まらないまま、診療側も「制度化するための環境整備が不十分。メーカー側から納得できる説明がない」と意見表明したものだから、最終的な結論は制度化せずに「試行再継続」となったんだ。

それを踏まえたうえで、次は今回の改革での変更点をみていこう。

ポイント

◎認識のズレ埋まらず、加算は「試行再継続」
◎メーカー側は「新薬創出」が趣旨
◎支払側は「適応外薬等解消」のための加算と主張

新薬創出・適応外薬解消等促進加算の「試行継続」②

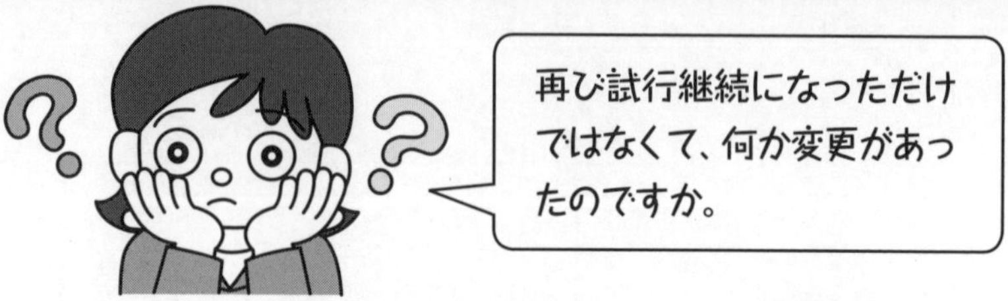
再び試行継続になっただけではなくて、何か変更があったのですか。

そうなんだ。試行継続は同じでも、加算の運用面では厳格化が行われたよ。

「医療の質向上」薬の開発が条件に

ここでのキーワードは**「ミスマッチ」**になる。

もともと加算取得の条件には次のようなものがあったよ。

> ***「国が未承認薬・適応外薬の開発を要請した企業にあっては、その開発に取り組むこと」***

ところが制度を運用するうちに、「加算の適用を受けるものの、未承認薬・適応外薬の開発要請を受けず、しかもその公募にも手を挙げない」企業が少なくないことが判明したんだ。

「加算だけもらって、未承認薬・適応外薬の開発はない」

ということは

単に〝もらい得〟になってしまう。

こうした「ミスマッチ企業」をそのままにしておくのは「いかがなものか」と中医協で疑義が挟まれたんだ。厚労省は14年10月、加算を取得している約80社のうち、ミスマッチ企業が「約30社」に上

【ミスマッチ企業に加算は与えず】

るとデータを示したよ。

メーカー側は、ミスマッチ企業の問題について次のように弁解してきた。

「国の未承認薬・適応外薬の開発要請は、(開発が可能か見越して)品目と会社をひも付けできる会社に来る。一方で、各社の新薬開発と必ずしも方向性が一致しない。そういうメカニズムだから、短期的にミスマッチは起こるが、長い目でみれば解消される」

つまり、1年、2年のある短い時点を切り取れば、そのときに「加算を取得しつつ、開発がない」という状況は起こり得るが、もっと長いスパンで考えれば、広く、どの企業も何らかの開発に携わってミスマッチは解消される、との見解を示したことになるね。

国の審査体制の充実や業界の努力によって、日本における新薬承認の遅延である「ドラッグ・ラグ」は解消されつつあるから、開発を迫られる未承認薬、適応外薬は減ってきている。「いずれなくなる」というのが、業界の見立てだ。

そこで厚労省は、ミスマッチ企業の〝もらい得〟への新たな対策として、

> *「『真に医療の質の向上に貢献する医薬品』の研究開発を行っている企業の品目を加算対象にする」*

ことを提案したんだ。

具体的には、次の４つになる。

●小児領域

●オーファン（希少疾病）領域

●難病領域

●アンメット・メディカルニーズ領域

アンメット・メディカルニーズとは、患者の治療満足度が低く、医薬品の貢献度が低い「未充足の医療ニーズ」を指すよ。例えばアルツハイマー病、糖尿病合併症、特定のがんなどが該当する。

すなわち、加算の〝もらい得〟状態を解消するために、

> **①未承認薬・適応外薬の開発要請品目、公募品目の研究・開発**
> **②「真に医療の質に貢献する医薬品の研究・開発」（上記４領域）**

①、②のどちらかを行っている企業でないと、加算は与えない。「〝もらい得〟は認めません！」という新提案をしたことになる。

以前は①のような国の開発要請があって、「迫られた開発」を該当企業がしっかりやることが加算取得条件だった。ところが、今回の改革で①、②のなかで「何らかの開発」をしていないと、加算が取

れない厳しい運用になったんだ。

メーカー側は、加算がきちんと制度化されることを期待して、こうした「厳格化案」を容認する姿勢を示したよ。

でも皮肉な結果になった。

加算自体は「試行継続」のまま、厳格化案だけが採用されてしまったんだ。それにより、実際に６社８成分10品目が加算要件を満たせず、対象外となったよ。

ポイント

◎ミスマッチ企業の〝もらい得〟にノー
◎アンメットなど開発なければ「加算はなし」
◎制度化期待も「厳格化」のみの皮肉な結果に

新薬創出・適応外薬解消等促進加算の「試行継続」③

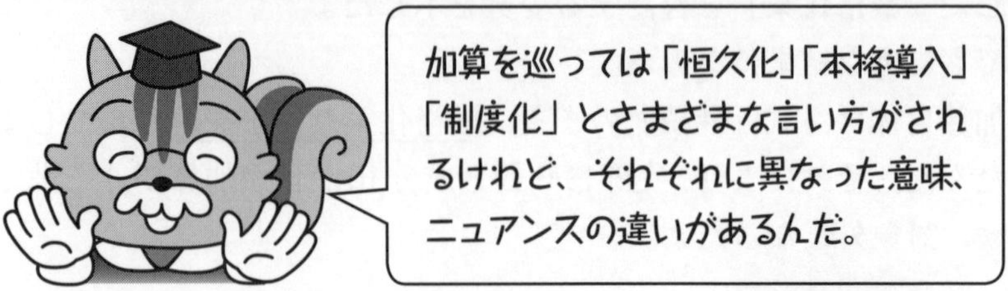
加算を巡っては「恒久化」「本格導入」「制度化」とさまざまな言い方がされるけれど、それぞれに異なった意味、ニュアンスの違いがあるんだ。

加算の名前自体、中国語のような漢字の羅列で長くて覚えにくいだけでなく、ずいぶん複雑なんですねえ……。

「アンマッチ」をどうする？

新薬創出・適応外薬解消等促進加算。「ナカグロ（・）」を含めて、16文字。実に長いね。余談になるが、米国の製薬団体の日本組織がこの加算を何と訳しているかというと、「The innovative price premium」。直訳すれば、「イノベーションのためのプレミアム（付加価格）」と、しごくシンプルな言い回しになる。

しかし、日本語は難しい。

加算の位置付けについても、メーカー側は「恒久化」「本格導入」を求めていたのに対し、厚労省は「制度化」ではどうかと提案したよ。それぞれの違いを説明しよう。

■恒久化

試行導入だと、国の財政状況の変化など外部的な要因によって、突然「や～めた」となってしまう可能性があるため、将来に渡って存続する永続的な仕組みとして、明確にルールに位置付けましょう、というのが業界側の主張。これを**恒久化**と呼ぶ。

■本格導入

加算額の計算式は、

市場実勢価格を反映した「算定値（暫定薬価）」×「（全収載品の加重平均乖離率－調整幅の２％）×0.8

だったね（115ページ）。

本格導入とは、この「×0.8」を撤廃することを指す。

10年度の試行導入時、国の財政上の理由から、「×0.8」が係数として使われ、そのままになっている。たとえ乖離率が業界の平均乖離率の範囲内に収まって加算の対象となっても、この「×0.8」がある限り、乖離率があるラインを上回る品目は、改定前薬価まで戻らない。この「×0.8」を撤廃して、平均乖離率以内であれば、きちんと薬価を維持できるようにしてほしい、というのが**本格導入**に込められた意味だ。

■制度化

新薬創出加算は〝ルールブック〟である薬価算定基準のなかで、後ろのほうに補足的に存在する「経過措置」という項目に入っている。これを前のほうの「本則」にきっちり書いてルール化しましょう、というのが**制度化**だ。本則には書くが、その内容は２年に一度の薬価改定の度に確認する。そういう意味合いで出されたものだ。

中医協の診療側、支払側には「恒久化」による加算制度の硬直的な運用には強い危機感がある。一方でメーカー側は安定的な制度を求めている。この間をとった折衷案と言える。

だが、この折衷案でさえ、中医協で「メーカー側から納得できる説明がない」と撥ね付けられて、結局は再び「試行継続」止まりとなったんだ。

つまり恒久化、本格導入、制度化の３つとも実現しなかったことになる。

多少おさらいになるけれど、加算を受けているのに、開発はしない企業を「ミスマッチ」（不釣り合い）と呼んでいたね。それとは別に支払側からは加算の**「アンマッチ」**（不適合）という言葉も出てきた。

こういう話だ。

国が開発を要請する未承認薬・適応外薬の品目と、加算が適用される品目は必ずしも一致しない。加算の条件は、

①後発品が上市されていない新薬（薬価収載後15年以内）
②市場での平均乖離率を超えないもの

になるから、未承認薬・適応外薬以外の薬も数多く加算対象になる。

この開発と加算の「品目の不一致」を支払側はアンマッチと呼んだんだ。未承認薬・適応外薬については、だんだん開発が進んでいけば数が減るのに、加算は相変わらず、「平均乖離率の範囲内でいいのか。加算自体が変質してきている」との問題意識を示したよ。

そもそも支払側は加算の趣旨を「未承認薬・適応外薬の解消」と考えている。そこから、新たに制度化するのなら「現在のやり方を変えないと、理屈が立たない。開発要請を受けた製薬会社が開発したものに対して、加算で一定価格を保持するストレートな関係がわかりやすい」という主張につながるんだ。

メーカー側は違う主張をしている。アンマッチが生じる仕組みであることは加算の試行導入時にとくに問題視する声はなく、それ自体最初から「わかっていたこと」という認識に立つ。そのうえで、現行制度を高く評価しているよ。「乖離率によって市場がひとつの価

値判断を下している。市場の競争が激しく乖離率を超えた品目は加算の対象から外れる。効率的な制度運用ができている」と捉えているんだ。

ただ、次の16年度改革でどういう結論を出すにせよ、現在の仕組みから、相当の手直しが必要との共通認識は、中医協の診療側、支払側のなかで醸成されているよ。中医協で決まった今後の対応は、以下のようなものだ。

「なお、引き続き、真に医療の質の向上に貢献する医薬品の国内研究・開発状況を確認・検証するとともに、当該加算の対象品目のあり方等現行方式の見直しについても検討する」

メーカー側がめざす「３度目の正直」は、現在の仕組みから大幅に変更されたものになることを予感させるね。

ポイント

◎恒久化「未来永劫」、本格導入「×0.8撤廃」、制度化「本則入り」
◎メーカー側「平均乖離率の範囲内の基準妥当」
◎支払側「加算と開発の品目はストレートの関係がいい」

最低薬価の見直し

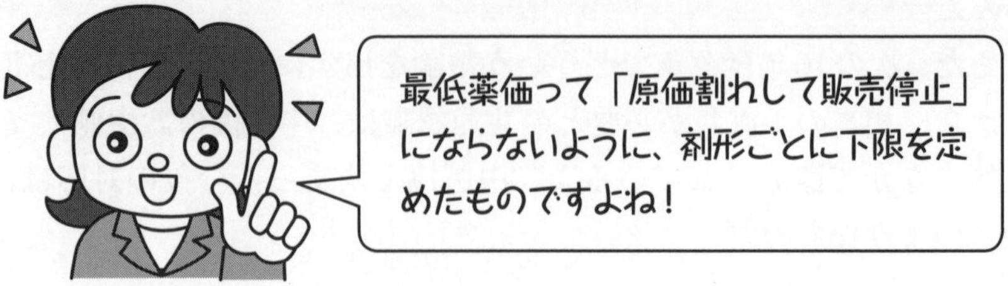
最低薬価って「原価割れして販売停止」にならないように、剤形ごとに下限を定めたものですよね！

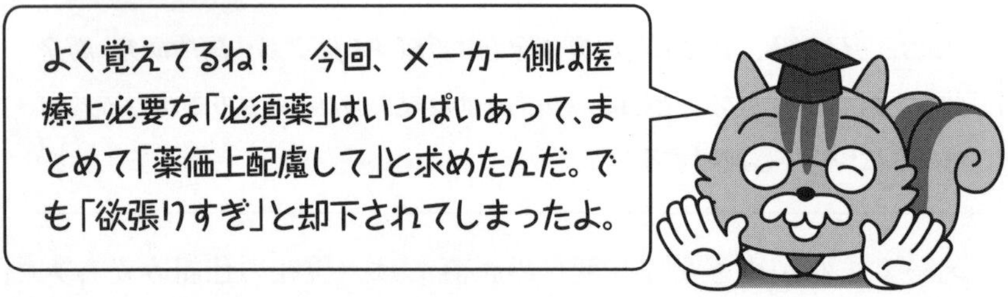
よく覚えてるね！　今回、メーカー側は医療上必要な「必須薬」はいっぱいあって、まとめて「薬価上配慮して」と求めたんだ。でも「欲張りすぎ」と却下されてしまったよ。

必須薬への措置は〝ゼロ回答〟

市場で取引される価格に基づいて、２年ごとに薬価が見直されているが、メーカーとしては、下がりすぎると製造原価を下回り、安定供給が難しくなるね。

そのために**「最低薬価」**（139ページ）を設けて、それ以上は下がらないよう歯止めをかけているんだったね。

もうひとつの救済策が**「不採算品目再算定」**（138ページ）。

長年、薬価改定を経て収益が得られない水準まで薬価が落ち込んだ医薬品については「薬価を引き上げる」ものだ。

この２つだけでは「セーフティーネットとして不十分」というのが、メーカー側の主張だ。

サーカスの華「空中ブランコ」を思い浮かべてほしい。

●誤って落っこちても地上に落下しないようにネット（最低薬価）が張ってあり、

【現在あるのは落ちたときに対応のみ】

●万が一の時のために医師、看護師ら医療スタッフが待機（不採算品再算定）している

とイメージしよう。

でも、どちらも「落ちたときの対応」であり、未然に落下を防ぐ「命綱」ではない。メーカー側が必須薬に対して求めているのは、まさに落ちないようにする命綱と言える。

実際の議論の中身に入るよ。

中医協では「最低薬価、不採算品再算定という2つの救済制度で対応できない場合があるのか、あるとしたらどんな場合か」と、メーカー側が答えを求められたんだ。

この〝宿題〟に対して、メーカー側の代表はこんな話をしている。
「災害時・緊急時に欠くことができない輸液製剤、血液製剤、眼科用剤、中国との関係悪化で供給不安がある漢方・生薬製剤について、業界全体が不測の事態に陥っても供給が途切れない体制を敷いている。そうした体制確保を評価する意味で薬価上の措置で下支えをお願いしたい」

これがメーカー側の求める「命綱」だ。

さて、この訴えが説得力をもって響いただろうか？　答えはノーだ。厚労省の担当官からは「新しい手当てが必要な事例を具体的に示してほしいと要請したが、明確な答えは出ていない」と突き放されてしまった。

さらに支払側は「メーカー側は災害時でも十分、安定供給可能な体制を敷いている、と言っている。にもかかわらず、何が足りないのか。また漢方･生薬の部分で国防的な意味合いで（テコ入れの）必要性を主張するなど、手当てを求める裾野がどんどん広がっているようだ」と疑念を差し挟んだ。

なおも、メーカー側は「対象を広げる気はない。安定供給体制は敷いているが、不採算品再算定や最低薬価に行く前の対応をお願いしている」と「命綱」の必要性を訴えたけれど、理解は得られないまま、とうとう時間切れを迎えてしまった。

ただし、最低薬価について、一部だけ見直しが認められたよ。

これまで注射剤の最低薬価は、大容量の輸液バッグでも、アンプルやバイアルといった小容量のガラス容器でも、内容量に関係なく、１管または１瓶で56円と決まっていたんだ。だから、500㎖でも１ℓでも56円だった。極端な話、たった１ccでも、３ℓでも同じ価格がついていたことになるよ。

その部分については、見直すべきとする業界の主張が通って「容量に応じた最低薬価を設定する」方向で議論がまとまったよ。

空中ブランコの例で言えば、「細身の人」「小太りの人」「太った人」など、演じる人によって用意する「ネットの強度」や「きめ細かさ」を変えましょう、ということかな。

◆最低薬価の変更点◆

注射剤	56円	→100㎖未満	58円
	56円	→100㎖以上500㎖未満	69円
	56円	→500㎖以上	91円
注射剤（局方品）	92円	→100㎖未満	95円
	92円	→100㎖以上500㎖未満	113円
	92円	→500㎖以上	149円

なお、「日本薬局方」（日本国内で扱う重要な医薬品について品質・純度・強度の基準などを定めた公定書）に収載されたもの（局方品）は「安定的な供給」が望まれているために、他の医薬品よりも高く最低薬価が設定されているよ。

ポイント

◎必須薬の引き下げ〝未然防止〟措置は通らず
◎最低薬価、不採算品再算定で「何が不十分か」
◎注射薬の最低薬価だけ見直しで容量に応じた薬価

先駆導入加算

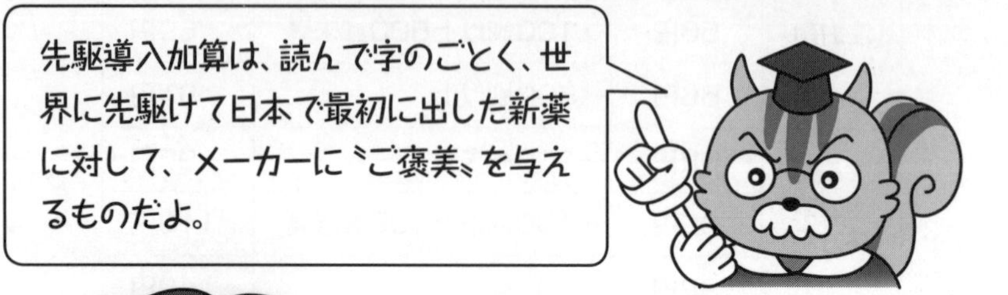
先駆導入加算は、読んで字のごとく、世界に先駆けて日本で最初に出した新薬に対して、メーカーに〝ご褒美〟を与えるものだよ。

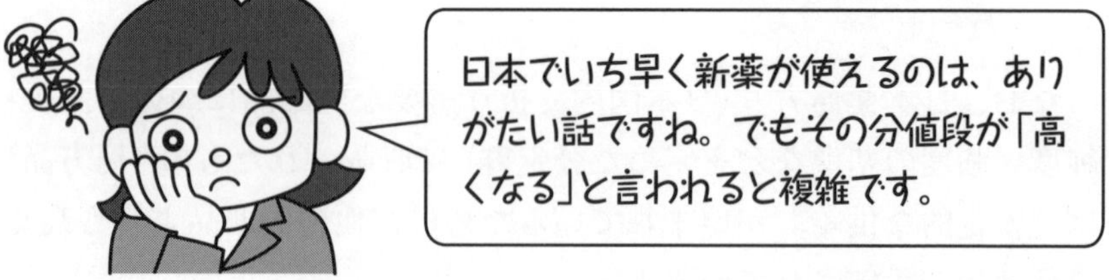
日本でいち早く新薬が使えるのは、ありがたい話ですね。でもその分値段が「高くなる」と言われると複雑です。

加算取得に高いハードル

映画では「世界に先駆けて日本で公開!」と売り文句に使っていることがよくあるね。だからといって、「その分、料金を10%アップします」(1800円→1980円)という話にはならない。

でも今回、薬価制度に新たに入る「先駆導入加算」は、「日本が世界初」に対して10%増が認められたよ。

ただし、条件はかなり厳しいものになったんだ。

①外国(アメリカ、イギリス、ドイツ、フランス)と日本のいずれかの国で既に承認された薬剤とは異なる新規作用機序を有する
②外国に先駆けて日本で最初に薬事承認を取得
③外国でも開発計画が進行するなど、日本だけで流通する「ローカルドラッグ」ではないこと
④画期性加算または有用性加算(Ⅰ)の適用を受けたもの

映画に例えたまま説明を進めるなら、まず①や④から、これまで世界になかった画期性が求められている。

おそらく「フルハイビジョンの４倍の映像美を誇る超高精細映像技術『４KHD』を駆使して、深海の巨大イカの撮影に世界で初めて成功した３Ｄドキュメンタリー映画」くらいのインパクトが必要なのだろう。

②は、ハリウッド発やヨーロッパ発ではダメということ。日本発、つまり洋画でなく「邦画」でなくてはいけない。

かつ③にあるように、日本を皮切りに「世界公開」を見据えていなくてはならないんだ。

かなり「ハードルの高い話」であることは理解できたね。それでは、中医協でどんな議論があったかをみていこう。

当初、薬価算定組織が意見表明した段階では、単に有用性加算Ⅱの加算要件に追加する内容だった。その後、メーカー側が「より革新性の高い新薬の評価を」と要望したこともあって、厚生労働省は、「新規作用機序を有する」（薬が作用するメカニズムが新しい）新薬に対する、「新たな加算」に〝格上げ〟することを提案したんだ。ただ、診療側、支払側双方からは異論が続出したよ。

とくに強い意見を言ったのが支払側だ。

「有用性が高くなくても日本が初なら加算を付けるのか」

「患者にとって世界に先駆けて日本で承認というのはどうでもいいことで、重要なのは有効な医薬品かどうかだ」

映画の例では、「４KHD 技術の映像美で魅せる初の３Ｄ映画」（新規作用機序）だからといって、映画の「内容がありきたり」（有用性がない）では、いくら「日本が初めてでも」評価に値しないでしょう、となる。

なおメーカー側は「『新規作用機序を有する』という言葉の重みを感じとってほしい。企業間は熾烈な競争をして、生み出される新薬はごくわずか。それが『世界に先駆けて』と対で出ている」と訴えたけれど、診療側や支払側の理解を得るには至らなかったんだ。

厳しい指摘を受けたなかで、厚労省が最終的に④のような「極めて高いハードル」まで加えて提案して「辛うじて」了承を得た姿が、①～④を満たす場合の「先駆導入加算」になるよ。平たく言えば「日本の国民・患者に一番に優れた新薬を届けた実績を評価する制度」となるね。

どんぶり勘定ではなく「こういう場合にはこの程度の加算」と基準の数値化を目指す、加算率の「定量的な評価」(224ページ)という新手法の導入を前提に、希少疾病医薬品に適用される「市場性加算(I)」と同じ「10%」の加算に決まったんだ。

先駆導入加算導入の背景には、これまで日本の大手製薬企業でも、まずは米国で発売して高く値付けされたうえで、日本に新薬を持ち込むことが多かった事情がある。

日本で薬価を決める際も、米国の価格が参照されるからね。でも、その結果、国内市場への新薬投入が遅れることが常態化したんだ。潜在的に「ドラッグ・ラグ」を生み出す開発戦略をメーカーが取ってきたんだね。

日本で先行発売する新薬にあえて加算をつけるのには、国内市場の魅力を高めて、研究開発を促す狙いがある。メーカー側の団体トップは「患者負担は増えるが、それを上回るメリットを出すことで理解を得たい」と加算の意義を説いたよ。

ただし10年4月～13年5月の約3年間に「類似薬効比較方式」で収載された医薬品(102成分)をみても、新たな加算対象となる品目は存在しないほど、とてつもなく厳しい条件になった。さらにこの加算は類似薬効比較方式のときだけしか付かない。でも、画期性が高ければ高いほど、類似薬は存在しない可能性が高くなるという、ある種の〝制度的矛盾〟を抱えている。それでもメーカー側は「将来出る新薬を評価する受け皿づくり」という意味で強く導入を求めたんだ。

◆各種加算制度の内容と位置づけの比較◆

算定方式	評価する内容	新薬収載時に個別に医薬品の内容を評価する加算制度	①適応外薬等の開発要請、②画期的新薬の創出のための既収載品の薬価の維持
類似薬効比較方式	有効性・安全性	画期性加算 有用性加算(Ⅰ) 有用性加算(Ⅱ)	新薬創出・適応外薬解消等促進加算
	市場規模(不採算性)	市場性加算(Ⅰ) 市場性加算(Ⅱ)	
	小児製剤の開発	小児加算	
	世界に先駆けた新規薬理作用薬の日本導入を評価	〈新設〉 先駆導入加算	
原価計算方式	革新性や有効性、安全性	営業利益率補整	

〈出所〉厚生労働省資料を一部改変

ポイント

◎日本で初承認に「先駆導入加算」10%

◎ただ初めてだけではダメ、「画期性」か「有用性」

◎将来出る新薬に対する「受け皿」づくり

原価計算方式の「営業利益率」補整上限引き上げ

営業利益率は企業によって、また年度によっても違いますよね。

薬価の算定では、「業界平均」の営業利益率を用いる。良い薬には、その数字を制度的に「盛って」薬価を引き上げている。今回、その「盛っていい幅」を広げたんだ。

「業界平均」は3ヵ年のデータで求める

原価計算方式の「営業利益率」上限の引き上げは、さっきみた先駆導入加算と並ぶ数少ない「引き上げ」項目の1つだ。イノベーション（技術革新）を評価する視点で、見直しが行われたよ。

薬価算定は、類似薬効比較方式が基本だったね。類似薬がない場合に「例外的に」用いるのが、原価計算方式だ。製造（輸入）原価に販売管理費、営業利益、流通経費、消費税を積み上げて薬価を決めるやり方になるよ。

ただ、画期的な薬なら当然、今までにある薬より優れているわけで、類似する薬がないことも想定できるよね。

類似薬効比較方式であれば、画期的加算で理論上は、最大120%まで加算が付く（算定値を100円とすると、120円の加算がついて薬価は220円）。

一方、原価計算方式では、積算に使ういくつかの数字のうち、製薬業界の平均的な「営業利益率」のところを〝制度的に〟上げ下げして、調整することで評価にメリハリをつけている。一番低い場合は－50%、一番高い場合は＋50%となっていたんだ。

厚生労働省が示したデータによると、仮に目いっぱい評価を受けて、営業利益率が最大の＋50%となっても、計算式に当てはめたときに薬価は**「13%増」**(113%)にしかならない。

「これでは足りない」と薬価算定組織は+50%という上限を改めて、「＋100%」まで認めるべきと主張して、結果的に採用されたんだ。これだと薬価は**「29%増」**になる。ただし、先駆導入加算と同様に、加算ルールの「定量的な評価導入」が改正の前提とされたんだ。

だから、今後は例えば営業利益率は、こういう場合は＋10%だけ、これとあれとそれが揃えば最大の＋100%といった具合に、プラス幅とそれに該当する充足度の度合いが、「見える化」されないといけない。

さて、一連の話を次に示した表で辿ってみよう。原材料費、労務費、製造経費、販売管理費などを固定して、営業利益率のみを変更して薬価の変化率をみている。

営業利益率にそのまま業界平均の18.3%を用いたときの薬価は100円。そこから営業利益率が、

- **－50%だと18.3%の半分「9.2%」が適用され薬価は90円(10%減)**
- **＋50%だと18.3%の1.5倍「27.4%」が適用され薬価は112.7円(約13%増)**
- **＋100%だと18.3%の2倍「36.6%」が適用され薬価は128.9円(約29%増)**

になるよ。

なお、14年は4月以降は、『産業別財務データハンドブック』(日本政策投資銀行)の直近3ヵ年(10～12年)のデータを用いて、算

◆営業利益率「±50%」→「－50%～＋100%」の影響◆
～標準的利益率の場合の薬価を100とした時の変化～

経費を固定し、営業利益率のみを変更して額の変動を検討

		金額（1規格当たり）							
	係数	営業利益率 ±0%		営業利益率 −50%		営業利益率 +50%		営業利益率 +100%	
①原材料費	―	―	¥20.0	―	¥20.0	―	¥20.0	―	¥20.0
②労務費	労務費単価 （円／時）	4,167	¥4.0	4,167	¥4.0	4,167	¥4.0	4,167	¥4.0
③製造経費	製造経費率	3.555	¥7.3	3.555	¥7.3	3.555	¥7.3	3.555	¥7.3
④製造原価	―	―	¥31.3	―	¥31.3	―	¥31.3	―	¥31.3
⑤一般管理販売費	販売費及び一般管理費率	0.462	¥40.8		¥40.8		¥40.8		¥40.8
⑥営業利益	営業利益率	0.183	¥16.2	0.092	¥7.3	0.275	¥27.4	0.366	¥41.6
計（1）			¥88.3		¥79.4		¥99.5		¥113.8
⑦流通経費	流通経費率	0.071	¥6.7	0.071	¥6.1	0.071	¥7.6	0.071	¥8.7
計（2）			¥95.0		¥85.5		¥107.1		¥122.5
⑧消費税	消費税率	0.05	¥5.0	0.05	¥4.5	0.05	¥5.6	0.05	¥6.4
合計額（薬価）			¥100.0		¥90.0		¥112.7		¥128.9
薬価への変化率（%）			0.0		▲10.0		12.7		28.9

10%減　13%増　29%増

〈出所〉厚生労働省資料を一部改変

定に使う業界平均の営業利益率は18.3％から「16.9％」に改められたよ（関連は85ページ）。

ポイント

◎数少ない「引き上げ」改革2つのうちの1つ
◎営業利益率上限を +50% から +100% に
◎薬価は最大13% 増から最大29% 増に

外国平均価格調整の見直し

アメリカの薬価だけ異常に高い、
という話はよく耳にします。
それだけではなくて「日本も結構高いのではないか」と指摘が入って、
今回2つの見直しが行われたよ。

「３倍外し」と引き下げ範囲拡大

少しおさらいすると、外国平均価格調整（72ページ）というのは、アメリカ、イギリス、ドイツ、フランスという主要な先進国の薬価と比較することで、日本の薬価の水準を適正に保つルールだったね。その前段で、「外国平均価格」を出す必要がある。今回の薬価制度改革では、

①外国平均価格の「算出方法」の見直し
②外国平均価格調整の「適用範囲」の見直し

が同時に行われたんだ。

■算出方法の見直し

①の外国平均価格の算出方法の見直しからみていこう。

アメリカ、イギリス、ドイツ、フランスの４ヵ国のなかで、２ヵ国以上にその医薬品があって、最高価格が最低価格の５倍を上回る場合は、最高価格を除外して相加平均を出すルールがある。それを

◆5倍ルールと3倍ルールの違い◆

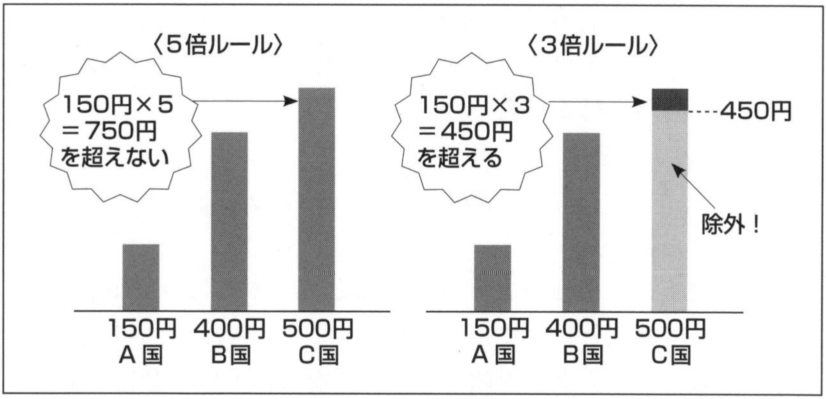
〈5倍ルール〉
150円×5
＝750円
を超えない
150円 400円 500円
A国 B国 C国
〈3倍ルール〉
150円×3
＝450円
を超える
450円
除外！
150円 400円 500円
A国 B国 C国

「3倍」を上回る場合に変更したんだ。

例えば、A国150円、B国400円、C国500円と3つの外国価格があったとしよう。

それまでのルールに従えば、500円は150円の「5倍を超えない」から、単純に3つの平均で（150+400+500）÷3＝350円と、外国平均価格を出していたんだ。

新ルールでは、最高価格500円は最低価格150円の「3倍を超える」ため、除外されて外国平均価格は（150+400）÷2＝275円となる。最高価格が「べらぼうに高い場合」（5倍）でなくても、「そこそこ高い場合」（3倍）にもルール上除外することになった、とでも言っておこう。「5倍外し」に代わり、「3倍外し」が導入されたことになる。

■適用範囲の見直し

次は②の外国平均価格調整の**適用範囲**の見直しだ。端的に言えば「引き下げ調整」の範囲拡大の話になるよ。

厚生労働省が、最近の新薬に関して、日本の薬価は高いのか、低いのかを調べてみたんだ。「高い、高い」と言われるアメリカを含む場合と、アメリカを除いた場合の比較を試みたよ。

まずアメリカを含む4ヵ国を平均した「外国平均価格」(アメリカ、イギリス、ドイツ、フランス)と比較した場合、日本の薬価は平均値で0.86倍と低かった。

一方、アメリカを除く3ヵ国を平均した「欧州平均価格」(イギリス、ドイツ、フランス)と比較した場合、日本の薬価は平均値で1.23倍と高かった。

一言で言えば、薬価は、米国が入ると「日本のほうが低い」が、米国を除いて欧州と比較すると「日本のほうが高い」という結果だ。

そこから、日本の薬価が欧州より高いなら、下げる余地があるとみなされ、外国平均価格調整の「引き下げ」に引っ掛かる対象範囲を広げる改正が行われたよ。

具体的には、外国平均価格の**1.5倍**を上回る場合に「引き下げ対象」だったが、これを**「1.25倍」**を上回る場合に改めたんだ。ちなみに、「引き上げ対象」は、もともと0.75倍を下回る場合だから、今回の改革によって上も下も0.25倍の範囲に設定して揃えたことになる。

例を出すよ。

ある新薬の算定値が140円、外国平均価格は100円だったとしよう。それまでのルールなら、外国平均価格の1.4倍だから、1.5倍を上回らず引き下げ調整は行われない。

でも新ルールだと、1.25倍を上回るから、引き下げ対象になるね。

$$\left(\frac{1}{3}\times\frac{\text{算定値}}{\text{外国平均価格}}+\frac{5}{6}\right)\times\text{外国平均価格}=\text{補正値}$$

という式にあてはめると、

$$\left(\frac{1}{3}\times\frac{140}{100}+\frac{5}{6}\right)\times100=130\text{円}$$

つまり、新ルール適用で、算定薬価は140円から130円に引き下げられることになるよ。

ポイント

◎外国平均価格の算出、5倍外しから「3倍外し」へ
◎日本の薬価はアメリカより低いが、ヨーロッパより高い
◎引き下げ調整基準、外国平均価格の1.5倍から「1.25倍」に

投与間隔延長のためだけの製剤に係る規格間調整

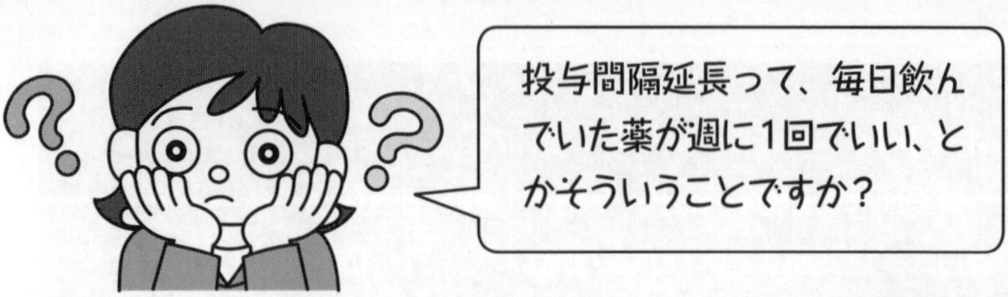
投与間隔延長って、毎日飲んでいた薬が週に1回でいい、とかそういうことですか？

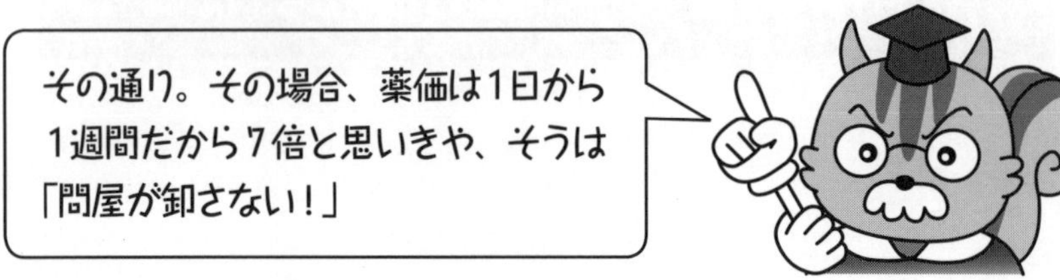
その通り。その場合、薬価は1日から1週間だから7倍と思いきや、そうは「問屋が卸さない！」

規格間調整の「頭打ち」ルール流用

投与間隔延長のためだけの製剤について、さっそく問題になった例を出そう。

- **骨粗鬆症治療薬「アクトネル錠／ベネット錠」（味の素製薬／武田薬品）は、それまで週1回製剤（17.5㎎）の投与間隔が最長だったが、有効成分の含量が「約4倍」の75㎎錠が出てきた。ルール通りに17.5㎎1錠の711.40円を基に「規格間調整」を行ったら、75㎎1錠が「約4倍」の2945.50円となった。**

冒頭で「問屋」と言ったのには意味があるんだ。

コストコには行ったことあるかな？

米国発の会員制スーパーで、日本でも人気を集めているね。大規模倉庫のような店内には、業務用などの大容量商品が並ぶ。目を見張る販売単位の大きさだ。例えば1リットルの牛乳は2本セット売り、牛肩ロースはキロ単位、ロールパンは36個で1袋といった具合だ。それらを驚くほどの安さで売っている。ホールセール（卸問屋）

の形態で、店舗運営や販売管理などにかかる経費を削減して販売価格を抑えているんだね。

日本の小売業者のような小まめな品出しもなく、流通経費や包装代もセーブできるね。

さて、医療用医薬品の世界に話を戻そう。

規格・単位が大きくなって投与間隔が延びれば、流通経費や賦形剤（薬を服用しやすくするために加える成分。でんぷん、乳糖、水など）のコストは当然下がるね。

でもアクトネル／ベネットの75㎎1錠は、ルールに照らすと、有効成分の含量に比例する形で単純に薬価も4倍になってしまった。メーカー側の意図は「投与間隔を広げて、できるだけ服用する患者に負担をかけないように」というものだが、「薬価4倍」については中医協診療側の医師代表委員が黙っていなかった。

「1週間に1回が1ヵ月に1回でよくなれば当然、その流通経費、賦形剤の価格などは安く済むはずで、規格間調整ルールそのものを見直す必要がある」

と主張したよ。

それを受けて、厚生労働省は頭を捻って、既にあったルールを活用することを考えた。規格間調整（78ページ）の「上限ルール」がそれにあたるよ。

「有効成分含有量が汎用規格（最もよく使う規格）の2倍となる高用量規格製品の薬価は、汎用規格の1.5倍に抑制される」というものだ。要は「含有量が2倍でも薬価は1.5倍で頭打ちになる」ルールのことだ。

もともとあったこのルールを「製剤上の工夫をすることなく単に投与期間を延長するために含有量が増える場合」にも広げたんだ。

ちなみに、この頭打ちになる上限ルールが導入されたのは06年度改定だ。

●アストラゼネカの高脂血症治療薬「クレストール錠」３規格（2.5㎎、5㎎、10㎎）のうち、最高用量10㎎の薬価収載が見送られたことがきっかけ。

規定のルールで外国平均価格調整、規格間調整を実施した結果、算定薬価が米国、英国の価格を大きく上回ったんだ。

これに対して、診療側も支払側は「高すぎる」と認めなかった。一部の規格だけ収載を延期する前代未聞の事例だよ。もちろんメーカー側は「ルール通りやらないのは問題あり」と反発したが、結局、同社は収載の申請を取り下げたよ。その後のルール見直しの議論で、頭打ちになる「上限ルール」導入が決まったんだ。

ポイント

◎「1週間に1回」が「1ヵ月に1回」なら流通経費などダウン
◎薬価もその分低く抑えるべき
◎既存ルールの応用、「含量2倍のとき価格1.5倍」で頭打ち

新医療用配合剤の特例の〝特例〟

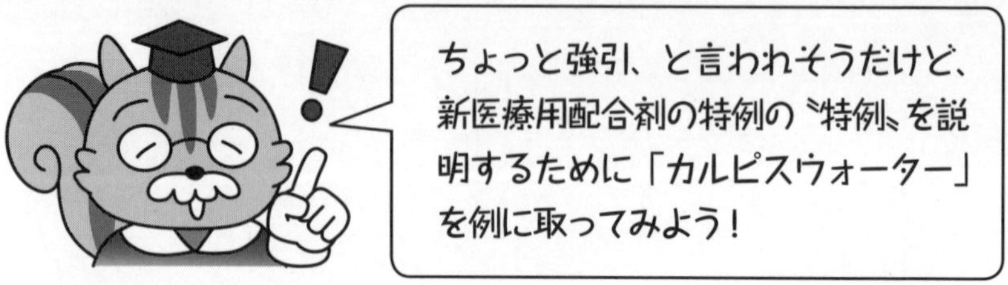
ちょっと強引、と言われそうだけど、新医療用配合剤の特例の〝特例〟を説明するために「カルピスウォーター」を例に取ってみよう！

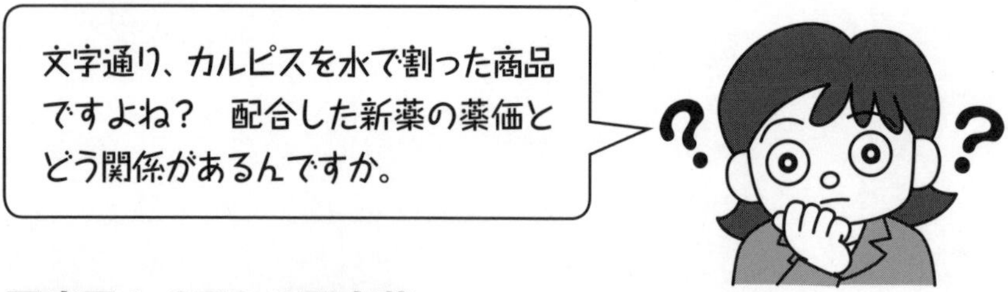
文字通り、カルピスを水で割った商品ですよね？　配合した新薬の薬価とどう関係があるんですか。

医療用＋OTCの配合薬

もう君たちが生まれた頃の話になるかな。91年に発売された「カルピスウォーター」が大ヒットしたんだ。もともとカルピスは、家庭用から贈答用まで「原液を水で薄める方法」で飲まれていたね。でも飲む手間が嫌われて売上げが落ちていた。

そこで、最初から原液を水で割った商品をつくって販売したところ、爆発的に売れたんだ。「目からウロコ」の画期的なアイデアだけど、組み合わせ自体は、昔からずっとあった「カルピスと水」だね。

組み合わせの妙という意味で、似たような（？）事例が薬価算定でもあったんだ。それが、新医療用配合剤の特例の〝特例〟だ。

●サノフィのアレルギー性疾患治療剤「ディレグラ配合錠」は、同社の主力商品の「アレグラ」（一般名＝フェキソフェナジン塩酸塩）に、鼻づまりに効果のある「塩酸プソイドエフェドリン」を配合している。

そもそも新医療用配合薬の特例ルールでは、すべての配合成分が同じ会社のものの場合、配合する両剤の薬価の合計の「0.8倍」で計算して、補正加算があれば上乗せされる。ただし、条件のひとつに「すべての配合成分が単剤として薬価基準に収載されていること」とあったんだ。

このことから困ったことが起きた。

後者の塩酸プソイドエフェドリンは**市販（OTC）**の風邪薬の成分だから、**医療用医薬品**として薬価収載されていない。つまり**「医療用薬＋市販薬」**という過去になかった組み合わせで、決まりが存在しないから、「0.8倍ルール」もすり抜けてしまったんだね。（当時の対応では、アレグラを最類似薬とする類似薬効比較方式（Ⅰ）で算定して、鼻づまりへの効果が上回る分として、有用性加算（Ⅱ）がついて５％アップとなった）

医師たちは、ただでさえ配合剤が増えることに懐疑的なんだ。配合する時点で、薬効成分の含量が決められるからね。メーカー側は絶妙な組み合わせで、患者が一度に服薬できるメリットを強調する一方で、医師たちは薬と薬の組み合わせは、患者の症状や体質などに応じて「医師が決めるべき」との思いが強い。

背景にあるのは「配合剤は、先発品企業が後発品に市場シェアを侵食されないために取る防衛策であって、くっつけた〝新薬もどき〟ばかり出す延命策に走るべきでない」といった考え方だ。薬価を低く抑える0.8倍ルールもそんな事情から生まれたものだよ。

そこへ来て、「医療用薬＋市販薬」で0.8倍にならず、セーフになったのだから、穏やかでない。中医協診療側の医師代表委員は「こういうかたちで配合剤が出てくると、配合剤の扱い（0.8倍）の意味がわからない。新たなルールがいるのではないか」と、疑問を投げ掛けたんだ。「他社がその手があったか！」と追随しては困る、とばかりにね。

【薬価は「単剤」のみのイメージ】

厚生労働省は、まさにこの事例の通り、市販薬で使用されている有効成分を配合するなど、薬価収載されていない「新規性のない成分を含む配合剤」は、

「収載されている単剤のみの薬価としてはどうか」

と提案した。

それがそのまま14年度改定での新ルールになったんだ。

基本的に、カルピスウォーターでいえばカルピスだけの値段、ディレグラ配合錠でいえばアレグラだけの値段（補正加算は除く）ということになるね。

ポイント

◎「医療用薬 +OTC 薬」の配合剤は0.8倍すり抜け
◎診療側「こういう例が続いては困る」と懸念
◎医療用薬「単剤」のみの薬価に

ラセミ体医薬品光学分割ルール変更

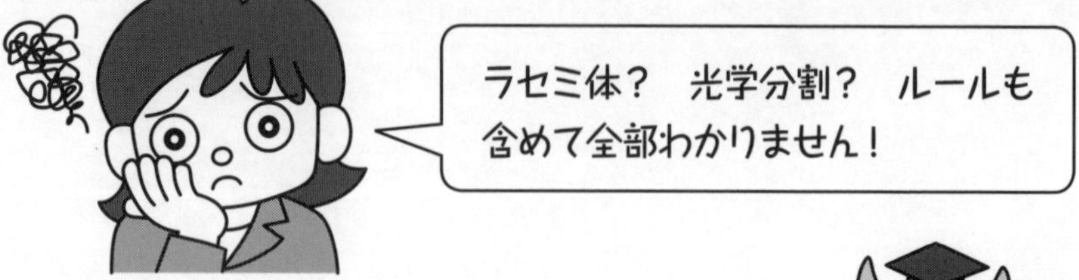
ラセミ体？　光学分割？　ルールも含めて全部わかりません！

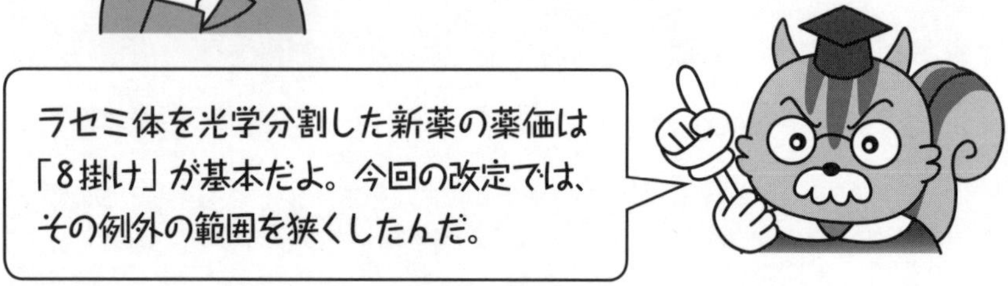
ラセミ体を光学分割した新薬の薬価は「８掛け」が基本だよ。今回の改定では、その例外の範囲を狭くしたんだ。

「ルネスタ錠」がきっかけに

「ラセミ体医薬品光学分割ルール」の変更点を説明する前に、用語の解説が必要だね。

まず、分子式が同じでも構造が異なる物質を、互いに異性体と呼ぶ。なかでも鏡に映したように対称な関係にある一対の分子を**「光学（鏡像）異性体」**と言うんだ。

ちなみに、原子番号順に右回りのものをＲ体、左回りのものをＳ体と表しているよ。

光学異性体が１対１の割合で混ざった混合物が**「ラセミ体」**だ。昔はラセミ体で製品化されていた医薬品が多かった。例えば、妊婦が催眠鎮静薬「サリドマイド」を使用した結果、多くの奇形児が発生し、日本を含めて世界的な被害が出た「サリドマイド事件」。

サリドマイドは、Ｒ体には鎮静作用があったけれど、Ｓ体には催奇形性があったために薬害が起こってしまったんだ。

その後、製剤技術が発達して「光学分割」が可能になると、Ｒ体、

Ｓ体が混ざった元の薬から、効果が高い方や、どちらかだけを取り出して新薬として発売することが増えたんだ。

例を挙げると、

●プロトンポンプ阻害薬のエソメプラゾールマグネシウム水和物（商品名＝ネキシウムカプセル）は、ラセミ体のオメプラゾール（オメプラール、オメプラゾン）のＳ体で、強力な酸分泌抑制効果を発揮する。

●アレルギー性疾患治療薬のレボセチリジン塩酸塩（ザイザル）は、ラセミ体のセチリジン塩酸塩（ジルテック）のうち、活性本体のＲ体のみを光学分割した。

ようやくここで、肝心の薬価について触れよう。

既にラセミ体医薬品として収載されていて、臨床現場でも長く使われていたなら、光学分割して新薬扱いにする際にも「開発リスクや開発費用は低いだろう」と、「薬価算定組織」から指摘が出たんだ。

それに基づいて、厚生労働省は、「新医療用配合剤の特例」と同じように、「８掛け」（0.8倍）にしてはどうかと提案して、それが通った。これが12年度の改革だ。

つまり、既にあるラセミ体医薬品を比較薬として、「類似薬効比較方式（Ⅰ）」で算定した額の0.8倍が薬価となる。補正加算の対象となれば、その分は上乗せされるよ。

８掛けが原則だけど、例外規定を設けたんだ。次のいずれかの場合には、８掛けは免除してあげようという措置になるね。

イ　ラセミ体の既収載品が薬価収載されてから長期間経過（15年超）

ロ　光学分割でラセミ体より高い有効性・安全性が客観的に示されている。

ハ　ラセミ体と異なる製造販売業者が開発

ところが、ルールを変えた途端に〝事件〟が起こったんだ。

12年4月、中医協総会の薬価収載時にラセミ体を光学分割した医薬品がさっそく出てきた。

●不眠症治療剤のエスゾピクロン（ルネスタ錠）は、ラセミ体のゾピクロン（アモバン錠）を光学分割して得られた、薬理活性の大部分を有するS体にあたる。

ルール適用で「8掛け」になると思いきや、**89年収載**のため**（イ）**の「15年超」に該当したんだ。それだけではなくて、ラセミ体のゾクロピンはサノフィ・アベンティス（現サノフィ）が開発し、光学分割したエスゾクロピンはエーザイが開発したから**（ハ）**の「別メーカーが開発」にも該当して、例外規定が適用されて薬価は下がらなかったんだ。

診療側の薬剤師代表委員は、この先もこうやって例外が相次ぐことを懸念し、すかさず「このルールは見直すべき」と求めた。これをきっかけに、厚労省が**（イ）**と**（ハ）**の条件を削除して、**（ロ）**に絞る提案をするに至って、14年度改革の議論では、異論は出ずにそのまま通ったよ。

ポイント

◎ラセミ体を光学分割した新薬は「0.8倍」が原則
◎ルール設定直後にすり抜け事例出る
◎例外規定を3つから1つ（高い有効性、安全性）に絞る

新規収載後発品の薬価の見通し

新しく出た後発品は先発品の「半額」になったんですよね？新聞で読みました。

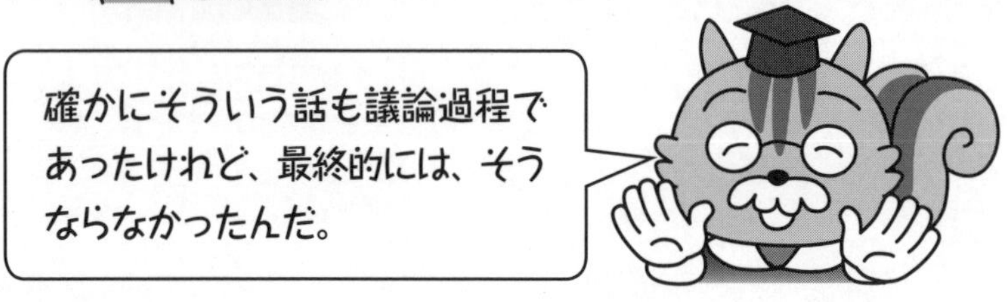
確かにそういう話も議論過程であったけれど、最終的には、そうならなかったんだ。

16年度には「半額」に!?

13年11月、一般紙に次のような見出しが躍った。

「ジェネリック医薬品：**新薬の半額**、厚労省案」（毎日新聞）

「後発薬、**新薬の半値**に、厚労省案、医療費抑制へ普及促す」（日本経済新聞）

先発品の0.7倍が原則（ただし内用薬で10品目を超える場合は0.6倍）というルールだったところに、厚労省が一気に0.5倍、つまり半額に落とす提案をしたものだから、業界周辺は騒然となったよ。テレビCMで「ジェネリック」を盛んにPRしているような専業の大手後発品メーカーの株価も急落したほどだ。

厚生労働省は後発品を「医療費抑制の切り札」にし続けてきたが、日本は欧米に比べて普及するスピードが遅い。そこで、先発品と後発品の価格差を広げて、普及を加速させようと考えたんだね。

厚労省は中医協で、0.5倍程度にすべき根拠を2つ示したよ。

①患者意向調査で、「後発品を使いたいと思う価格は」と尋ねたところ「先発品の50%程度」という答えが多かった。
②最近収載された新規後発品の市場実勢価格が直後の「薬価調査」でどれだけ下がっているかを調べたら、平均で薬価から21%程度下がっていた。
→先発品の0.7倍で売り出しても、2年以内にその21%は下落していたのだから、下落分を踏まえて最初から値付けを0.5倍程度（0.7×0.79≒0.553）にしてもいいのではないか。

この提案に対して、後発品業界は猛反発したよ。

先発品を100円とすると、0.7倍の70円の薬価で市場参入できると思っていたところ、そうではなく0.5倍の50円スタートと言われては、それだけで売上げが約3割も減ることになる。0.5倍となっては「利益が出ず、必要な投資もできない」と主張したんだ。

具体的には後発品を安定的に供給し続けるために要求される事項が増えて、コストが増加し「経営圧迫要因になっている」と、先発品の0.7倍維持を強く求めたよ。

例えば原薬を複数のところから調達（ダブルソース化）したり、後発品の需要増や災害などからのリスク分散で製造設備投資が嵩んだりしていると例示した。

さらに安全性情報の収集、医師への情報提供、そのためのMR増員など、後発品と言いながら、求められる仕事は先発品とそう変わらないことを訴えたんだ。

そこで厚労省が再提案したのが、

0.7倍と0.5倍の間をとって先発品の「0.6倍」（内用薬10品目超は0.5倍）とするか、または、やはり一律0.5倍とするか、

というものだった。

最終的に、実に「日本人的な」結論である「折衷案」（0.6倍、内

◆新規収載後発品の薬価について◆

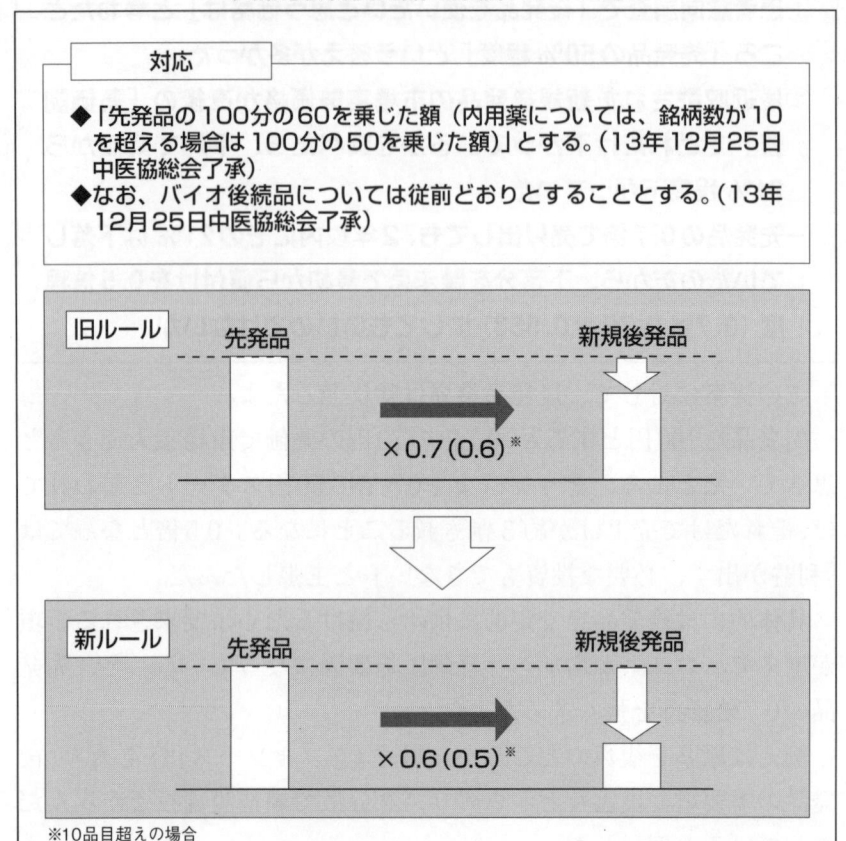

対応

◆「先発品の100分の60を乗じた額（内用薬については、銘柄数が10を超える場合は100分の50を乗じた額）」とする。（13年12月25日中医協総会了承）

◆なお、バイオ後続品については従前どおりとすることとする。（13年12月25日中医協総会了承）

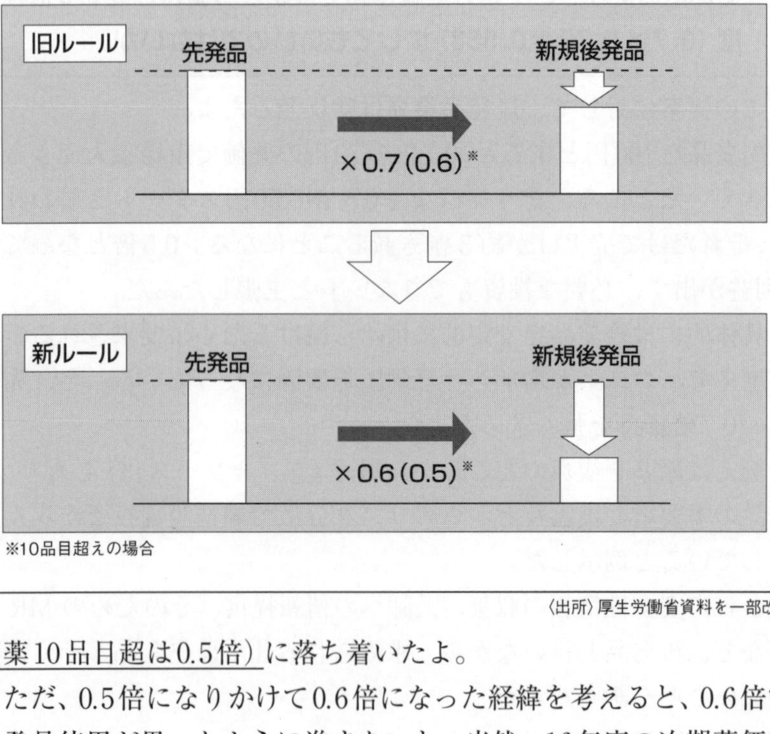
旧ルール
先発品
新規後発品
×0.7（0.6）※
新ルール
先発品
新規後発品
×0.6（0.5）※

※10品目超えの場合

〈出所〉厚生労働省資料を一部改変

用薬10品目超は0.5倍）に落ち着いたよ。

ただ、0.5倍になりかけて0.6倍になった経緯を考えると、0.6倍で後発品使用が思ったように進まないと、当然、16年度の次期薬価制度改革で0.5倍が再び浮上しても何ら不思議ではないね。

15年11月頃にに「ジェネリックは新薬の半額に」と、デジャブ（既視感）を覚えるような新聞の見出しが躍っているかもしれないね。

【ジェネリック「一律半額」にはならず】

ポイント

◎初めて出る後発品の薬価は先発品の0.7倍から「0.6倍」に
◎内用薬10品目超は0.6倍から「0.5倍」に
◎当初出たすべて「半額」（0.5倍）案から折衷案で決着

既収載後発品の薬価のバラつき対策

「同じ後発品で、69円、65円、59.4円、56.2円、50.8円、47.5円、43.3円、38.1円、35.5円、32.7円、28.8円、21.1円、14.1円があります。どれにしますか?」と聞かれたら何と答えるかな?

「一番安いやつで」って言うと思いますが、ジェネリックってそんなに価格にバラつきがあるんですか?

一気に「2価格帯」集約まで浮上

次に示した表の通り、抗アレルギー剤「セチリジン塩酸塩」(一般名)の先発品は「ジルテック錠5」(ユーシービージャパン)で、薬価は88.7円。そして、その後発品は69円から14.1円まで13の価格帯に分かれていたよ。確かにどの後発品も、先発品のジルテックより安いのは間違いないけれど、高い後発品と安い先発品の差は5倍近くに上ってい

厚生労働省は「薬事法上、先発品と同等であることを評価・承認されたすべての後発品群について、多くの価格帯があることをどのように考えるか」と論点を示して、「価格帯をどこまで削減できるか」議論を喚起したよ。

ところで、後発品の薬価はなぜこんなにバラつくのか。

中医協で、支払側からは「ほかの業界でこれだけ価格がばらつくことはない」、診療側から「業界としての取り組みはあるのか」と強

◆後発品の薬価（例）―12年4月時点◆

例　成分名：セチリジン塩酸塩（適応症：アレルギー性鼻炎、じんましん等）

	販売名	製造販売業者名	薬価（円）
ジルテック錠5		ユーシービージャパン	88.70
セチリジン塩酸塩錠5mg	「TOA」	東亜薬品	69.00
	「MED」	メディサ新薬	65.00
	「科研」	ダイト	
	「KTB」	寿製薬	59.40
	「タナベ」	田辺三菱製薬	
	「タカタ」	高田製薬	56.20
	「トーワ」	東和薬品	
	「サワイ」	沢井製薬	50.80
	「日医工」	日医工	47.50
	「MNP」	日新製薬（山形）	43.30
	「マイラン」	マイラン製薬	
	「アメル」	共和薬品工業	38.10
	「PH」	キョーリンリメディオ	35.50
	「NPI」	日本薬品工業	
	「タイヨー」	テバ製薬	32.70
	「CHOS」	シー・エイチ・オー新薬	28.80
	「SN」	シオノケミカル	
	「TYK」	大正薬品工業	
	「オーハラ」	大原薬品工業	
	「ツルハラ」	鶴原製薬	
	「CH」	長生堂製薬	21.10※1
	「NP」	ニプロファーマ	
	「TCK」	辰巳化学	
	「YD」	陽進堂	
	「NUP」	ザイダスファーマ	
セチリジン塩酸塩錠		一般名で収載（2社）※3	14.10※2

※1）最高薬価品の20%以上30%未満
※2）最高薬価品の20%未満
※3）統一名収載

〈出所〉厚生労働省資料を一部改変

く迫る声が出たんだ。

これに対して、後発品業界の団体「日本ジェネリック製薬協会」のトップは、中医協のヒアリングに呼ばれてこんな説明をしている。
「市場実勢価格による銘柄別薬価収載方式というルールがある以上、それぞれのメーカーがその製品に対する価格に責任を持つのが基本だ。バラつくことを『よし』とする考え方で成り立っている」

つまり、どの後発品も一斉に先発品の原則0.7倍（14年４月からは0.6倍）で市場参入するが、その後は各社の販売戦略などに基づいて、「価格はバラける。これは必然だ」、と主張したことになる。

後発品業界トップからはこんな話も出たよ。12年度の改定で、先発品の30％超える品目群は３％刻みで統一価格にした。この影響で、一番多い品目（内用薬）で19価格帯あったものが、13価格帯まで減少したと。さらに90％以上の後発品が１～４価格帯までに収まっているし、13価格帯もあるのは「ジルテックだけ」で、極めてレアなケースだと主張して、これ以上の「グルーピングは必要ない」ことを訴えたんだね。

でも後発品業界側の一連の主張は、中医協の委員に、効果的に響くことはなかった。「価格帯削減」の方向で、一気に２価格帯への〝集約〟まで視野に入ったんだ。そんななか、再び意見陳述の機会を得た後発品業界トップはこう懇願した。
「激変緩和のため段階的削減として、５価格帯をご検討いただきたい」

やや唐突に５価格帯を持ち出しつつ、その理由として「急激に集約すると、薬価が上がる品目もあり、患者負担も上がり、混乱を招く」ことを挙げたんだ。段階的に整理することを求めたけれど、説得力をもって響くことはなく、最終的には「３価格帯への集約」が決まったよ。

◆既収載後発品の薬価の改定について◆

対応

◆後発品の使用促進の観点から、組成、剤形区分及び規格が同一であるすべての既収載品群を以下のとおり、薬価算定することとする。
（13年12月25日中医協総会了承）

①最高価格の30％を下回る算定額となる既収載品については、該当する全ての品目について加重平均した算定額（統一名）とする。
②最高価格の30％以上、50％を下回る算定額となる既収載後発品については、該当する全ての品目について加重平均した算定額（銘柄別）とする。
③最高価格の50％以上の算定額となる既収載後発品については、該当する全ての品目について加重平均した算定額（銘柄別）とする。

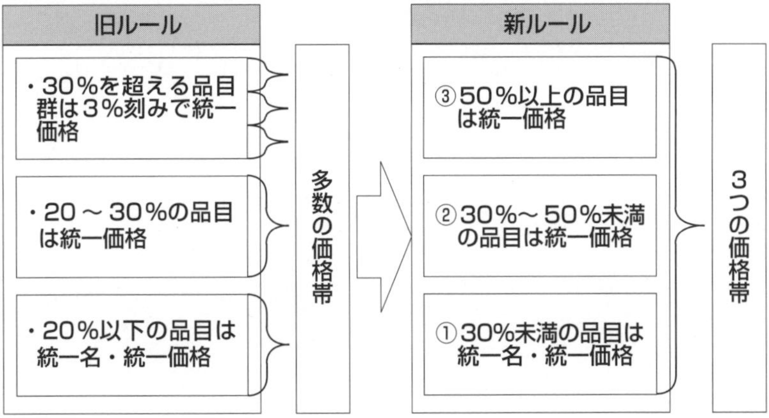
旧ルール
・30％を超える品目群は3％刻みで統一価格
・20～30％の品目は統一価格
・20％以下の品目は統一名・統一価格
多数の価格帯
新ルール
③50％以上の品目は統一価格
②30％～50％未満の品目は統一価格
①30％未満の品目は統一名・統一価格
3つの価格帯

〈出所〉厚生労働省資料を一部改変

新ルールでは

●最高価格（先発品）価格の、
「50％以上」が1グループ
「30％～50％」が1グループ
「30％未満」が1グループ（統一名収載＝個別銘柄ではなく一般名で収載）

に集約された。

ちなみに、冒頭のセチリジンの後発品は、13も価格帯があったが、今回改定され、45.5円、31.9円、19.4円の３価格帯に収まった。

ポイント

◎既にある後発品の薬価のバラつきは問題

◎「50％以上」「30％～50％」「30％未満」の3グループ

◎13価格帯あったセチリジンも、3価格帯に集約

消費税率8％への引き上げに伴う薬価対応

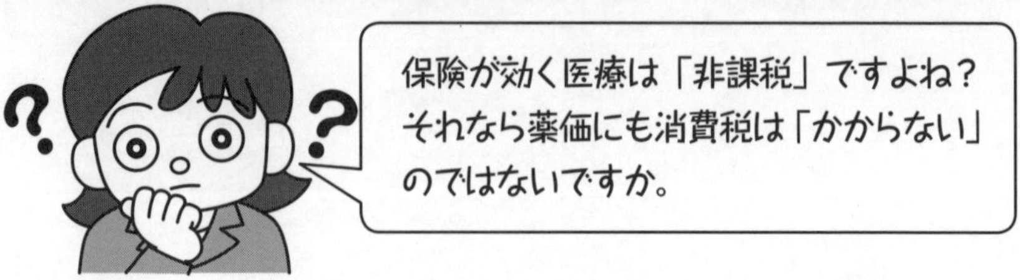
保険が効く医療は「非課税」ですよね？
それなら薬価にも消費税は「かからない」
のではないですか。

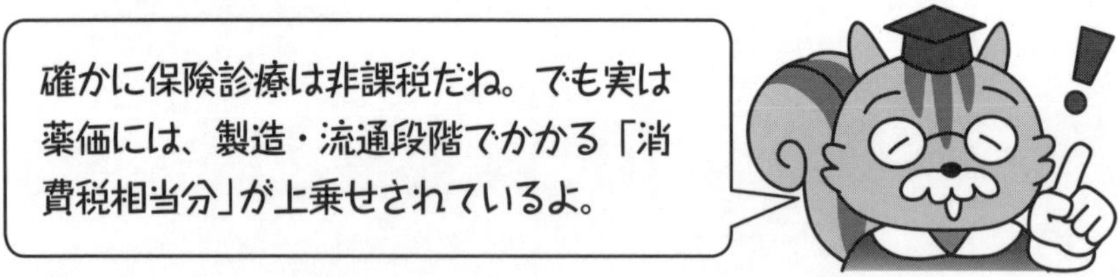
確かに保険診療は非課税だね。でも実は
薬価には、製造・流通段階でかかる「消
費税相当分」が上乗せされているよ。

消費税分には「ミシン目」

14年４月に消費税率が５％から８％に引き上げられた。その際の薬価上の対応を説明しよう。まず保険診療は「非課税」と言いながら、診療報酬や薬価には「消費税相当分」が上乗せされてきたんだ。

このこと自体、知っている患者・国民はそう多くない。今回、５％から８％へ消費税率を引き上げる対応を中医協で議論するなかで、「きちんとミシン目を入れて消費税分がわかるようにすべき」、という方向性が決まったよ。それを受けて、14年４月から、患者が受け取る領収証や明細書に次のような一文が記載されることになったんだ。

「診療報酬や薬価等には、医療機関等が仕入れ時に負担する消費税が反映されています」

既に収載されている品目の薬価改定方式の算定式は以下のようになるよ。

①新薬価＝医療機関・薬局への販売価格の加重平均値（税抜の市場実勢価格）×（1＋0.08〈消費税率〉）＋調整幅（改定前薬価の2％分）
②ただし、改定前薬価（消費税相当分込み）×1.08/1.05が上限となる。

変わったのは次の2点だ。

まず、①のように計算式中の消費税率が5％→8％によって、0.05から0.08に改められた。

次は②。通常、薬価の上限は「改定前薬価を超えることはできない」のが原則だ。ただ、今回は消費税が5％から8％に上がることにより、1.08/1.05≒1.0286。つまり、2.86％分までは改定前薬価を上回ることが認められたんだ。

ポイント

◎実は薬価には今も昔も「消費税相当分」が上乗せされている
◎それを患者に伝えるために明細書などに明記
◎通常、薬価上限は「改定前薬価」だが、消費税分はアップOK

薬価こぼれ話⑤

長期収載品防衛で、製薬業界がしゃかりきにロビー活動

少々生臭い話になるけれど、民間が政治に働き掛ける「ロビー活動」は製薬業界でも活発に行われている。とくに医療・医薬品関係は行政による公的な規制の強い分野だから、民と官の間に「政」が関与して、政策的な調整を行うことが少なくないんだ。14年度薬価制度改革をめぐっては、長期収載品が薬剤費削減の標的になったものだから、業界の水面下での動きは激しかったよ。

主要な製薬企業有志十数社は13年秋、政府の予算編成が12月に大詰めを迎えることを見越して、自民党の厚労関係議員と共通理解を深める場として「製薬産業政策に関する勉強会」をつくったんだ。単に業界が政府にお願いするだけでは、押し切られてしまう。そこで製薬産業に理解のある国会議員らを取り込んで、自分たちの主張を後押ししてもらうことを狙ったよ。

業界の悲願である「新薬創出・適応外薬解消等促進加算の恒久化」もあるが、集まった十数社が一番気に掛けていたのが、長期収載品の薬価引き下げだ。新薬を継続的に上市するためには、研究開発の原資として、長期収載品から得られる収益が不可欠なため「長期収載品市場を急激に減少させることは避けるべき」と業界側は訴えていたんだ。

関係者によると、勉強会の立ち上げは、長期収載品として、主力の消炎鎮痛貼付剤「モーラステープ」を持つ久光製薬の発案で、当時、業界の元締め団体の「日本製薬団体連合会」（日薬連）会長会社だったエーザイが各社に参加を呼び掛けた。エーザイも認知症治療薬「アリセプト」の特許が切れ、売り上げ維持に奮闘していた。

土壇場の12月中旬、勉強会幹部だった議員たちは、「決議文」を持って、田村憲久厚労相（当時）に直談判した。一定期間を経ても後発品への置き換えが進まない場合の長期収載品「特例的引き下げ」（Ｚ2）について「最小限にすべき（下げ幅1％台）」と求めたんだ。

田村厚労相は「ご意見は承りました」と述べつつ、難色を示したものだから、各社は先行きを案じた。けれど、最終的にＺ2の幅は、一定期間経過後の後発品への置き換え割合によって「1.5％」「1.75％」「2.0％」の3段階に決まったから、「1％台」という勉強会が決議した範囲にほぼ収まったことになるよ。

第5章

今後の課題

最後となるこの章では、
14年度改革を経たうえで議論の余地を残している
ホットなトピックばかりを集めています。
新規収載品でも既収載品でも
「果たしてその値付けは本当に妥当なのか」ということが、
さまざまな側面から問われていることがわかります。

加算の定量的評価①

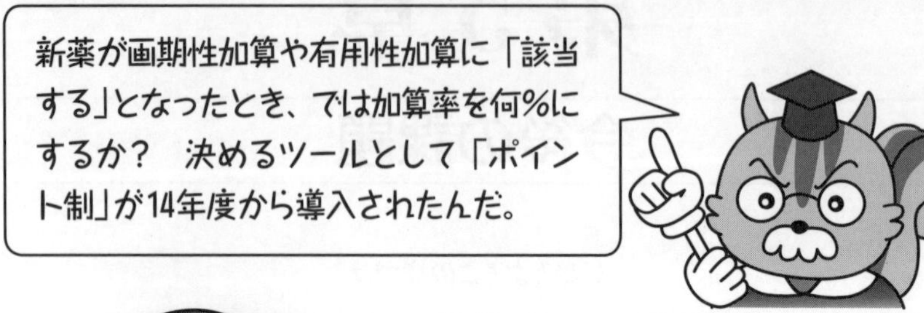
新薬が画期性加算や有用性加算に「該当する」となったとき、では加算率を何%にするか？　決めるツールとして「ポイント制」が14年度から導入されたんだ。

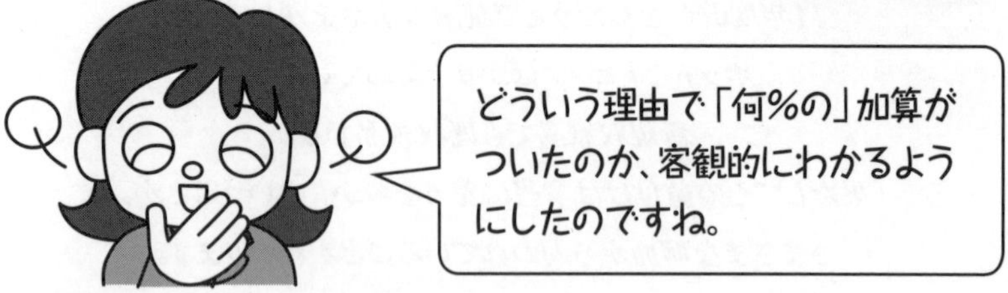
どういう理由で「何%の」加算がついたのか、客観的にわかるようにしたのですね。

加算の種類により「持ち点」

フィギュアスケートの採点を思い浮かべてほしい。審判のジャッジによって、技術点と、演技構成点を「積み上げて」、最終的に何点と決めて順位を競っているよね。

それと似たような話として、薬価の加算についても、さまざまな項目をポイント化してそれを積み上げる「定量的評価」を行ったうえで、加算率を決定しようという試みが14年度から行われている。厚生労働省の研究班（主任研究者＝北里大学・成川衛准教授）がポイント化のツールを開発したんだ。

■類似薬効比較方式の補正加算

おさらいをすると、類似薬効比較方式の主要な補正加算には次の３種類がある。「画期性加算」（70～120％）、「有用性加算（Ⅰ）」（35～60％）、「有用性加算（Ⅱ）」（5～30％）だったね。

◆画期性・有用性加算の要件◆

画期性加算（70～120％）

次の要件を全て満たす新規収載品

イ　臨床上有用な新規の作用機序を有すること。
ロ　類似薬に比して、高い有効性又は安全性を有することが、客観的に示されていること。
ハ　当該新規収載品により、当該新規収載品の対象となる疾病又は負傷の治療方法の改善が客観的に示されていること。

有用性加算（Ⅰ）（35～60％）

画期性加算の３要件のうち２つの要件を満たす新規収載品

有用性加算（Ⅱ）（5～30％）

次のいずれかの要件を満たす新規収載品

イ　臨床上有用な新規の作用機序を有すること。
ロ　類似薬に比して、高い有効性又は安全性を有することが、客観的に示されていること。
ハ　当該新規収載品により、当該新規収載品の対象となる疾病又は負傷の治療方法の改善が客観的に示されていること。
ニ　製剤における工夫により、類似薬に比して、高い医療上の有用性を有することが、客観的に示されていること。

〈出所〉厚生労働省資料を一部改変

厚労省の研究班が要件を整理すると、以下の４つになった。

①臨床上有用な新規の作用機序
②類似薬に比した高い有効性または安全性
③対象疾病の治療方法の改善
④製剤工夫による高い医療上の有用性

さらに研究班が08年度以降に収載された新薬のうち、有用性加算（Ⅰ）を取得した４成分、有用性加算（Ⅱ）を取得した43成分の計47成分を分析してみた（画期性加算は該当なし）。一から新たに加算率を決めるルールを作り出すのではなく、これまでに適用された加算率の実績を「妥当なもの」と捉えて下敷きにして、加算根拠を「見える化」しようという取り組みだ。

研究班は、加算実績に基づいて、①から④を細分化して、計19項目にわけて、それぞれ1～2ポイントを付与することにした。そのポイントを積み上げて、加算率を割り出す。加算率は実質的に5%刻みとなっているから、**「1ポイント＝5%」**に設定されたんだ。

「画期性加算」（70～120%）は、その加算に該当すると判断された時点で、基準ポイントが**「11ポイント（55%）」**もらえる。加えて画期性加算は、その要件から19項目のうち必ず3項目は満たすので、最低でも3ポイント（15%）は獲得することになっている。足し合わせると55%+15%で、必ず加算下限の70%には達する設計になっているよ。

「有用性加算（Ⅰ）」（35～60%）は、基準ポイントが**「5ポイント（25%）」**ある。こちらは、その要件から19項目のうち2項目を満たすので、最低でも2ポイント（10%）は獲得することになっている。25%と10%を加えると必ず加算下限の35%に届く。

つまり、画期性加算と有用性加算（Ⅰ）は、その加算が妥当と判断された時点で、画期性加算は55%分、有用性加算（Ⅰ）は25%分の「厚底のクツを履いている」ことになる。

一方で、「有用性加算（Ⅱ）」（5～30%）は、厚底はなく基準ポイントは**「0ポイント」**で、加算率の下限が5%だから、当てはまった項目の積み上げがそのまま加算率になるよ。

ポイント化は、あくまでも専門家でつくる薬価算定組織がいずれかの加算の「付く、付かない」を判断した後、加算率を決めるために参考にする「物差し」という位置付けなんだ。だから、加算の種類が決められた時点で、どの加算かによって基準ポイント（持ち点）が与えられて、そのうえで19項目のなかで該当した項目分のポイントが加えられるんだ。

ポイント化について具体例を2つ示しておこう。

①テラビックー有用性加算（Ⅰ）【加算率40％】

有用性加算等の加算率の定量化（例１）

薬価基準収載月：11年11月
販売名：テラビック錠250mg
一般名：テラプレビル
製造販売業者名：田辺三菱製薬
算定方式：類似薬効比較方式（Ⅰ）
加算実績：40％
（加算要件①及び③）

〈有用性加算（Ⅰ）加算要件〉
①臨床上有用な新規の作用機序を有する
②類似薬に比して高い有効性または安全性を有することが客観的に示されている
③当該新規収載品の対象となる疾病又は負傷の治療方法の改善が客観的に示されている

有用性加算の理由（中医協総会資料より）

- 本剤は、HCV ウイルス増殖を直接抑制する新規作用機序を有し、既存の標準治療（2剤併用療法）への上乗せ投与により、早期に HCV RNA 量の急速な減少が認められていること等から、「臨床上有用な新規の作用機序」を有すると認められる。
- 本剤を含む３剤併用療法は、日本人に最も多い難治性の genotype 1b 型高ウイルス量 C 型慢性肝炎患者に対し、既存の標準治療に比し半年～１年短い治療期間で高い治療効果を発現し、国内ガイドラインにおいて、本剤上市後は、本剤を含む３剤併用療法が既存の標準治療に代わる治療法として推奨されていることから、「治療方法の改善」が客観的に示されていると認められる。

加算率の算出：8 ポイント×５％＝40％加算相当

有用性加算（Ⅰ）……………………………………基準ポイント 5p
①臨床上有用な新規の作用機序
　a. 薬理作用発現のための薬剤の作用点（部位）が既収載品目と大きく異なる　2p
③対象疾病の治療方法の改善
　b. 対象疾病に対する標準的治療法として位置づけられる　1p

合計 8p

②ノウリアストー有用性加算（Ⅱ）【加算率20％】

有用性加算等の加算率の定量化（例2）

薬価基準収載月：13年5月
販売名：ノウリアスト錠20㎎
一般名：イストラデフィリン
製造販売業者名：協和発酵キリン
算定方式：類似薬効比較方式（Ⅰ）
加算実績：20％（加算要件①）

〈有用性加算（Ⅱ）加算要件〉
①臨床上有用な新規の作用機序を有する
②類似薬に比して高い有効性または安全性を有することが客観的に示されている
③当該新規収載品の対象となる疾病又は負傷の治療方法の改善が客観的に示されている
④製剤における工夫により、類似薬に比して高い医療上の有用性を有することが客観的に示されている

有用性加算の理由（中医協総会資料より）
審査報告書において、
●アデノシンA2A受容体拮抗薬という既存薬とは異なる作用機序を有する新たな治療の選択肢となり得る、
●国内臨床試験成績で示された本薬のウェアリングオフ現象の改善効果は臨床的に意義のあるものと判断する
などと評価されていることを踏まえると、臨床上有用な新規の作用機序を有することが客観的に示されていると考える。

加算率の算出：4ポイント×5％＝20％加算相当

有用性加算（Ⅱ）……………………………基準ポイント	0p	合計 4p
①臨床上有用な新規の作用機序		
a. 薬理作用発現のための薬剤の作用点（部位）が既収載品目と大きく異なる	2p	
c. a又はbを満たす場合であって、標準的治療法が確立されていない重篤な疾病を適応対象とする	＋1p	
d. a又はbを満たす場合であって、示された新規の作用機序が臨床上特に著しく有用であると薬価算定組織が認める	＋1p	

〈出所〉厚生労働省資料を一部改変

なお、有効性が限定的と薬価算定組織が判断した場合には、１ポイント減らす「減算規定」も設けられたよ。純粋な減算ではなく、加算率の減算という意味から、減算ではなく「加算率の緩和」と言ったほうが正確かもしれない。減算規定について、製薬業界側は「妥当性があるのか」と反発の声を上げたけれど、今のところはなくならずに残っている。

ところでなぜ、こうしたポイント化手法が導入されることになったのか。中医協で診療側の医師代表から薬価算定にあたって「加算率の根拠が示されていない。定性的でなく定量的に評価すべき」と強く求める声が出たんだ。それを受けて、厚労省が研究班をつくって、加算率の根拠をクリアにするためのポイント化手法の開発を委託したよ。

ポイント

◎ポイント化は加算率決定の「物差し」
◎1ポイント=5％、加算種類ごとに持ち点
◎持ち点＋各項目積み上げで加算率算出

加算の定量的評価②

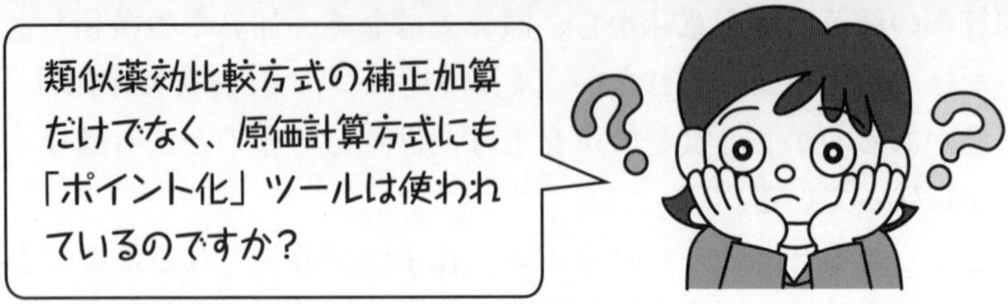
類似薬効比較方式の補正加算だけでなく、原価計算方式にも「ポイント化」ツールは使われているのですか？

原価計算方式には、補正加算はないけれど、営業利益率の補整で評価にメリハリをつけているね。その部分には、ポイント化手法を使うことになったんだ。

原価計算方式は「掛け算」でポイント化

原価計算方式の営業利益率は、－50％～＋100％の範囲でメリハリをつけている。厚生労働省の研究班は次のように細分化したよ。

①臨床試験成績からみた革新性の要件３項目
（それぞれ１～３ポイント）
②医薬品からみた革新性の要件５項目（それぞれ１ポイント）

そのうえで①と②を**「掛け算」**する手法を編み出したんだ。なぜ掛け算かは、後で説明するよ。とりあえず、細分化したポイントの要件は次の表をみてもらいたい。

類似薬効比較方式と同様に１ポイントは５％換算だ。営業利益率補整の幅の最小と最大をみていこう。

◆原価計算方式の営業利益率補整のポイント化◆

細分化した要件項目と該当するポイント	
既存治療と比較した新薬の革新性等の程度に応じた補整率 (①と②のポイントの積により算出)	
①臨床試験成績からみた革新性等の評価 (a, b はいずれか 1つ)	ポイント
a. 対象疾病の治療方法の著しい改善が示される	3p
b. 対象疾病の治療方法の改善が示される	2p
c. a 又は b を満たす場合であって、示された治療方法の改善が臨床上特に著しく有用であると薬価算定組織が認める	+1p
②医薬品からみた革新性等の評価 (該当する項目ポイントの合計)	
a. 世界に先駆けて日本で初めて承認された医薬品である	1p
b. 対象疾病に対して治療手段を提供する初めての医薬品である、あるいは対象疾病に対する新たな医薬品が長期間承認されていなかった状況において承認された医薬品である	1p
c. 標準的治療法が確立されていない重篤な疾病を適応対象とする医薬品である	1p
d. 希少疾病用医薬品として指定された効能・効果を主たる効能・効果とする医薬品である、あるいは小児に対する適応を効能・効果又は用法・用量に明示的に含む医薬品である	1p
e. 上記の他、革新性等が特に高い医薬品であると薬価算定組織が認める	1p

〈出所〉厚生労働省資料を一部改変

①の臨床試験成績からみた革新性等の評価は最小２ポイント、最大４ポイントとなる。

②の医薬品からみた革新性等の評価は最小１ポイント、最大５ポイントとなる。

①と②を掛け算するから

最小で２×１＝２ポイント（10％）

最大で４×５＝20ポイント（100％）

となり、10～100％までのメリハリの幅が生じるよ。

これにより、プラス評価（10～100％）部分はポイント化が可能になる。ただし、時間的な制約などがあり、研究班はマイナス評価（－50％～0％）の部分のポイント化を、14年度時点では断念したんだ。研究班は、過去にマイナス評価が行われた品目は、ほとんどが「院内製剤（患者の症状や状態にあう薬がないときに、病院内で薬剤師が作る薬）をメーカーが製剤化したもの」で、革新性が高くないことが明らかなため「それ以上の研究は行わなかった」とも説明したよ。

◆営業利益率の補整率と適用品目数◆

補整率	適用品目数
40％	1
30％	4
20％	11
10％	12
－5％	7
－10％	2

※08～13年度に薬価収載されたもの。

〈出所〉厚生労働省資料を一部改変

また、ポイント化が類似薬効比較方式は「足し算」なのに対し、原価計算方式は「掛け算」で行うことについて、中医協で議論した際には「なぜなんだ」と整合性を問う意見が相次いだ。

これに対して、研究班は「原価計算方式では臨床面、薬そのものの面、どちらが欠けても（掛け算なら補整率は）ゼロになる。両方満たしたときに革新性がある、と考えた」と、その狙いを表明したんだ。

原価計算方式のポイント化手法については、過去の事例が限定的だったことから、研究班が今後も研究を続けて、その精度を高めることになっているよ。

ポイント

◎原価計算方式は営業利益率補整でポイント化

◎ポイントは臨床面と薬そのものの「掛け算」

◎マイナス評価は手法なし、研究は道半ば

薬価の毎年改定

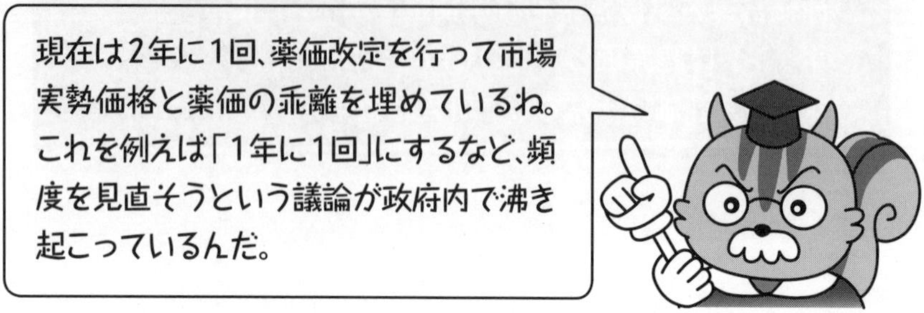
現在は2年に1回、薬価改定を行って市場実勢価格と薬価の乖離を埋めているね。これを例えば「1年に1回」にするなど、頻度を見直そうという議論が政府内で沸き起こっているんだ。

なるほど、何やら不穏な感じですね。ところで、そもそも「2年に1回」改定を行うのは、どういう根拠からなんですか？

7500億円の効率化余地 !?

■2年に１回の根拠

　薬価改定について過去を遡ってみると、89年（３％）と97年（５％）の消費税率引き上げに伴う改定を除くと、88年以降、薬価は２年に１回の改定で定着しているよ。

　それ以前は変則的で、現在２年に１回行っている「全面改正」（全面的な改定）のない年に「部分改正」（対象を一部に限定した改定）の名で、改定を挟みこんで毎年行う時代もあったんだ。けれど、87年に中医協が出した建議（意見書）によって、改定は２年に１回と「明記」された。建議にはこうあるよ。

「部分改正を廃止し、できる限り迅速な全面改正を実施する。なお、現状では市場での価格の安定に、ある程度の期間を要するので、市場実勢価格の形成を待って概ね２年に１回程度の全面改正になることはやむを得ない」

「やむを得ない」という文言だから、２年に１回を積極的に定めているわけではないが、この建議が２年に１回、慣例的に薬価改定を行う拠りどころになっているんだ。

■「毎年改定論」浮上

14年度薬価制度改革が行われて間もない14年４月、政府の「経済財政諮問会議」（議長＝安倍晋三首相）の「民間議員」計４人が連名で、毎年薬価調査と薬価改定を行うことを提言したんだ。

この会議は、政府の最重要会議の１つで、国の予算編成方針づくりや、経済・財政政策に関する調査・審議を担っているよ。いわば司令塔だ。財務相や経済財政担当相ら関係閣僚がズラリと並び、財界から２人、学界から２人の計４人を民間議員に任命している。

国の財政が逼迫する状況で、高騰を続ける医療費（約40兆円）の存在は懸案事項に上り続けている。なかでも今回は薬剤費（約10兆円）、直接的には薬価がターゲットになった格好だ。民間議員はこう提言したよ。

「薬価は２年に１度ではなく、毎年薬価調査を実施し、概算要求に合わせて、市場実勢価格を適切に反映することをルール化すべき」

関連するデータも示している。

「仮に04～10年で改定のない年に引き下げていれば、７年累積で国民負担額0.7～0.8兆円の効率化ができた可能性がある」

どういうことか。例えば、改定がない05年度なら「04年度改定と06年度改定を平均した」１年分にあたる2,929億円が縮減可能と見積もったんだ。同様に07年度は2,064億円、09年度は2,510億円が削減可能だったとして、計7,503億円の追加的な効率化余地があったと弾いたことになる。

◆毎年改定による効率化試算◆

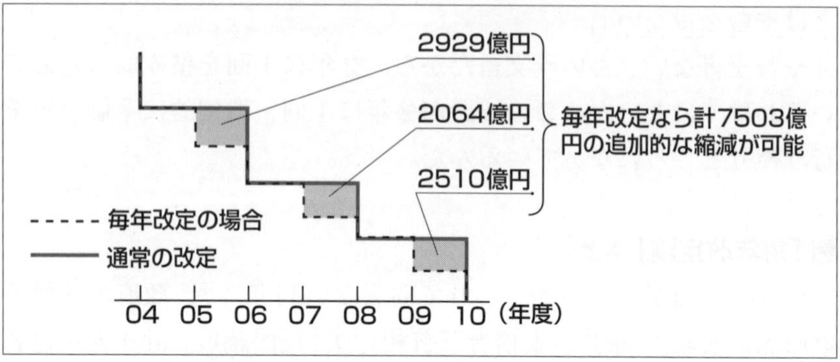
2929億円
2064億円
2510億円
毎年改定なら計7503億円の追加的な縮減が可能
毎年改定の場合
通常の改定
04 05 06 07 08 09 10 (年度)

この提言に対して、メーカー側は猛反発したんだ。政府は成長戦略のなかで、製薬産業を経済成長の牽引役に位置付けているにもかかわらず、薬価の毎年改定を行うことは「矛盾する」と訴えたよ。つまり薬価改定は、薬価引き下げと同義だから、その頻度を２年に１回から毎年に増やせば、各メーカーの収益を一様に押し下げることになる。製薬産業のイノベーションを阻害するため「到底容認できない」と態度を表明したんだ。

平たく言えば「アクセル（産業振興）とブレーキ（薬価改定）を同時に踏む気ですか」と疑問を投げ掛けたわけだね。

毎年改定に対し、厚生労働相は、薬価や診療報酬を直接所管する立場から「（毎年）市場実勢価格の把握をするのは、技術的に難しい。薬価調査を民間の医薬品卸に依頼している関係で、調査の実施そのものやその費用負担に理解を得られるか」などと、難色を示したんだ。業界側とタッグを組む自民党の厚労関係議員たちも「メーカーが新薬創出のための研究開発費を確保できなくなる」と激しく抵抗したよ。

紆余曲折を経て最終的に、14年６月の「経済財政運営と改革の基本方針」（通称・骨太方針）には、

「市場実勢価格を適切に反映できるよう、薬価調査・薬価改定の在

り方について、診療報酬本体への影響にも留意しつつ、その頻度を含めて検討する」

との文言が盛り込まれたんだ。毎年改定を意味する「年１回」という表現は入らなかったけれど、一方で「頻度を含めて検討」という言い回しは残った。以後、検討の舞台は中医協に移ることになったよ。16年度の診療報酬改定・薬価制度改革の検討のなかで、議論される見通しだった。ただ、安倍首相が11月、15年10月予定だった消費税率10％への再増税を17年４月に延期し、解散総選挙に踏み切った。このため、毎年改定に関する議論も先送りされたよ。

■過去にあった「大論争」

この毎年改定をめぐっては、かつて大論争があったんだ。当時は「厚労省発」の提案だった。「市場実勢価格が下がっているのに２年間も放置しておくのは、患者・納税者の立場から許されないのではないか」と問題意識を示して、改定の頻度を増やす「頻回改定」の名で05年から09年まで、断続的に議論が行われていたよ。

このときもメーカー側は、改定頻度を増やすと「医薬品の継続的な供給やドラッグ・ラグ（海外で承認された薬が日本で承認され、使用できるまでの時間差）解消に支障が出る」と強く反対した。医薬品卸業界も「業界の事務負担が数十億円に上る。これが毎年積み上がれば大変だ」と説明して、ただでさえ利幅の薄い医薬品卸売業の経営を圧迫する頻回改定に「ノー」を突き付けたんだ。

背景には、薬価改定の前提となる薬価調査の信頼度に関する問題も横たわる。日本の医薬品流通に特有の商慣習に**「未妥結・仮納入」**というものがある。これは、医療機関・薬局と医薬品卸業者との取引で「納入価格が決まらなくても、とりあえず医薬品を納入する」形態を指すよ。後から交渉して価格を決めていることになる。

価格が決まらない状態では、薬価調査結果にもデータが反映されない。当時、そうした〝悪しき〟商慣習を改める「流通改善」の取り組みが道半ばだったことから、医薬品卸業界は「流通改善が道半ばで、改定頻度を上げれば、薬価調査の信頼性を損なう」と訴えたんだ。

中医協での議論は06年度、08年度、10年度改定時と3回の改定にまたがって続いたけれど、09年5月、流通改善の一定の進展を見守りながら「議論を継続する」方向だけが示されたまま、立ち消えになったんだ。

14年度に入って、今度は厚労省ではなく、政府中枢の司令塔（経済財政諮問会議）から毎年改定の議論が喚起されたわけだから、製薬業界は戦々恐々としたんだ。

ポイント

◎「2年に1回」根拠は中医協建議
◎司令塔「諮問会議」発の毎年改定論
◎改定「頻度を含めて」中医協で検討へ

未妥結減算って何だ？

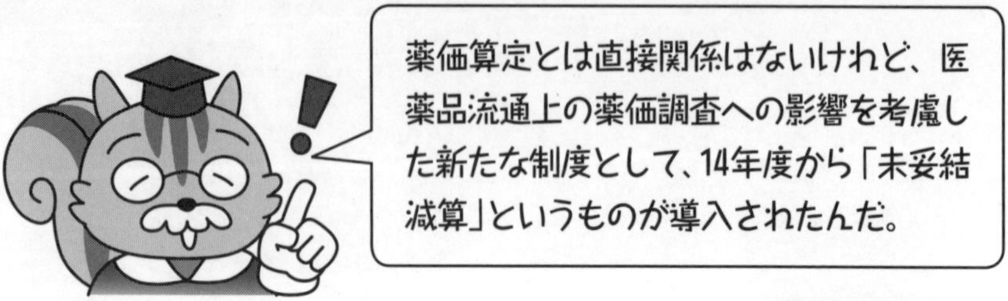
薬価算定とは直接関係はないけれど、医薬品流通上の薬価調査への影響を考慮した新たな制度として、14年度から「未妥結減算」というものが導入されたんだ。

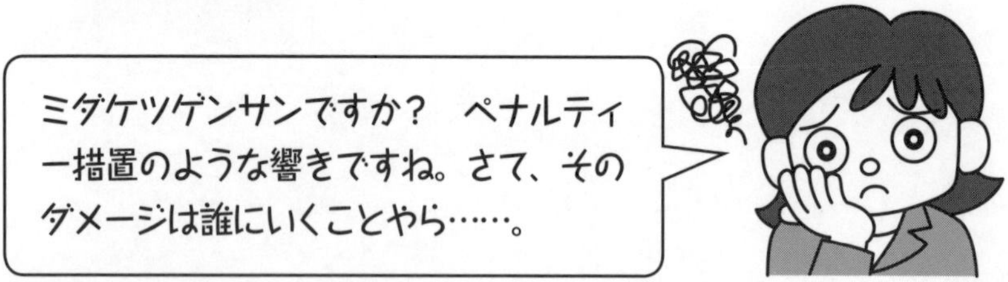
ミダケツゲンサンですか？　ペナルティー措置のような響きですね。さて、そのダメージは誰にいくことやら……。

基本診療料を25％カット

■未妥結減算の概要

14年度に導入された**「未妥結減算」**は、薬価算定上のルールではなく、診療報酬・調剤報酬上の特例的なルールになるよ。医療機関や薬局と、医薬品卸の間で行う価格交渉に着目している。

端的に言えば、妥結しないで粘って安い納入価格を引き出そうとする「ゴネ得狙いは許さない」ということだ。それを踏まえて実際の仕組みをみていこう。

未妥結減算の基本的なルールは次の通りだよ。

「毎年９月末日までに医薬品取引の妥結率が50％以下の病院（200床以上）と薬局に対して、診療報酬・調剤報酬の基本料を25％引き下げる」

この「ペナルティー措置」は、対象となる病院や薬局にはかなりの経営的インパクトを与えるよ。サラリーマンに例えなら、ある基準を満たせなければ「君の基本給を25％カットするよ」と言っているようなものだからね。

○診療報酬（許可病床が200床以上の病院）
初診料282点→（妥結率50％以下の場合）→209点
外来診療料73点→（妥結率50％以下の場合）→54点
再診料72点→（妥結率50％以下の場合）→53点

○調剤報酬（すべての薬局）
調剤基本料41点→（妥結率50％以下の場合）→31点
調剤基本料の特例25点→（妥結率50％以下の場合）→19点

※病院や薬局は10月末までに４月１日～９月30日の妥結率を地方厚生局に報告。妥結率が50％以下の場合は、11月１日～翌年10月31日まで、上記のように基本料が25％カットされる（導入初年度の14年度は15年１月１日から減算を適用）。

■未妥結減算導入の背景

なぜ、こんなルールが導入されたのか。

長年、改善が求められながら、なかなか「未妥結・仮納入」という商慣習が改められていかない。未妥結・仮納入の解消を含む流通改善の取り組みは「道半ば」と言われて久しいんだ。

とくに大規模な病院や大手の調剤チェーンは、取り扱う医薬品の量が多いから、強いバイイングパワー（購買力）を持っているね。

それを活かして、交渉過程で医薬品卸が提示する納入価格が「底値」になるまで妥結をせず、その間は未妥結ながら、生命関連商品ということで医薬品の納入は絶えず行われる。交渉を引き延ばすほど市場実勢価格が下がるため、それによって薬価と納入価格の差額である薬価差益を増やせるという期待感が、そうした病院や薬局にはあるんだね。

一般的には６ヵ月以上、妥結していない状態を「長期未妥結」と呼んで、厚生労働省は問題視している。

厚労省の調査では、13年9月時点で全国的にどれくらい妥結しているかを示す妥結率は73.5％（金額ベース）で、2年前の11年9月の78.1％から4.6ポイント低下していた。

未妥結だと薬価調査にその分がデータとして上がってこないため、薬価と市場実勢価格の乖離が反映されない。具体的には、市場実勢価格を把握するための薬価調査から、3割近く（26.5％）のデータが漏れ、しかも、それら未妥結の医療機関、薬局のほうが「安く買いたたいている可能性が高い」ため、薬価調査では、実態よりも高い価格で結果が出てしまうんだ。

長期未妥結は「薬価調査の障害になる」というのが、未妥結減算が導入された理由になるよ。

【未妥結減算と薬価調査非協力減算】

ポイント

◎未妥結減算は診療報酬・調剤報酬上のペナルティー

◎半年で妥結率50％以下なら基本料25％減

◎薬価調査データの信頼確保が理由

参照価格制度って何だ？

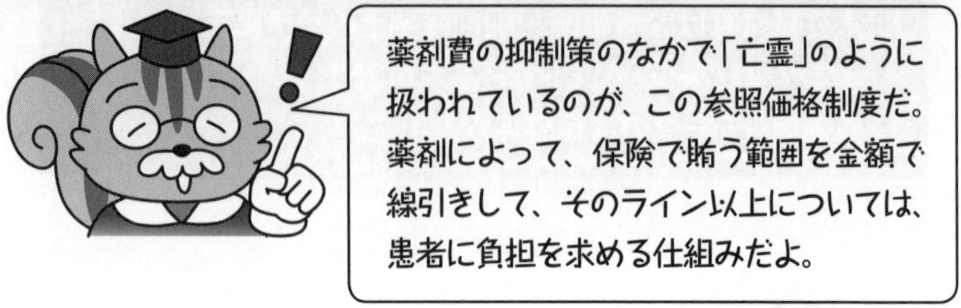
薬剤費の抑制策のなかで「亡霊」のように扱われているのが、この参照価格制度だ。薬剤によって、保険で賄う範囲を金額で線引きして、そのライン以上については、患者に負担を求める仕組みだよ。

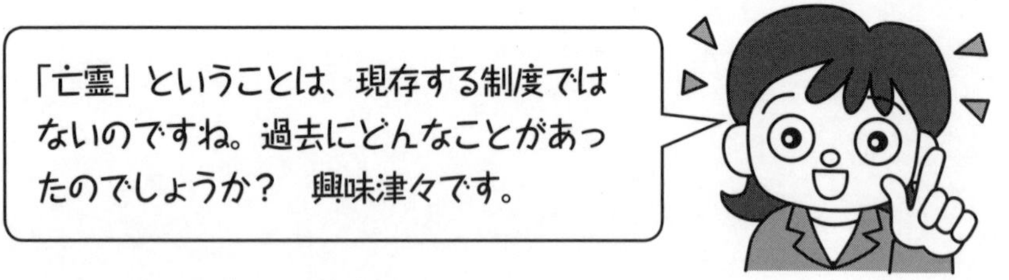
「亡霊」ということは、現存する制度ではないのですね。過去にどんなことがあったのでしょうか？　興味津々です。

ドイツやフランスに先例

■いまだ残る「参照価格導入」論

薬価制度改革を終えて間もない14年５月、財務相の諮問機関である「財政制度等審議会」が建議（意見書）に次のような内容を盛り込んでいる。

「我が国の後発品シェアが主要先進国と比較して最低の水準であることを踏まえ、特許の切れた医薬品の保険償還額を後発品に基づいて設定し、それを上回る部分は患者負担とする制度の導入を図るべきである」

これは欧州で既に導入されている**「参照価格制度」**を日本でも取り入れるべき、と言っていることになるよ。財務当局は長年、参照価格制度の必要性を訴え続けているんだ。どんな制度かみていこう。

大雑把に言うと、参照価格制度は対象の薬剤について「保険で面倒みるのはここまでですよ！」と、金額で線を引いてしまう制度だ。

まず、医薬品を薬効・薬理作用といった一定のルールに基づいてグループ分けする。そのグループの取引価格の「加重平均」など、一定の価格を公的医療保険財源からの償還基準額と決めてしまうんだ。ドイツやフランスなどで導入されているんだ。

次の図を使って具体的に説明しよう。

◆薬価基準制度と参照価格制度◆

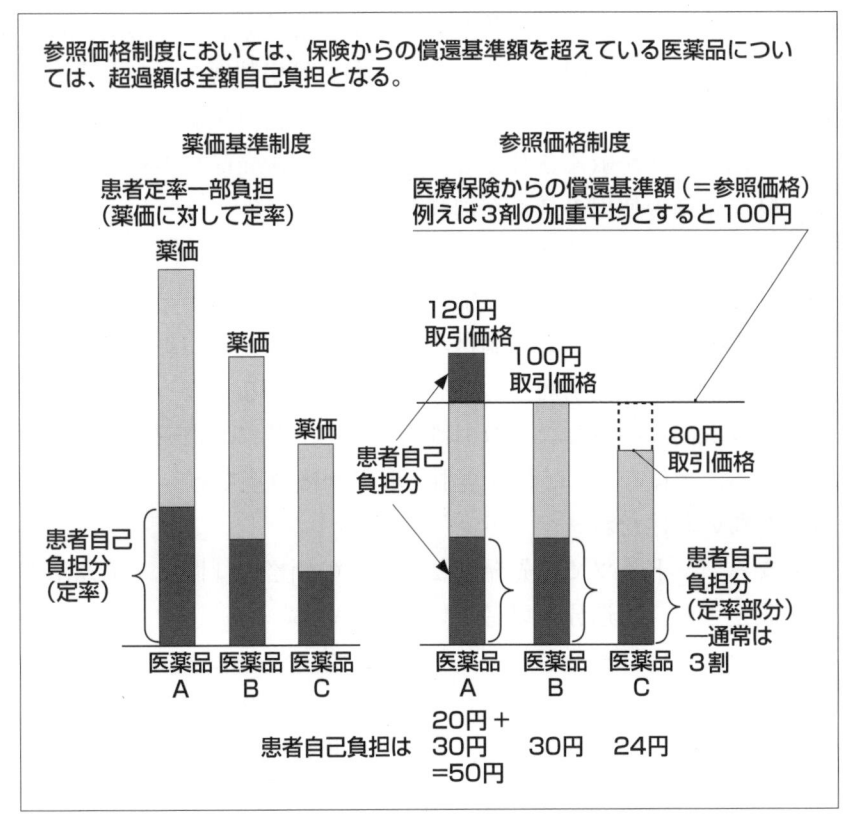

参照価格制度においては、保険からの償還基準額を超えている医薬品については、超過額は全額自己負担となる。

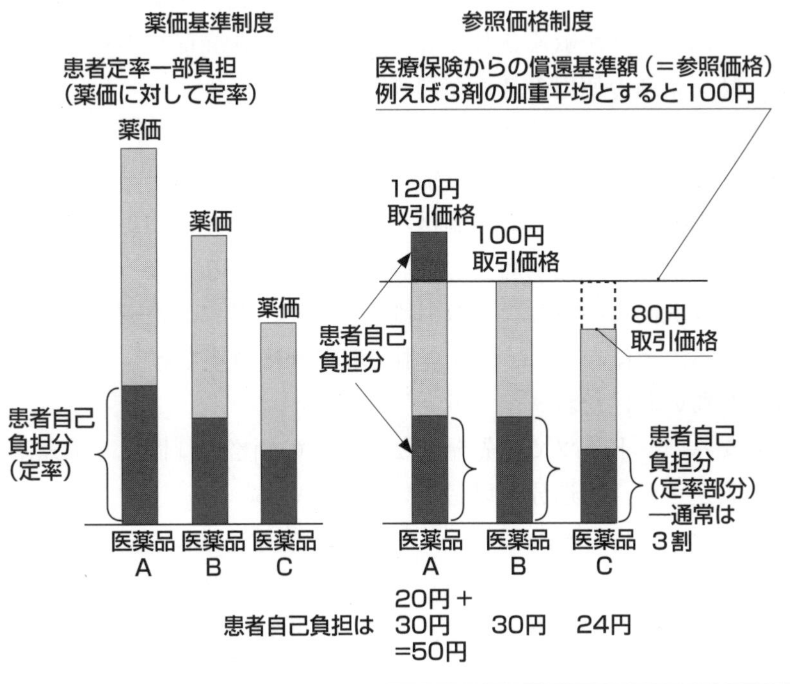
薬価基準制度
参照価格制度
患者定率一部負担
（薬価に対して定率）
薬価
薬価
薬価
患者自己
負担分
（定率）
医薬品
A
医薬品
B
医薬品
C
医療保険からの償還基準額（＝参照価格）
例えば3剤の加重平均とすると100円
120円
取引価格
100円
取引価格
80円
取引価格
患者自己
負担分
患者自己
負担分
（定率部分）
一通常は
3割
医薬品
A
医薬品
B
医薬品
C
患者自己負担は
20円＋
30円
=50円
30円
24円

医療保険からの償還基準額＝参照価格を100円とする。

●医薬品Aは、取引価格が120円だから、100円を上回る部分（20円）が追加の患者自己負担額になる。通常の3割で、100円の3割にあたる30円と追加の20円を合わせた50円が患者負担となる。

●医薬品Bは、取引価格が100円だから、償還基準額100円と一緒だ。この場合は、通常の3割（30円）が患者負担になる。

●医薬品Cは、取引価格が80円で償還基準額100円より低い。この場合は、取引価格自体がそのまま保険償還価格になるから、80円の3割で患者負担は24円になる。

ここで狙っているのは、「薬剤費の削減」と「薬価差の解消」の2つだよ。まず薬剤費削減については、参照価格制度を入れた場合、

①もし価格の高い医薬品を選ぶと患者の自己負担が増えてしまう

②自己負担増が敬遠されると、先発品から後発品への移行や、無駄な薬剤の使用の是正が図れる

③その結果、国の薬剤費が減少する

という好循環のシナリオを描いていることになる。

次に薬価差解消だ。参照価格が導入されれば、その対象範囲のなかでは、現在の「銘柄別」の薬価という概念がなくなって、医薬品卸が医療機関に納入した「取引価格」をベースに、償還基準額が設定されることになる。だから薬価と取引価格の差である「薬価差益」は生じないわけだね。

ちなみに、ドイツでは先発品と後発品の価格の「間」で償還基準額が設定され、超過分を患者が負担している。

フランスでは、「後発品の平均価格」で償還基準額が設定され、それを上回る部分を患者が負担しているんだ。後発品であっても償還基準額を超えたものを選べば、患者の負担は増えることになるね。

■過去に大議論の末「断念」

参照価格制度の導入を巡っては、日本でも議論が沸き起こり、「導入寸前」までいった経緯があるんだ。

97年、厚生省（当時）と与党医療保険制度改革協議会がドイツの

制度を手本にして制度化を打ち出したよ。先発品、後発品を問わず、「同一成分ごと」に、薬剤の償還基準額を定める仕組みで、当時は「給付基準額制度」という呼ばれ方もしていた。

ところが、参照価格制度の導入案に対して、日本医師会は、患者負担が増加することや、患者の医薬品へのアクセスを阻害することなどを理由に猛反発した。製薬業界も償還基準額の設定によって、高薬価の医薬品が償還基準額に収束される結果、「売り上げ減・利益減につながり研究開発を阻害するおそれがある」「新薬開発意欲を削ぐ」などと、強く抵抗したよ。

結局、この制度は日の目をみることなく論議は終結したんだ。

以来十数年が経過しているが、その間、薬剤費の適正化が叫ばれる度に参照価格の導入論は浮かんでは消え、消えては浮かびというプロセスを繰り返している。

12年8月の中医協でも議論が行われ、専門家がドイツとフランスの制度を中心に論文などを考察した結果が示された。薬剤費への影響は「短期的には医薬品支出総額が減少したとの報告がある一方、長期的には変わらないかもしくは増加するとの報告が多い」と紹介したんだ。

これを受けて診療側の医師代表が「参照価格制度を入れるのは乱暴。中医協として明確に否定すべき。患者負担が増え、医療機関が適切な薬剤の使用を控えて、きちんと治療ができなくなる」と訴えて、議論を〝門前払い〟したんだ。

でも冒頭で財政審の建議を紹介したように、財政当局の参照価格制度に対するこだわりは相当なものなんだ。薬剤費の適正化が叫ばれる限り、この議論を「葬り去る」のは難しいかもしれないね。

ポイント

◎参照価格は、一定額以上は「保険で賄わない」制度
◎ドイツやフランスなどで採用実績
◎日本でも一度は断念も財政当局は固執

費用対効果の観点の導入

費用対効果というのは、平たく言えば「コスパ」のことだ。と言っても、もちろん、若者に流行の「コスプレパーティー」の話ではない。医薬品の「コストパフォーマンス」を指しているよ。

前者でなく、後者のコスパが悪い薬は、どうなってしまうんですか？　まさか、薬価の大幅引き下げが待っているとか……。

イギリスの「NICE」が代表例

■16年度に試行的導入を視野

政府が進める医療費抑制の動きのなかで、２割強を占める薬剤費も重要なターゲットになっていることは、これまでに何度か説明してきたね。

医薬品の保険償還価格である薬価を決める際、これまでに重視してきたのが、有効性と安全性だ。現在、それに第３の評価軸として「費用対効果」（コストパフォーマンス）の観点を導入することが検討されている。12年９月から、中医協に「費用対効果評価専門部会」が設けられて、活発な議論が行われているよ。

背景には、日本では薬事法上の承認を受けた医薬品は、原則としてすべて薬価収載されることがある。そしてその費用は公的医療保険で賄われているね。けれど、急速な少子高齢化などで今後も医療費が膨張することを見通すと、より費用対効果の高い医薬品に財源

◆イギリスと日本の償還制度の違い◆
（医療用医薬品の場合）

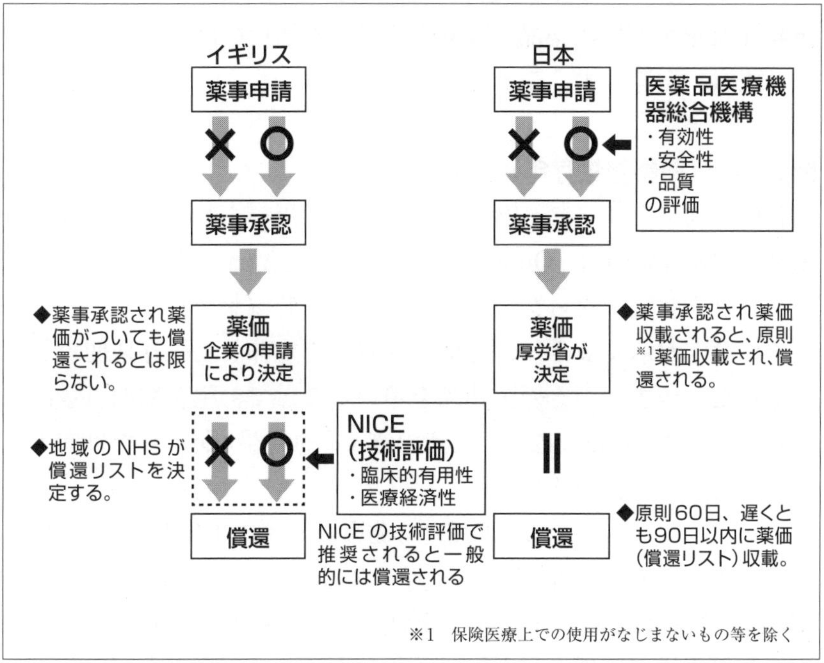
イギリス
薬事申請
×
○
薬事承認
◆薬事承認され薬価がついても償還されるとは限らない。
薬価
企業の申請により決定
◆地域のNHSが償還リストを決定する。
×
○
NICE
（技術評価）
・臨床的有用性
・医療経済性
償還
NICEの技術評価で推奨されると一般的には償還される
日本
薬事申請
医薬品医療機器総合機構
・有効性
・安全性
・品質
の評価
×
○
薬事承認
薬価
厚労省が決定
◆薬事承認され薬価収載されると、原則※1薬価収載され、償還される。
＝
償還
◆原則60日、遅くとも90日以内に薬価（償還リスト）収載。
※1　保険医療上での使用がなじまないもの等を除く

〈出所〉中医協資料を一部改変

を投入すべきという議論が中医協で展開されたんだ。

医療技術の発達が目覚ましいことは歓迎されるべきことだけれど、高度な技術には、高額な費用が掛かることが多いね。例えば、がんや関節リウマチといった分野では高額な新薬が続々と登場している。アメリカでは、C型肝炎治療薬で「1日10万円」というものまで出ている。パイが限られている医療保険財政からみれば、これらは強烈な圧迫要因になりうる。

欧州では10年ほど前から、こうした高度な医療技術について、生存期間の延長という「量」だけでなく、生活の「質」を見極めてその価値を費用との見合いで評価する「医療技術評価」（HTA）が進んでいる。イギリスの「国立医療技術評価機構」（NICE）のように

ＨＴＡを専門で行う公的機関まで設置されているんだ。

こうした動きに追随するように、日本でも議論が始まり、政府は16年４月をメドに医薬品・医療機器の保険適用の評価で「費用対効果の観点」を導入することをめざしている。

■QALY（質調整生存年）とは

費用対効果を巡って、欧州の導入国で、用いられている代表的な効果指標が**「QALY** (Quality Adjusted Life Years)**」**という考え方だよ。日本語読みならクオリー、意味は「質調整生存年」となる。

その漢字が示すように、生活の「質」を加味した生存期間で評価するんだ。つまり、その医薬品を用いることで、生存期間（量的利益）を延長するだけでなく、生活の質（質的利益）がどれだけ向上したかも物差しに含める。

例えば、イギリスでは１QALY（健康な寿命を１年間延ばす効果）を得るのに、費用が年間に「２万〜３万ポンド」までは許容して、NICEがその薬を推奨するが、それ以上であれば推奨せず、事実上その薬が現場で使用されない、といったことが起きたんだ。

もっとも、日本で費用対効果の観点を導入する場合、その評価指標はQALYだけでなく、生存年（LY）、臨床検査値、治癒率、重症度、発生率など、その医薬品や医療機器によって、さまざまな指標から複数のものを用いて評価を行う見通しになっているよ。

■製薬業界は導入に反対

費用対効果の観点の導入について、製薬業界は強く反対してきたよ。こんな事情からだ。

メーカーが自ら価格を決められる「自由薬価」のイギリスとは異なり、日本では国が薬価を定める。その過程で、例えば類似薬効比較方式であれば、最類似薬を算定の比較薬として薬価を合わせる。

もし優れていれば、有用性加算などの各種加算が付く。つまり「ある意味での医療技術評価は既に日本の制度に入っている」というわけだ。

さらに、後発品の使用促進策、２年に１回の薬価引き下げなどで「すでに新薬は価格面で十分な圧力を受けている。これ以上、必要なのか」と業界は反発してきたんだ。

ただ、製薬業界には不本意な話になるが、16年度から費用対効果の観点を制度に試行導入する政府方針は、既に決定してしまっている。

具体的には、既に載された**「医薬品５品目」、「医療機器３品目」**について、ケーススタディを行って評価分析を試みることになった。ルールづくりの課題を抽出するのが目的だ。対象企業には、関連データや分析結果の提出が求められているよ。

ケーススタディの対象品目に関しては、市場に直接影響を与えないよう品目名や疾患領域を非公開とすることになっている。「評価結果を薬価算定や薬価収載の可否に用いない」ことも前提にメーカーは、データ提出に協力する姿勢を示している。

それでもメーカー側は「もし評価した結果が悪かったら、〝後付けで〟薬価の引き上げ材料に使われるのではないか」と戦々恐々だ。

16年度の試行導入に向けては、QALYなど複数の効果指標の組み合わせ方以外に、「実際に評価を担う組織・体制をどうするか」など、解決すべき課題は多い。

また費用対効果の観点から評価したものを「保険収載の可否の判断に用いるのか」、それとも薬価など「償還価格に反映させるのか」も重要な論点だ。諸外国ではまちまちの状況なんだ。

イギリスや韓国では、新薬の保険償還までの期間が長期化する事態を招く弊害も出ていて、各国で試行錯誤が続いているよ。

ポイント

◎費用対効果による評価を16年度に試行導入
◎効果指標はQALYなど複数で「日本流」模索
◎医薬品5品目などで事例分析も課題は山積

薬価こぼれ話⑥

収載見送りで漂流する肥満症薬「オブリーン」

製薬業界にとって、これは〝事件〟と言えるかもしれない。

13年11月の中医協総会で、武田薬品工業の肥満症治療薬「オブリーン」（一般名＝セチリスタット）が、異例の薬価収載「見送り」措置を受けたんだ。

心血管イベントのリスク低減が臨床試験で示されずに、体重が約２％減少したデータのみで収載することに異論が相次いだ。新薬の効果自体に疑問が出て、収載保留というのは初めてのケース。診療側委員からは「ＢＭＩ（ボディーマス指数）値など肥満の程度で体重の減り方や中性脂肪の値がどうなるのか」と、追加データを求める意見が出たよ。

支払側からも「（体重減少率）２％というのは、50キロ（の人が）１キロ減るだけ。薬を飲んでそれだけというのは納得いかない」「１日駆ければそれくらい減らせる」と、実生活に照らした慎重論が複数飛び出した。

オブリーンは、脂肪を分解する酵素「リパーゼ」の働きを阻害して脂肪の吸収を抑え、体重を減少させる。欧米では承認済みで、日本でも、漢方を除く肥満症治療薬では「20数年ぶりの新薬」と、注目を集めた。通常、薬事承認を受けた新薬は「60～90日」で収載されるルールになっているけれど、オブリーンは１年以上「宙ぶらりん」の状態が続いたんだ。

中医協に示されたオブリーンの薬価案は、120㎎１錠（１日３回投与）47.10円、ピーク時の売り上げ予測は発売から10年後に140億円というもの。類似薬の存在しない「原価計算方式」での算定で、最低の補整率「営業利益率－50％」（業界平均の18.3％→9.15％）を適用していた。過去には、－５％と－10％の適用しか例がないにもかかわらず、ルール上の裁量を目一杯発揮して引き下げる案だった。

それすら退けられたうえ、公益側からは「効果が乏しいのに、なお９％以上の営業利益率を出すのか。他の業界より高い」と辛らつな発言も出ていたんだ。

14年度薬価制度改革では、イノベーションを評価する観点から、営業利益率補整の上限を＋50％から「＋100％」に引き上げたね。16年度改革に向けては、引き下げの下限も、上限と揃えるかたちで、－50％から「－100％にして整合性をとってはどうか」という意見がひょっとしたら、浮上するかもしれないね。

参考文献

井高恭彦『新薬創出加算と医薬品業界』医薬経済社、2010年

医薬経済社編集部『薬価基準』医薬経済社、2007年

大阪医薬品協会『医療保険制度の概要と薬価基準』、2012年。

近藤正観『1秒でわかる！ 医薬品業界ハンドブック』東洋経済新報社、2013年。

後藤秀樹『一番やさしい年金の本』ダイヤモンド社、2009年。

じほう『薬事ハンドブック』、2014年。

薬業研究会『保険薬事典Plus』じほう、2012年。

薬事衛生研究会『薬価基準のしくみと解説』薬事日報社、2012年。

日本製薬工業協会国際委員会『日本の薬事行政』、2013年。

日本製薬団体連合会保険薬価研究会『続・薬価基準総覧』、1988年。

日本製薬団体連合会保険薬価研究委員会『平成26年度総会資料』、2014年。

資料編

算定例1

●画期性加算

ファンガード点滴用50㎎は、

①類似薬効比較方式（Ⅰ）で算定され、

②補正加算として画期性加算（加算率30％）※が付いた。

③比較薬のジフルカン静注液0.2％の1日薬価（5,860円）×1.3＝7,816円が算定薬価となった。

※02年当時「1日薬価が低い新薬には高めの補正加算」「1日薬価が高い新薬には低めの補正加算」（標準額は内用薬・外用薬500円、注射薬4,000円）とする傾斜配分ルール（加算率0.5～1.5倍）があった（08年度に廃止）ため、ファンガードの加算率は評価通りの60％ではなく、30％（0.5倍）が適用された。

新医薬品の薬価算定について

<table>
<tr><td colspan="2">整理番号</td><td colspan="4">02－12－注－3</td></tr>
<tr><td colspan="2">薬効分類</td><td colspan="4">617主としてカビに作用するもの（注射薬）（キャンディン系真菌症用剤）</td></tr>
<tr><td colspan="2">成分名</td><td colspan="4">ミカファンギンナトリウム</td></tr>
<tr><td colspan="2">新薬収載希望者</td><td colspan="4">藤沢薬品工業㈱</td></tr>
<tr><td colspan="2">販売名
（規格単位）</td><td colspan="4">ファンガード点滴用50㎎（50㎎1瓶）
ファンガード点滴用75㎎（75㎎1瓶）</td></tr>
<tr><td colspan="2">効能・効果</td><td colspan="4">アスペルギルス属及びカンジダ属による下記感染症
真菌血症、呼吸器真菌症、劃ヒ管真菌症</td></tr>
<tr><td rowspan="4">算定</td><td>算定方式</td><td colspan="4">類似薬効比較方式（Ⅰ）……①</td></tr>
<tr><td rowspan="2">比較薬</td><td colspan="4">成分名：フルコナゾール　　会社名：ファイザー製薬（株）</td></tr>
<tr><td colspan="2">販売名（規格単位）
ジフルカン静注液0.2％（0.2％ 50㎖1瓶）</td><td colspan="2">薬価（1日薬価）
5,860円（5,860円）</td></tr>
<tr><td>補正加算</td><td colspan="4">画期性加算……②　③</td></tr>
<tr><td colspan="2">算定薬価
（1日薬価）</td><td colspan="4">50㎎1瓶7,618円（7,618円） ◀……
75㎎1瓶11,104円</td></tr>
<tr><td colspan="3">外国価格</td><td colspan="3">新薬収載希望者による市場規模予測</td></tr>
<tr><td colspan="3" rowspan="2">なし</td><td>予測年度</td><td>予測本剤投与患者数</td><td>予測販売金額</td></tr>
<tr><td>初年度
（ピーク時）
5年度</td><td>1万人

8万人</td><td>9億円

116億円</td></tr>
<tr><td colspan="2">製造（輸入）承認日</td><td>平成14年10月8日</td><td colspan="2">薬価基準収載予定日</td><td>平成14年12月6日</td></tr>
</table>

<table>
<tr><th colspan="4">薬価算定組織における検討結果のまとめ</th></tr>
<tr><td colspan="2">算定方式　類似薬効比較方式(Ⅰ)</td><td>第一回算定組織</td><td>平成14年11月6日</td></tr>
<tr><td rowspan="5">最類似薬選定の妥当性</td><td>新薬：最類似薬</td><td>ミカファンギンナトリウム</td><td>フルコナゾール</td></tr>
<tr><td>イ.効能・効果</td><td>アスペルギルス属及びカンジダ属による下記感染症
真菌血症、呼吸器真菌症、
消化管真菌症</td><td>カンジダ属、クリプトコッカス属及びアスペルギルス属による下記感染症、
真菌血症、呼吸器真菌症、
消化管真菌症、尿路真菌症、
真菌髄膜炎</td></tr>
<tr><td>ロ.薬理作用</td><td>細胞壁合成阻害作用</td><td>細胞膜合成阻害作用</td></tr>
<tr><td>ハ.組成及び
化学構造</td><td>キャンディン系</td><td>トリアゾール系</td></tr>
<tr><td>ニ.投与形態
剤形
用法</td><td>注射
注射薬
1日1回、点滴静注</td><td>左に同じ
左に同じ
1日1回、静注</td></tr>
<tr><td rowspan="4">補正加算</td><td>画期性加算</td><td colspan="2">該当する</td></tr>
<tr><td>有用性加算(Ⅱ)</td><td colspan="2">該当しない</td></tr>
<tr><td>市場性加算(Ⅰ)</td><td colspan="2">該当しない</td></tr>
<tr><td>市場性加算(Ⅱ)</td><td colspan="2">該当しない</td></tr>
<tr><td colspan="2">当初算定案に対する新薬収載希望者の不服意見の要点</td><td colspan="2"></td></tr>
<tr><td colspan="2" rowspan="2">上記不服意見に対する見解</td><td>第二回算定組織</td><td>平成　年　月　日</td></tr>
<tr><td></td><td></td></tr>
</table>

算定例2

●同一成分で別効能の新薬の特例

トレリーフ錠25㎎は、

①類似薬効比較方式（Ⅰ）で算定され、

②補正加算として有用性加算（Ⅱ）（加算率５％）が付いた。

③比較薬のエフピー錠2.5の１日薬価（1033.20円）×1.05＝1084.90円が算定薬価となった。※

※ただし、トレリーフと同一成分（ゾニサミド）の抗てんかん剤「エクセグラン」が20年前から発売され、こちらの薬価は100㎎錠が38.5円となっていた。一方のトレリーフ錠25㎎の算定薬価は1084.90円で、同じ含有量で比べた薬価の比は「100倍超」になった。この事例が問題視され、その後ルール変更が行われた。

新医薬品の薬価算定について

整理番号		09－03－内－1
薬効分類		116　抗パーキンソン剤（内用薬）
成分名		ゾニサミド
新薬収載希望者		大日本住友製薬㈱
販売名（規格単位）		トレリーフ錠25㎎（25㎎1錠）
効能・効果		パーキンソン病（レボドパ含有製剤に他の抗パーキンソン病薬を使用しても十分に効果が得られなかった場合）
算定	算定方式	**類似薬効比較方式（Ⅰ）**……①
	比較薬	成分名：塩酸セレギリン 会社名：エフピー㈱
		販売名（規格単位）　薬価（1日薬価） エフピー錠2.5（2.5㎎1錠）344.40円（1,033.20円） エフピーOD錠2.5（2.5㎎1錠）344.40円（1,033.20円）
	補正加算	有効性加算（Ⅱ）（A＝5（%））……② **（加算前）**　**（加算後）** 25㎎1錠　**1,033.20円**　→　**1,084.90円** ③
	外国調整	なし
算定薬価		25㎎1錠　1,084.90円（1日薬価1,084.90円）

外国価格	新薬収載希望者による市場規模予測
なし	予測年度　予測本剤投与患者数　予測販売金額 初年度　2.8千人　11.0億円 （ピーク時）9年度　16,8千人　54.0億円

製造販売承認日	平成21年1月21日	薬価基準収載予定日	平成21年3月13日

薬価算定組織における検討結果のまとめ

算定方式	類似薬効比較方式(Ⅰ)	第一回算定組織	平成21年2月9日
最類似薬選定の妥当性		新薬	最類似薬
	成分名	ゾニサミド	塩酸セレギリン
	イ.効能・効果	パーキンソン病(レボドパ含有製剤に他の抗パーキンソン病薬を使用しても十分に効果が得られなかった場合)	次の疾患に対するレボドパ含有製剤との併用療法　パーキンソン病(過去のレボドパ含有製剤治療において、十分な効果が得られていないもの:Yahr重症度ステージエ～Ⅳ)
	ロ.薬理作用	B型モノアミン酸化酵素阻害作用、ドパミン増加作用	B型モノアミン酸化酵素阻害作用
	ハ.組成及び化学構造	(略)	(略)
	ニ.投与形態 剤形 用法	内用 錠剤 1日1回	左に同じ 左に同じ 1日2回
補正加算	画期性加算(70～120%)	該当しない	
	有用性加算(Ⅰ)(35～60%)	該当しない	
	有用性加算(Ⅱ)(5～35%)	該当する(A＝5(%))	
	(加算の理由)	レボドパ含有製剤に加え他の抗パーキンソン病薬を用いた既存治療においても効果が十分ではなかった患者において運動機能の改善が示されており、治療方法の改善が認められる。しかし、パーキンソン病の症状が時間帯によって発生すること(wearing-off現象)を抑制するデータが得られていないことを考慮し、限定的な評価とした。	
	市場性加算(Ⅰ)(10～20%)	該当しない	
	市場性加算(Ⅱ)(5%)	該当しない	
	小児加算(5～20%)	該当しない	
当初算定案に対する新薬収載希望者の不服意見の要点			
上記不服意見に対する見解		第二回算定組織	平成　年　月　日

算定例3

●有用性加算（Ⅰ）、市場性加算（Ⅰ）、外国平均価格調整による引き上げ

アイセントレス錠400㎎は、

①類似薬効比較方式（Ⅰ）で算定され、

②補正加算として有用性加算（Ⅰ）（加算率40％）と市場性加算（Ⅰ）（加算率10％）が付いた。

③比較薬のプリジスタ錠300㎎の１日薬価（1720.80円）に合わせると、アイセントレスは１日２錠なので半分の860.40円となり、これに補正加算40％＋10％＝50％が付くため、860.40円×1.5＝1290.60円と導かれる。

④さらにこれは、外国平均価格2160.30円の75％を下回るため、外国平均価格調整の引き上げが適用される。

｛１／３×（算定値／外国平均価格）＋１／２｝×外国平均価格に当てはめ、

｛１／３×（1290.60／2160.30）＋１／２｝×2160.30＝1510.40円となる。

新医薬品の薬価算定について

<table>
<tr><td colspan="2">整理番号</td><td>08－06－内－8</td><td></td><td colspan="2"></td></tr>
<tr><td colspan="2">薬効分類</td><td colspan="4">625抗ウイルス剤（内用薬）</td></tr>
<tr><td colspan="2">成分名</td><td colspan="4">ラルテグラビルカリウム</td></tr>
<tr><td colspan="2">新薬収載希望者</td><td colspan="4">萬有製薬㈱</td></tr>
<tr><td colspan="2">販売名（規格単位）</td><td colspan="4">アイセントレス錠400㎎（400㎎1錠）</td></tr>
<tr><td colspan="2">効能・効果</td><td colspan="4">HIV感染症</td></tr>
<tr><td rowspan="6">算定</td><td>算定方式</td><td colspan="4">類似薬効比較方式（Ⅰ）……①</td></tr>
<tr><td rowspan="2">比較薬</td><td colspan="4">成分名：ダルナビルエタノール付加物
会社名：ヤンセンファーマ㈱</td></tr>
<tr><td colspan="2">販売名（規格単位）
プリジスタ錠300㎎
（300㎎1錠）</td><td colspan="2">薬価（1日薬価）
430.20円
（1,720.80円）</td></tr>
<tr><td>補正加算</td><td colspan="4" rowspan="2">有用性加算（1）（A=40（%））、　市場性加算（1）（A=10（%））
（加算前）　（加算後）
400㎎1錠　860.40円　→　1,290.60円　②③</td></tr>
<tr><td></td></tr>
<tr><td>外国調整</td><td colspan="4">（調整前）　（調整後）
400㎎1錠　1,290.60円　→　1,510.40円　④</td></tr>
<tr><td colspan="2">算定薬価</td><td colspan="4">400㎎1錠1,510.40円（1日薬価3,020.80円）</td></tr>
<tr><td colspan="3">外国価格</td><td colspan="3">新薬収載希望者による市場規模予測</td></tr>
<tr><td colspan="3" rowspan="2">400㎎1錠
米国　16,200ドル　1,850.00円
英国　10.788ポンド　2,470,50円
外国平均価格　2,160,30円
（注）為替レートは平成19年4月～平成20年3月の平均</td><td>予測年度</td><td>予測本剤投与患者数</td><td>予測販売金額</td></tr>
<tr><td>初年度
（ピーク時）
10年度</td><td>0.1千人

3.6千人</td><td>1.3億円

40.0億円</td></tr>
<tr><td colspan="2">製造販売承認日</td><td>平成20年6月24日</td><td colspan="2">薬価基準収載予定日</td><td>平成20年6月27日</td></tr>
</table>

薬価算定組織における検討結果のまとめ

算定方式	類似薬効比較方式(Ⅰ)	第一回算定組織	平成21年2月9日
最類似薬選定の妥当性		新薬	最類似薬
	成分名	ラルテグラビルカリウム	ダルナビルエタノール付加物
	イ．効能・効果	HIV 感染症	左に同じ
	ロ．薬理作用	HIV インテグラーゼ阻害作用	HIV プロテアーゼ阻害作用
	ハ．組成及び 化学構造		
	ニ．投与形態 剤形 用法	内用 錠剤 1日2回	左に同じ 左に同じ 左に同じ
補正加算	画期性加算	該当しない	
	有用性加算(Ⅰ)	該当する(A=40(%))	
	有用性加算(Ⅱ)	該当しない	
	市場性加算(Ⅰ)	該当する(A=10(%))	
	市場性加算(Ⅱ)	該当しない	
	小児加算	該当しない	
当初算定案に対する新薬収載希望者の不服意見の要点			
上記不服意見に対する見解		第二回算定組織	平成　年　月　日

算定例4

●有用性加算（Ｉ）、世界初承認ながら「先駆導入加算」適用はならず

ダクルインザ錠60㎎は、

①類似薬効比較方式（Ｉ）で算定され、

②補正加算として有用性加算（Ｉ）（加算率40％）が付いた。

③比較薬のソブリアードカプセル100㎎の１日薬価（1万3122.80円）に合わせると、ソブリアードカプセルの12週投与に対し、ダクルインザは24週投与なので、加算前薬価は半分の6561.40円となり、これに補正加算40％が付くため、6561.40円×1.4＝9186.00円となる。

④世界初承認で、14年度改革で導入した「先駆導入加算」の初適用が期待されたが、同様の作用機序を持つ薬剤が海外で既に承認されているため、薬価算定組織は「先駆導入加算の対象には当たらない」と判断した。

新医薬品の薬価算定について

<table>
<tr><td colspan="2">整理番号</td><td colspan="2">14－09－内－10</td></tr>
<tr><td colspan="2">薬効分類</td><td colspan="2">625抗ウイルス剤（内用薬）</td></tr>
<tr><td colspan="2">成分名</td><td colspan="2">ダクラタスビル塩酸塩</td></tr>
<tr><td colspan="2">新薬収載希望者</td><td colspan="2">ブリストル・マイヤーズ㈱</td></tr>
<tr><td colspan="2">販売名（規格単位）</td><td colspan="2">ダクルインザ錠60㎎（60㎎1錠）</td></tr>
<tr><td colspan="2">効能・効果</td><td colspan="2">セログループ1（ジェノタイプ1）のＣ型慢性肝炎又はＣ型代償性肝硬変における次のいずれかのウイルス血症の改善
(1)インターフェロンを含む治療法に不適格の未治療あるいは不耐容の患者
(2)インターフェロンを含む治療法で無効となった患者</td></tr>
<tr><td colspan="2">主な用法・用量</td><td colspan="2">通常、成人にはダクラタスビルとして1回60㎎を1日1回経口投与する。本剤はアスナプレビルと併用し、投与期間は24週間とする。</td></tr>
<tr><td rowspan="5">算定</td><td>算定方式</td><td colspan="2">類似薬効比較方式（Ｉ）……①</td></tr>
<tr><td rowspan="2">比較薬</td><td colspan="2">成分名：シメプレビルナトリウム
会社名：ヤンセンファーマ（株）</td></tr>
<tr><td colspan="2">販売名（規格単位）　薬価（1日薬価）
ソブリァードカプセル　13,122.80円
100㎎（100㎎1錠）　（13,122.80円）　②③</td></tr>
<tr><td>補正加算</td><td colspan="2">有用性加算（Ｉ）（A=40(%)）
（加算前）（加算後）
60㎎1錠　6,561.40円　→　9,186.00円</td></tr>
<tr><td>外国調整</td><td colspan="2">なし</td></tr>
<tr><td colspan="2">算定薬価</td><td colspan="2">60㎎1錠9,186.00円（1日薬価：9,186.00円）</td></tr>
<tr><td colspan="3">外国価格</td><td>新薬収載希望者による市場規模予測</td></tr>
<tr><td colspan="3">なし</td><td>予測年度　予測本剤投与患者数　予測販売金額
（ピーク時）
2年度1.7万人222億円</td></tr>
<tr><td colspan="2">製造販売承認日</td><td>平成26年7月4日</td><td>薬価基準収載予定日　平成26年9月2日</td></tr>
</table>

薬価算定組織における検討結果のまとめ

<table>
<tr><td colspan="2">算定方式</td><td>類似薬効比較方式(Ⅰ)</td><td>第一回算定組織　平成26年8月1日</td></tr>
<tr><td rowspan="6">最類似薬選定の妥当性</td><td></td><td>新薬</td><td>最類似薬</td></tr>
<tr><td>成分名</td><td>ダクラタスビル塩酸塩</td><td>シメプレビルナトリウム</td></tr>
<tr><td>イ. 効能・効果</td><td>セログループ1(ジェノタイプ1)のC型慢性肝炎又はC型代償性肝硬変における次のいずれかのウイルス血症の改善
(1)インターフェロンを含む治療法に不適格の未治療あるいは不耐容の患者
(2)インターフェロンを含む治療法で無効又は再燃となった患者</td><td>セログループ1(ジェノタイプⅠ(1a)又はⅡ(1b))のC型慢性肝炎における次のいずれかのウイルス血症の改善
(1)血中HCVRNA量が高値の未治療患者
(2)インターフェロンを含む治療法で無効となった患者</td></tr>
<tr><td>ロ. 薬理作用</td><td>HCVNS5A複製複合体阻害作用</td><td>HCVNS3-4Aプロテアーゼ選択的阻害作用</td></tr>
<tr><td>ハ. 組成及び
化学構造</td><td>(略)</td><td>(略)</td></tr>
<tr><td>ニ. 投与形態
剤形
用法</td><td>内用
錠剤
1日1回24週間経口投与</td><td>左に同じ
カプセル剤
1日1回12週間経口投与</td></tr>
<tr><td rowspan="7">補正加算</td><td>画期性加算
(70～120%)</td><td colspan="2">該当しない</td></tr>
<tr><td rowspan="2">有用性加算(Ⅰ)
(35～60%)</td><td colspan="2">該当する(A篇40(%))</td></tr>
<tr><td colspan="2">本剤は、HCVウイルス増殖を直接抑制する新規の臨床上有用な作用機序を有すると認められる。
また、本剤は標準治療であるインターフェロン治療に不適格未治療/不耐容患者に対して有効性を示したこと、経口投与のみによる治療を可能とし、インターフェロン療法で一部の患者に必要とされている投与初期の入院等も必須ではないこと等から、治療方法の改善が客観的に示されていると認められる。
しかしながら、現在の標準治療である3剤併用療法を前治療とした患者でのデータはないこと、肝機能障害者への対応が必要となることを踏まえ、A=40%とした。</td></tr>
<tr><td>有用性加算(Ⅱ)
(5～30%)</td><td colspan="2">該当しない</td></tr>
<tr><td>市場性加算(Ⅰ)
(10～20%)</td><td colspan="2">該当しない</td></tr>
<tr><td>市場性加算(Ⅱ)
(5%)</td><td colspan="2">該当しない</td></tr>
<tr><td>小児加算(5～20%)</td><td colspan="2">該当しない</td></tr>
<tr><td></td><td>先駆導入加算(10%)</td><td colspan="2">該当しない……④</td></tr>
<tr><td colspan="2">当初算定案に対する新薬収載希望者の不服意見の要点</td><td></td><td></td></tr>
<tr><td colspan="2" rowspan="2">上記不服意見に対する見解</td><td>第二回算定組織</td><td>平成　年　月　日</td></tr>
<tr><td></td><td></td></tr>
</table>

算定例5

●原価計算方式の営業利益率補整＋60％

オプジーボ点滴静注20mgは、

①原価計算方式で算定され、

②「世界で初めて日本で承認」「有効性」「臨床的意義」などが高く評価され、平均的な営業利益率（16.9％）に60％をプラスした（16.9×1.6＝27.0％）数値が算定にあたって用いられた。

③それにより算定薬価は、オプジーボ点滴静注20mgが15万200円、同100mgが72万9849円となった。14年度改革で原価計算方式の営業利益率補整の上限は＋50％から＋100％に上がっており、「＋60％」は過去最高。

新医薬品の薬価算定について

<table>
<tr><td colspan="3">整理番号</td><td colspan="6">14－09－注－5</td></tr>
<tr><td colspan="3">薬効分類</td><td colspan="6">429その他の腫瘍用薬（注射薬）</td></tr>
<tr><td colspan="3">成分名</td><td colspan="6">ニボルマブ（遺伝子組換え）</td></tr>
<tr><td colspan="3">新薬収載希望者</td><td colspan="6">小野薬品工業㈱</td></tr>
<tr><td colspan="3">販売名（規格単位）</td><td colspan="6">オプジーボ点滴静注20mg（20mg 2mℓ 1瓶）
オプジーボ点滴静注100mg（100mg 10mℓ 1瓶））</td></tr>
<tr><td colspan="3">効能・効果</td><td colspan="6">根治切除不能な悪性黒色腫</td></tr>
<tr><td colspan="3">主な用法・用量</td><td colspan="6">通常、成人にはニボルマブ（遺伝子組換え）として、1回2mg /kg（体重）を3週間間隔で点滴静注する。</td></tr>
<tr><td rowspan="6">算定</td><td colspan="2">算定方式</td><td colspan="2">原価計算方式……①</td><td colspan="4"></td></tr>
<tr><td rowspan="4">原価計算</td><td>製品総原価</td><td colspan="2">94,620円</td><td colspan="4">459,778円</td></tr>
<tr><td>営業利益</td><td colspan="2">34,997円
（流通経費を除く価格の27.0%）</td><td colspan="4">170,055円
（流通経賛を除く価格の27.0%）</td></tr>
<tr><td>流通経費</td><td colspan="2">9,457円
（消費税を除く価格の6.8%）出典:「医薬品産業実態調査報告蔔（厚生労働省医政局経済課）</td><td colspan="4">45,953円
（消費税を除く価格の6.8%）出典:「医薬品産業実態調査報告雷1（厚生労働省医政局経済課））</td></tr>
<tr><td>消費税</td><td colspan="2">11,126円</td><td colspan="4">54,063円</td></tr>
<tr><td colspan="2">外国調整</td><td colspan="2">なし</td><td colspan="4">なし</td></tr>
<tr><td colspan="3">算定薬価</td><td colspan="2">20mg 2mℓ 1瓶
150,200円</td><td colspan="4">③ 100mg 10mℓ 1瓶
729,849円</td></tr>
<tr><td colspan="4">外国価格</td><td colspan="5">新薬収載希望者による市場規模予測</td></tr>
<tr><td colspan="4">なし

最初に承認された国（年月）：日本（2014年7月）</td><td colspan="2">予測年度
（ピーク時）
2年度</td><td colspan="2">予測本剤投与患者数

470人</td><td>予測販売金額

31億円</td></tr>
<tr><td colspan="3">製造販売承認日</td><td>平成26年7月4日</td><td colspan="3">薬価基準収載予定日</td><td colspan="2">平成26年9月2日</td></tr>
</table>

<table>
<tr><td colspan="4">薬価算定組織における検討結果のまとめ</td></tr>
<tr><td>算定方式</td><td>原価計算方式</td><td>第一回算定組織</td><td>平成26年8月1日</td></tr>
</table>

<table>
<tr><td rowspan="6">最類似薬選定の妥当性</td><td></td><td>新薬</td><td>類似薬がない根拠</td></tr>
<tr><td>成分名</td><td>ニボルマブ(遺伝子組換え)</td><td rowspan="5">本剤と同一の効能・効果を有する既収載品はなく、薬理作用、組成及び化学構造等が異なることから、総合的にみて、新薬算定最類似薬はないと判断した。</td></tr>
<tr><td>イ.効能・効果</td><td>根治切除不能な悪性黒色種</td></tr>
<tr><td>ロ.薬理作用</td><td>PD–1/PD–1リガンド結合阻害</td></tr>
<tr><td>ハ.組成及び
化学構造</td><td>440個のアミノ酸残基からなるH鎖(γ4鎖)2本及び214個のアミノ酸残基からなるL鎖(rc鎖)2本で構成される糖タンパク質(分子量:約145,000)であり、H鎖221番目のアミノ酸残基がProに置換されている、ヒトPD–1に対する遺伝子組換えヒトIgG4モノクローナル抗体である。</td></tr>
<tr><td>ニ.投与形態
剤形
用法</td><td>注射
注射剤
3週に1回</td></tr>
<tr><td rowspan="2"></td><td rowspan="2">営業利益率</td><td colspan="2">平均的な営業利益率(16.9%)(注)×160%=27.0%
(注)出典:「産業別財務データハンドブック」(日本政策投資銀行)</td></tr>
<tr><td colspan="2">世界に先駆けて我が国で初めて薬事承認を取得した本剤は、がん抗原特異的なT細胞の活性化及びがん細胞に対する細胞障害活性を増強することで腫瘍の増殖を抑制するという、新規の作用機序を有する。
ダカルバジンを含む化学療法歴を有する根治切除不能な進行・再発の悪性黒色腫患者を対象とした国内第Ⅱ相試験において、主要評価項目とされた本剤の中央判定による奏効率(22.9%)の90%信頼区間の下限値(13.4%)は、ダカルバジンの臨床試験成績を基に設定された閾値奏効率(12.5%)を上回っており、その有効性が確認された。
また、インターフェロンベータやダカルバジンが1980年代半ばに承認されて以降の悪性黒色腫に対する薬剤であり、根治切除不能な悪性黒色腫に対する治療選択肢の一つとして臨床的意義があると評価されていることから、平均的な営業利益率の+60%を適用することが妥当と考える。 ②</td></tr>
<tr><td colspan="2">当初算定案に対する新薬収載希望者の不服意見の要点</td><td colspan="2"></td></tr>
<tr><td colspan="2" rowspan="2">上記不服意見に対する見解</td><td>第二回算定組織</td><td>平成　年　月　日</td></tr>
<tr><td></td><td></td></tr>
</table>

薬価算定の基準について

平成26年2月12日
中央社会保険医療協議会了解

第1章　定義

1　薬価

薬価とは、保険医療機関及び保険薬局（以下「保険医療機関等」という。）が薬剤の支給に要する単位（以下「薬価算定単位」という。）あたりの平均的な費用の額として銘柄毎に定める額をいう。

ただし、複数の薬剤について、次のいずれかに該当する場合には、別の銘柄として薬価算定は行わない。

（1）組成（有効成分又は有効成分の組合せ及びその配合割合をいう。以下同じ。）、剤形、規格及び薬事法（昭和35年法律第145号）第14条第1項又は第19条の2第1項の規定に基づく承認を受けた者（以下「製造販売業者」という。）の全てが同一である場合

（2）組成、剤形及び規格が同一であって、製造販売業者が異なる薬剤のうち、当該製造販売業者の関係が次のいずれかの要件を満たす場合

イ　薬事法施行規則（昭和36年厚生省令第1号）第69条（同規則第111条において準用する場合を含む。）の規定における承認取得者と承認取得者の地位を承継する者の関係であったこと。

ロ　「医薬品等の製造（輸入）承認の取扱いについて」（昭和61年薬発第238号）に規定する既承認取得者と承認申請者の関係であったこと。

ハ　「医薬品等の製造承認、輸入承認及び外国製造承認の取扱いについて」（昭和62年薬発第821号）に規定する既承認取得者と承認申請者の関係であったこと。

（3）組成、剤形及び規格が同一の日本薬局方収載医薬品、生物学的製剤基準収載医薬品、生薬その他の薬剤であって、当該薬剤の保険医療機関等における使用状況、購入状況その他の状況からみて、製造販売業者の違いに応じ別に薬価を定める必要性が乏しいと認められる場合

2　一日薬価

一日薬価とは、薬事法第14条第1項又は第19条の2第1項の規定に基づき承認された用法及び用量（以下単に「用法及び用量」という。）に従い、通常最大用量を投与した場合における一日あたりの平均的な費用の額をいう。

3　一日通常最大単位数量

一日通常最大単位数量とは、用法及び用量に従い、通常最大用量を投与した場合における薬価算定単位あたりの一日平均の数量をいう。

4　投与形態

投与形態とは、内用、注射又は外用をいう。

5　剤形区分

剤形区分とは、別表1に定める投与形態及び剤形の類似性に基づく薬価算定上の剤形の区分をいう。

6　薬価収載

薬価収載とは、当該銘柄について、薬価に係る厚生労働大臣告示を定めることをいう。

7　薬価改定

薬価改定とは、厚生労働省が実施する薬価調査の結果に基づき、薬価に係る厚生労働大臣告示を全面的に見直すことをいう。

8　新規収載品

新規収載品とは、新規に薬価収載される銘柄をいう。

9　新薬

新薬とは、次の各号に掲げる新規収載品をいう。

イ　薬事法第14条の4第1項（同法第19条の4において準用する場合を含む。）の規定に基づき厚生労働大臣の再審査を受けなければならないとされた新規収載品

ロ　組成、投与形態及び製造販売業者が同一（共同開発されたものについては、製造販売業者が同一のものとみなす。）の既収載品（イに規定する新規収載品として薬価収載されたもの（薬価収載された後、薬価基準から削除されたものを含む。）に限る。）がある新規収載品

10　新規後発品

新規後発品とは、新薬以外の新規収載品（バイオ後続品を含む。）をいう。

11　汎用新規収載品

汎用新規収載品とは、次の新規収載品のうち、有効成分量を基に計算した年間販売量（以下単に「年間販売量」という。）が、規格別にみて最も多くなると見込まれる規格のものをいう。

イ　組成、剤形区分及び製造販売業者が同一であって、規格が異なる類似薬（15に定義する類似薬をいう。）がない新規収載品

ロ　組成、剤形区分及び製造販売業者がイの新規収載品と同一であって、規格が異なる新規収載品（効能及び効果が類似するものに限る。）

12　非汎用新規収載品

非汎用新規収載品とは、汎用新規収載品以外の新規収載品をいう。

13　既収載品

既収載品とは、既に薬価収載されている銘柄をいう。

14　汎用規格

汎用規格とは、組成及び剤形が同一の類似薬（15に定義する類似薬をいう。）の年間販売量を、規格別にみて、最もその合計量が多い規格をいう。ただし、新規後発品の薬価算定においては、同一剤形区分内における剤形の違いは考慮しない。

15　類似薬

類似薬とは、次の既収載品をいう。

イ　既収載品のうち、次に掲げる事項からみて類似性があると認められるもの。ただし、新規後発品の薬価算定においては、同一剤形区分内における剤形の違いは考慮しない。

（イ）効能及び効果

（ロ）薬理作用

（ハ）組成及び化学構造式

（ニ）投与形態、剤形区分、剤形及び用法

ロ　新薬の薬価算定においては、イに規定する既収載品について、新薬として薬価収載されたものに限るものとする。ただし、既収載品に類似性があると認められる新薬がない場合であって、必要と認められるときは、イに規定する既収載品のうち新規後発品として薬価収載されたもの以外の既収載品を含むものとする。

16　最類似薬

最類似薬とは、汎用規格の類似薬のうち、類似薬を定める際に勘案する事項（新規後発品の薬価算定においては、同一剤形区分内における剤形の違いは考慮しない。）からみて、類似性が最も高いものをいう。ただし、複数の類似薬を組み合わせた場合が最も類似性が高いと認められるときは、当該類似薬の組合せを最類似薬とする。

17　薬理作用類似薬

薬理作用類似薬とは、類似薬のうち、次の要件を全て満たす既収載品をいう。

イ　同一の効能及び効果を有するものであって、当該効能及び効果に係る薬理作用が類似していること。

ロ　投与形態が同一であること。

18　比較薬

比較薬とは、新規収載品の薬価算定上の基準となる既収載品をいう。

19　剤形間比

剤形間比とは、剤形が新規収載品と同一の汎用規格の既収載品及び剤形が比較薬と同一の汎用規格の既収載品（剤形が新規収載品と同一の当該既収載品と組成及び製造販売業者が同一であるものに限る。）との、有効成分の含有量あたりの薬価の比をいう。

20　類似薬効比較方式（Ⅰ）

類似薬効比較方式（Ⅰ）とは、次の各号に掲げる区分に従い、当該各号に規定する額を新規収載品の薬価とする算定方式をいう。

イ　当該新規収載品と比較薬の剤形区分が同一である場合当該新規収載品の一日薬価と、類似する効能及び効果に係る比較薬の一日薬価とが同一となるように算定された、当該新規収載品の薬価算定単位あたりの費用の額

ロ　当該新規収載品と比較薬の剤形区分が異なる場合

当該新規収載品の一日薬価と、類似する効能及び効果に係る比較薬の一日薬価とが同一となるように算定された、当該新規収載品の薬価算定単位あたりの費用の額に、類似薬の剤形間比（剤形間比が複数ある場合には最も類似性が高い類似薬の剤形間比とし、類似薬に剤形間比がない場合には1（必要があると認められる場合は、剤形区分間比（19中「剤形」とあるのを「剤形区分」と読み替えたものをいう。））とする。）を乗じた額

21　類似薬効比較方式（Ⅱ）

類似薬効比較方式（Ⅱ）とは、当該新規性に乏しい新薬の主たる効能及び効果に係る薬理作用類似薬（汎用規格のものに限る。この号において同じ。）を比較薬とし、次の各号に掲げる区分に従い、当該各号に規定する額を新薬の薬価とする算定方式をいう。

なお、次の各号に規定する期間については、当該新薬が薬事法第14条第1項又は第19条の2第1項の規定に基づく承認を受けた日の前日から起算して計算する。

（1）過去10年間に薬価収載された薬理作用類似薬がある場合

イ　当該新薬の一日薬価と次のいずれか低い額とが同一となるように算定された、当該新薬の薬価算定単位あたりの費用の額

（イ）過去10年間に薬価収載された薬理作用類似薬について、当該新薬と類似する効能及び効果に係る一日薬価を相加平均した額

（ロ）過去6年間に薬価収載された薬理作用類似薬の当該新薬と類似する効能及び効果に係る一日薬価のうち、最も低い一日薬価

ロ　イにより算定される額が、類似薬効比較方式（Ⅰ）により算定される額を超える場合には、イに関わらず、当該新薬の一日薬価と類似薬効比較方式（Ⅰ）により算定される額及び次のいずれかのうち最も低い額とが同一になるよう

に算定された、当該新薬の薬価算定単位あたりの費用の額

（イ）過去15年間に薬価収載された薬理作用類似薬について、当該新薬と類似する効能及び効果に係る一日薬価を相加平均した額

（ロ）過去10年間に薬価収載された薬理作用類似薬の当該新薬と類似する効能及び効果に係る一日薬価のうち、最も低い一日薬価

（2）過去10年間に薬価収載された薬理作用類似薬がない場合

イ　当該新薬の一日薬価と、直近に薬価収載された薬理作用類似薬の当該新薬と類似する効能及び効果に係る一日薬価とが、同一となるように算定された、当該新薬の薬価算定単位あたりの費用の額

ロ　イにより算定される額が、類似薬効比較方式（Ⅰ）により算定される額を超える場合には、イに関わらず、当該新薬の一日薬価と類似薬効比較方式（Ⅰ）により算定される額及び次のいずれかのうち最も低い額とが同一になるように算定された、当該新薬の薬価算定単位あたりの費用の額

（イ）過去20年間に薬価収載された薬理作用類似薬について、当該新薬と類似する効能及び効果に係る一日薬価を相加平均した額

（ロ）過去15年間に薬価収載された薬理作用類似薬の当該新薬と類似する効能及び効果に係る一日薬価のうち、最も低い一日薬価

22　原価計算方式

原価計算方式とは、薬価算定単位あたりの製造販売に要する原価に、販売費及び一般管理費、営業利益、流通経費並びに消費税及び地方消費税相当額を加えた額を薬価とする算定方式（当該算定について、「医療用医薬品の薬価基準収載等に係る取扱いについて」（平成26年２月12日医政発0212第６号、保発0212第９号）１（１）②に基づく資料の提出があった場合であって、必要があると認められるときは、当該資料を勘案し計算された額を薬価とするもの）をいう。

この場合において、営業利益率は、既存治療と比較した場合の革新性や有効性、安全性の程度に応じて、平均的な営業利益率の－50％～＋100％の範囲内の値を用いることとする。なお、平均的な営業利益率等の係数については、前年度末時点で得られる直近３か年の平均値を用いることとする。

23　補正加算

補正加算とは、類似薬効比較方式（Ⅰ）で算定される新規収載品に対して行われる画期性加算、有用性加算（Ⅰ）、有用性加算（Ⅱ）、市場性加算（Ⅰ）、市場性加算（Ⅱ）、小児加算及び先駆導入加算をいう。

24　画期性加算

画期性加算とは、次の要件を全て満たす新規収載品に対する別表２に定める算式により算定される額の加算をいう。

イ　臨床上有用な新規の作用機序を有すること。

ロ　類似薬に比して、高い有効性又は安全性を有することが、客観的に示されていること。

ハ　当該新規収載品により、当該新規収載品の対象となる疾病又は負傷の治療方法の改善が客観的に示されていること。

25　有用性加算（Ⅰ）

有用性加算（Ⅰ）とは､画期性加算の３つの要件のうち２つの要件を満たす新規収載品（画期性加算の対象となるものを除く。）に対する別表２に定める算式により算定される額の加算をいう。

26　有用性加算（Ⅱ）

有用性加算（Ⅱ）とは、次のいずれかの要件を満たす新規収載品（画期性加算又は有用性加算（Ⅰ）の対象となるものを除く。）に対する別表２に定める算式により算定される額の加算をいう。

イ　臨床上有用な新規の作用機序を有すること。

ロ　類似薬に比して、高い有効性又は安全性を有することが、客観的に示されていること。

ハ　当該新規収載品により、当該新規収載品の対象となる疾病又は負傷の治療方法の改善が客観的に示されていること。

ニ　製剤における工夫により、類似薬に比して、高い医療上の有用性を有することが、客観的に示されていること。

27　市場性加算（Ⅰ）

市場性加算（Ⅰ）とは､次の要件を全て満たす新規収載品に対する別表２に定める算式により算定される額の加算をいう。

イ　薬事法第77条の２の規定に基づき、希少疾病用医薬品として指定された新規収載品であって、対象となる疾病又は負傷に係る効能及び効果が当該新規収載品の主たる効能及び効果であること。

ロ　当該新規収載品の比較薬が市場性加算（Ⅰ）の適用を受けていないこと。

28　市場性加算（Ⅱ）

市場性加算（Ⅱ）とは、次の要件を全て満たす新規収載品（市場性加算（Ⅰ）又は小児加算の対象となるものを除く。）に対する別表２に定める算式により算定される額の加算をいう。

イ　当該新規収載品の主たる効能及び効果が、日本標準商品分類に定められている薬効分類のうち、市場規模が小さいものとして別に定める薬効に該当すること。

ロ　当該新規収載品の比較薬が市場性加算（Ⅰ）又は市場性加算（Ⅱ）の適用を

受けていないこと。

29　小児加算

小児加算とは、次の要件を全て満たす新規収載品（市場性加算（Ⅰ）の対象となるもの及び国内で小児効能に係る臨床試験を実施しておらず、かつ、小児用製剤など、小児に対して臨床使用上適切な製剤が供給されないものを除く。）に対する別表２に定める算式により算定される額の加算をいう。

イ　当該新規収載品の主たる効能及び効果又は当該効能及び効果に係る用法及び用量に小児（幼児、乳児、新生児及び低出生体重児を含む。以下同じ。）に係るものが明示的に含まれていること。

ロ　当該新規収載品の比較薬が小児加算の適用を受けていないこと

30　先駆導入加算

先駆導入加算とは、次の要件を全て満たす新規収載品に対する別表２に定める算式により算定される額の加算をいう。なお、本加算の適用を受け算定された既収載品を比較薬として、類似薬効比較方式（Ⅰ）又は類似薬効比較方式（Ⅱ）によって算定される場合には、本加算額を控除した額を比較薬の薬価とみなす。

イ　外国（アメリカ合衆国、連合王国、ドイツ及びフランスに限る。以下同じ。）及び我が国のいずれかの国において承認されている既存の薬剤とは異なる新規の作用機序を有すること

ロ　外国に先駆けて我が国で、最初に薬事承認を取得したもの

ハ　我が国だけで流通する見込みの医薬品でないことが外国での開発状況（開発計画を含む）や治験届等により確認されているもの

ニ　画期性加算又は有用性加算（Ⅰ）の適用を受けるもの

31－１　外国平均価格

組成及び剤形区分が新規収載品と同一であって、規格及び使用実態が当該新規収載品と類似している外国の薬剤の国別の価格（当該国の薬剤に係る価格表に収載されている価格をいう。）を相加平均した額をいう。ただし、外国平均価格調整にあたっては、外国の薬剤の国別の価格が２ヶ国以上あり、そのうち最高の価格が最低の価格の３倍を上回る場合は、外国の薬剤の国別の価格のうち最高の価格を除いた外国の薬剤の価格を相加平均した額を、また、外国の薬剤の国別の価格が３ヶ国以上あり、そのうち最高の価格がそれ以外の価格を相加平均した額（以下「最高価格除外平均価格」という。）の２倍を上回る場合は、外国の薬剤の国別の価格のうち最高の価格をそれ以外の価格を相加平均した額の２倍に相当する額とみなして各国の外国の薬剤の価格を相加平均した額を、外国平均価格とみなす。

31－２　外国平均価格調整

外国平均価格調整とは、外国平均価格が計算できる場合（31-１のただし書きに

より、外国平均価格調整に当たって外国平均価格とみなすこととした場合は、当該外国平均価格）において、類似薬効比較方式（Ⅰ）、類似薬効比較方式（Ⅱ）若しくは原価計算方式による算定値（補正加算を含む。）が、外国平均価格の４分の５に相当する額を上回る場合（組成、剤形区分及び製造販売業者が同一の複数の新規収載品が同時に薬価収載される場合であって、当該新規収載品のうち一以上が当該要件を満たす場合を含む。）又は類似薬効比較方式（Ⅰ）若しくは原価計算方式による算定値（補正加算を含む。）が、外国平均価格の４分の３に相当する額を下回る場合（組成、剤形区分及び製造販売業者が同一の複数の新規収載品が同時に薬価収載される場合であって、当該新規収載品のうち一以上が当該要件を満たす場合を含み、次のいずれかに該当する場合を除く。）に、別表３に定めるところにより当該算定値を調整した額を当該新規収載品の薬価とする調整方式をいう。

イ　組成、剤形区分及び製造販売業者が同一の汎用新規収載品と非汎用新規収載品とが同時に薬価収載される場合であって、次のいずれかに該当する場合

（イ）類似薬効比較方式（Ⅰ）又は原価計算方式による汎用新規収載品の算定値（補正加算を含む。以下同じ。）が当該汎用新規収載品の外国平均価格を上回り、かつ、類似薬効比較方式（Ⅰ）又は原価計算方式による非汎用新規収載品の算定値（補正加算を含む。以下同じ。）が当該非汎用新規収載品の外国平均価格を下回る場合

（ロ）類似薬効比較方式（Ⅰ）又は原価計算方式による汎用新規収載品の算定値が当該汎用新規収載品の外国平均価格を下回り、かつ、類似薬効比較方式（Ⅰ）又は原価計算方式による非汎用新規収載品の算定値が当該非汎用新規収載品の外国平均価格を上回る場合

（ハ）類似薬効比較方式（Ⅰ）又は原価計算方式による一の非汎用新規収載品（以下「特定非汎用新規収載品」という。）の算定値（補正加算を含む。）が特定非汎用新規収載品の外国平均価格を上回り、かつ、類似薬効比較方式（Ⅰ）又は原価計算方式による特定非汎用新規収載品以外の非汎用新規収載品の算定値（補正加算を含む。）が当該非汎用新規収載品の外国平均価格を下回る場合

（ニ）類似薬効比較方式（Ⅰ）又は原価計算方式による非汎用新規収載品の算定値が当該非汎用新規収載品の外国平均価格の４分の３に相当する額を下回り、かつ、類似薬効比較方式（Ⅰ）又は原価計算方式による汎用新規収載品の算定値が当該汎用新規収載品の外国平均価格の４分の３に相当する額以上である場合

ロ　外国平均価格が１ヶ国のみの価格に基づき算出されることとなる場合

32　規格間調整

規格間調整とは、次の各号に掲げる区分に従い、当該各号に規定する薬価及び有効成分の含有量の関係と、非汎用新規収載品の薬価及び有効成分の含有量の関係とが、別表４に定める当該非汎用新規収載品の類似薬の規格間比と同じとなるように非汎用新規収載品の薬価を算定する調整方式をいう。

イ　組成、剤形区分及び製造販売業者が当該非汎用新規収載品と同一の最類似薬がない場合汎用新規収載品の薬価及び有効成分の含有量の関係

ロ　組成、剤形区分及び製造販売業者が当該非汎用新規収載品と同一の最類似薬がある場合

最類似薬の薬価及び有効成分の含有量の関係

33　市場実勢価格加重平均値調整幅方式

市場実勢価格加重平均値調整幅方式とは、薬剤の市場実勢価格、消費税率及び薬剤流通の安定性を考慮した別表５に定める算式により行う原則的な薬価の改定方式をいう。

34　再算定

再算定とは､薬価算定の前提となった条件が大きく異なったと認められる際に、市場実勢価格加重平均値調整幅方式に代えて、薬価改定の際に、適用される市場拡大再算定、効能変化再算定、用法用量変化再算定及び不採算品再算定をいう。

第２章　新規収載品の薬価算定

第１部　新薬の薬価算定

第１節　類似薬がある新薬の場合

1　新薬が補正加算の対象となる場合

イ　薬価算定の原則

当該新薬の最類似薬（以下「新薬算定最類似薬」という。）を比較薬として、類似薬効比較方式（Ⅰ）によって算定される額（共同開発その他の理由により、組成及び剤形が同一の新薬算定最類似薬が複数となる場合には、それぞれについて類似薬効比較方式（Ⅰ）によって算定される額を当該新薬算定最類似薬の年間販売量で加重平均した額）に、補正加算を行った額を当該新薬の薬価とする。

新薬算定最類似薬は､当該新薬が薬事法第14条第１項又は第19条の２第１項の規定に基づく承認を受けた日の前日から起算して過去10年間に薬価収載されたものであって、当該新薬算定最類似薬に係る後発品が薬価収載されて

いないものとするが、必要と認められるときは、それ以外の新薬算定最類似薬を用い、それ以外の場合は、第2節の規定により算定される額を当該新薬の薬価とする。

ロ　外国平均価格調整

当該新薬について、外国平均価格調整を行う要件に該当する場合には、これにより調整される額を薬価とする。ただし、新薬算定最類似薬が、当該新薬と組成、剤形区分及び製造販売業者が同一の場合を除く。

ハ　規格間調整

イ　及びロに関わらず、組成、剤形区分及び製造販売業者が同一の汎用新規収載品と非汎用新規収載品とが同時に薬価収載される場合には、非汎用新規収載品に該当するものの薬価については、次の数値を用いた規格間調整により算定する。

(イ) 当該新薬の有効成分の含有量

(ロ) イ及びロにより算定される当該汎用新規収載品の薬価及び有効成分の含有量

(ハ) 類似薬の規格間比

2　新薬が補正加算の対象にならない場合

(1) 組成が当該新薬と同一の薬理作用類似薬（当該新薬の主たる効能及び効果に係るものに限る。）がない場合

イ　薬価算定の原則

新薬算定最類似薬を比較薬として、類似薬効比較方式（Ⅰ）によって算定される額（共同開発その他の理由により、組成及び剤形が同一の新薬算定最類似薬が複数となる場合には、それぞれについて類似薬効比較方式（Ⅰ）によって算定される額を、当該新薬算定最類似薬の年間販売量で加重平均した額）を当該新薬の薬価とする。

新薬算定最類似薬は、当該新薬が薬事法第14条第1項又は第19条の2第1項の規定に基づく承認を受けた日の前日から起算して過去10年間に薬価収載されたものであって、当該新薬算定最類似薬に係る後発品が薬価収載されていないものとするが、必要と認められるときは、それ以外の新薬算定最類似薬を用い、それ以外の場合は、第2節の規定により算定される額を当該新薬の薬価とする。

ロ　薬価算定の特例

イに関わらず、新薬（既収載品と組成が同一であって、医療上の必要性から、当該既収載品の用法及び用量を変更した新規収載品を除く。）が次の要件

を全て満たす場合には､類似薬効比較方式（Ⅱ）によって算定される額を当該新薬の薬価とする。

（イ）当該新薬の薬理作用類似薬（当該新薬の主たる効能及び効果に係るものに限る。）の組成の種類が３以上であること。

（ロ）当該新薬の薬事法第14条第１項又は第19条の２第１項の規定に基づく承認を受けた日が、当該新薬の薬理作用類似薬（当該新薬の主たる効能及び効果に係るものに限る。）のうち、最も早く薬価収載されたものの当該薬価収載の日から起算して３年を経過した日以後であること。

ハ　外国平均価格調整

当該新薬について、外国平均価格調整を行う要件に該当する場合には、これにより調整される額を薬価とする。

ニ　規格間調整

イ又はロ及びハに関わらず、組成、剤形区分及び製造販売業者が同一の汎用新規収載品と非汎用新規収載品とが同時に薬価収載される場合には、非汎用新規収載品に該当するものの薬価については、次の数値を用いた規格間調整により算定する。

（イ）当該新薬の有効成分の含有量

（ロ）イ又はロ及びハにより算定される当該汎用新規収載品の薬価及び有効成分の含有量

（ハ）類似薬の規格間比

（２）組成が当該新薬と同一の薬理作用類似薬（当該新薬の主たる効能及び効果に係るものに限る。）がある場合

①組成、剤形区分及び製造販売業者が新薬と同一の新薬算定最類似薬がない場合

イ　薬価算定の原則

新薬算定最類似薬を比較薬として､類似薬効比較方式（Ⅰ）によって算定される額を当該新薬の薬価とする。

ただし、共同開発その他の理由により、組成及び剤形が同一の新薬算定最類似薬が複数となる場合には、次の各号に掲げる区分に従い、当該各号に規定する額を当該新薬の薬価とする。

（イ）組成、投与形態及び製造販売業者が当該新薬と同一の新薬算定最類似薬がある場合

当該新薬算定最類似薬を比較薬として類似薬効比較方式（Ⅰ）によって算定される額

(ロ) 組成、投与形態及び製造販売業者が当該新薬と同一の新薬算定最類似薬がない場合

複数の新薬算定最類似薬それぞれについて類似薬効比較方式（Ⅰ）によって算定される額を当該新薬算定最類似薬の年間販売量で加重平均した額新薬算定最類似薬は、当該新薬が薬事法第14条第１項又は第19条の２第１項の規定に基づく承認を受けた日の前日から起算して過去10年間に薬価収載されたものであって、当該新薬算定最類似薬に係る後発品が薬価収載されていないものとするが、必要と認められるときは、それ以外の新薬算定最類似薬を用い、それ以外の場合は、第２節の規定により算定される額を当該新薬の薬価とする。

ロ　外国平均価格調整

当該新薬について、外国平均価格調整を行う要件に該当する場合には、これにより調整される額を薬価とする。

ハ　規格間調整

イ及びロに関わらず、組成、剤形区分及び製造販売業者が同一の汎用新規収載品と非汎用新規収載品とが同時に薬価収載される場合には、非汎用新規収載品に該当するものの薬価については、次の数値を用いた規格間調整により算定する。

(イ) 当該新薬の有効成分の含有量

(ロ) イ及びロにより算定される当該汎用新規収載品の薬価及び有効成分の含有量

(ハ) 類似薬の規格間比

②組成、剤形区分及び製造販売業者が新薬と同一の新薬算定最類似薬がある場合

イ　薬価算定の原則当該新薬の薬価については、次の数値を用いた規格間調整により算定する。

(イ) 当該新薬の有効成分の含有量

(ロ) 当該新薬算定最類似薬の薬価及び有効成分の含有量

(ハ) 類似薬の規格間比

ロ　薬価算定の特例

イに関わらず、新薬算定最類似薬と組成及び投与形態が同一であって、医療上の必要性から、当該新薬算定最類似薬の用法及び用量を変更した新薬（イの規格間調整による薬価算定が不適切と認められる場合に限る。）については、当該新薬算定最類似薬を比較薬として、類似薬効比較方式（Ⅰ）によって算定される額（共同開発その他の理由により、組成及び剤形が同一の新薬

算定最類似薬が複数となる場合には、それぞれについて類似薬効比較方式（Ⅰ）によって算定される額を、当該新薬算定最類似薬の年間販売量で加重平均した額）を当該新薬の薬価とする。

新薬算定最類似薬は、当該新薬が薬事法第14条第１項又は第19条の２第１項の規定に基づく承認を受けた日の前日から起算して過去10年間に薬価収載されたものであって、当該新薬算定最類似薬に係る後発品が薬価収載されていないものとするが、必要と認められるときは、それ以外の新薬算定最類似薬を用い、それ以外の場合は、第２節の規定により算定される額を当該新薬の薬価とする。

第２節　類似薬がない新薬の場合

イ　薬価算定の原則

原価計算方式によって算定される額を新薬の薬価とする。

ロ　外国平均価格調整

当該新薬について、外国平均価格調整を行う要件に該当する場合には、これにより調整される額を薬価とする。

第２部新規後発品の薬価算定

１　新規後発品として薬価収載された既収載品の中に、新規後発品の最類似薬がない場合

イ　薬価算定の原則

新薬として薬価収載された既収載品中の当該新規後発品の最類似薬を比較薬として、類似薬効比較方式（Ⅰ）によって算定される額（共同開発その他の理由により、組成及び剤形区分が同一の最類似薬が複数となる場合には、それぞれについて類似薬効比較方式（Ⅰ）によって算定される額を当該最類似薬の年間販売量で加重平均した額）に100分の60を乗じた額を当該新規後発品の薬価とする。ただし、内用薬については、当該新規後発品及び同時期の薬価収載が予定される組成、剤形区分及び規格が当該新規後発品と同一の後発品（効能及び効果が当該新規後発品と類似しているものに限る。）の銘柄数が10を超える場合は、100分の50を乗じた額を当該新規後発品の薬価とする。

ロ　バイオ後続品に係る特例

当該新規収載品がバイオ後続品である場合には、イの規定のうち「100分の60を乗じた額」及び「100分の50を乗じた額」をそれぞれ、「100分の70を乗じた額」及び「100分の60を乗じた額」に読み替えて算定される額に、当

該バイオ後続品の製造販売業者が薬事法第14条第1項又は第19条の2第1項の規定に基づく承認を申請するに当たって患者を対象に実施した臨床試験の充実度に応じて、100分の10を上限とする割合を当該額に乗じて得た額を加えた額を当該新規後発品の薬価とする。

ハ　有用性加算（Ⅱ）の対象となる場合

当該新規収載品が有用性加算（Ⅱ）の対象となる場合には、イ又はロの規定により算定される額に、有用性加算（Ⅱ）を加えた額を当該新規後発品の薬価とする。

ニ　規格間調整

イからハまでに関わらず、組成、剤形区分及び製造販売業者が同一の汎用新規収載品と非汎用新規収載品とが同時に薬価収載される場合には、非汎用新規収載品に該当するものの薬価については、次の数値を用いた規格間調整により算定する。

(イ) 当該新規後発品の有効成分の含有量

(ロ) イからハまでにより算定される当該汎用新規収載品の薬価及び有効成分の含有量

(ハ) 類似薬の規格間比

ホ　薬価算定の特例

当該新規後発品に、新薬として収載された既収載品中の最類似薬と有効成分の含有量が同一の規格がない場合は、当該最類似薬と有効成分の含有量が同一の規格があるものとして、類似薬効比較方式（Ⅰ）によって算定される額に100分の60（イのただし書きに該当する場合は、100分の50）を乗じて得た額（当該新規後発品がバイオ後続品に係る特例又は有用性加算（Ⅱ）の適用を受ける場合には、適用後の額）を算定値とし、当該算定値から規格間調整により算定される額を当該新規後発品の薬価とする。

2　新規後発品として薬価収載された既収載品の中に、新規後発品の最類似薬がある場合

(1) 組成、剤形区分及び製造販売業者が新規後発品と同一の最類似薬がある場合

イ　薬価算定の原則

当該新規後発品の薬価については、次の数値を用いた規格間調整により算定する。

(イ) 当該新規後発品の有効成分の含有量

(ロ) 当該最類似薬の薬価及び有効成分の含有量

(ハ) 類似薬の規格間比

ロ　有用性加算（Ⅱ）の対象となる場合

当該新規後発品が有用性加算（Ⅱ）の対象となる場合には、次の数値を用いた規格間調整により算定する。

（イ）当該新規後発品の有効成分の含有量

（ロ）当該最類似薬に有用性加算（Ⅱ）を行ったとした場合に算定される額及び有効成分の含有量

（ハ）類似薬の規格間比

（2）組成、剤形区分及び製造販売業者が新規後発品と同一の最類似薬がない場合

①新規後発品として薬価収載された既収載品中に、組成、剤形区分及び規格が新規後発品と同一の類似薬がある場合

イ　薬価算定の原則

ロ　組成、剤形区分及び規格が当該新規後発品と同一の類似薬を比較薬として、類似薬効比較方式（Ⅰ）によって算定される額を当該新規後発品の薬価とする。

なお、当該類似薬が複数となる場合には、薬価が最も低い額のものを比較薬とする。

ロ　薬価算定の特例

（イ）内用薬

次の（い）から（は）に掲げるものについて合計した銘柄数が初めて10を超える場合には、次の（ろ）に該当する後発品が薬価改定を受けるまでの間は、1のイのただし書きに該当するものとして算定した額を当該新規後発品の薬価とし、薬価改定を受けた後は、イの規定により算定される額に100分の90を乗じた額を当該新規後発品の薬価とする。

（い）当該新規後発品

（ろ）組成、剤形区分及び規格が当該新規後発品と同一の後発品

（は）当該新規後発品と同時期の薬価収載が予定される組成、剤形区分及び規格が当該新規後発品と同一の薬剤（効能及び効果が当該新規後発品と類似しているものに限る。）

（ロ）注射薬及び外用薬

次の（い）から（は）に掲げるものについて合計した銘柄数が初めて20を超える場合には、イの規定により算定される額に100分の90を乗じた額を当該新規後発品の薬価とする。

（い）当該新規後発品

（ろ）組成、剤形区分及び規格が当該新規後発品と同一の類似薬

（は）当該新規後発品と同時期の薬価収載が予定される組成、剤形区分及び規格

が当該新規後発品と同一の薬剤（効能及び効果が当該新規後発品と類似しているものに限る。）

ハ　有用性加算（Ⅱ）の対象となる場合

当該新規後発品が有用性加算（Ⅱ）の対象となる場合には、イ又はロの規定により算定される額に、有用性加算（Ⅱ）を加えた額を当該新規後発品の薬価とする。

②新規後発品として薬価収載された既収載品中に、組成、剤形区分及び規格が新規後発品と同一の類似薬がない場合

イ　薬価算定の原則

当該新規後発品の最類似薬と有効成分の含有量が同一の規格があるものとして、類似薬効比較方式（Ⅰ）によって算定される額を算定値とし、当該算定値から規格間調整により算定される額を当該新規後発品の薬価とする。

なお、当該最類似薬が複数となる場合には一日薬価が最も低い額のものを比較薬とする。

ロ　有用性加算（Ⅱ）の対象となる場合

当該新規後発品が有用性加算（Ⅱ）の対象となる場合には、イの規定により算定される額に、有用性加算（Ⅱ）を加えた額を当該新規後発品の薬価とする。

第３部　新規収載品の薬価算定の特例

1　効能追加と同等とみなせる新薬の薬価算定

イ　算定の特例

第１部の規定に関わらず、新薬が次の要件の全てを満たす場合には、別表６に定めるところにより算定される額を当該新薬の薬価とする。

(イ) 当該新薬の主たる効能及び効果に係る類似薬中に、組成、投与形態及び製造販売業者が当該新薬と同一の既収載品がないこと。

(ロ) 当該新薬の主たる効能及び効果に係る類似薬以外に、組成、剤形区分及び製造販売業者が当該新薬と同一の既収載品があること。

(ハ) 当該新薬の新薬算定最類似薬があること。

ロ　規格間調整

イに関わらず、組成、剤形区分及び製造販売業者が同一の汎用新規収載品と非汎用新規収載品とが同時に薬価収載される場合には、非汎用新規収載品に該当するものの薬価については、次の数値を用いた規格間調整により算定する。

（イ）当該新薬の有効成分の含有量
（ロ）イにより算定される当該汎用新規収載品の薬価及び有効成分の含有量
（ハ）類似薬の規格間比

2　キット製品である新規収載品の薬価算定

イ　キット製品に係る特例

第１部及び前部の規定に関わらず、キット製品（注射剤に溶解液等を組み合わせたキット製品等の取扱いについて（昭和61年薬審２第98号）に規定するキット製品をいう。以下同じ。）である新規収載品の薬価は、当該キット製品に含まれる薬剤について第１部又は前部の規定により算定される額に、薬剤以外の部分のうちキット製品としての特徴をもたらしている部分の製造販売に要する原材料費を加えた額とする。

ロ　有用性の高いキット製品の薬価算定の特例

当該キット製品が次のいずれかの要件を満たす場合（既収載品のキット製品と比較して、キットの構造、機能に新規性が認められる場合に限る。）には、イにより算定される額に、別表２に定める市場性加算（Ⅱ）の算式を準用して算定される額を加えた額を当該キット製品の薬価とする。

（イ）既収載品（キット製品である既収載品を除く。以下この号において同じ。）を患者に投与する場合に比して、感染の危険を軽減すること
（ロ）既収載品を患者に投与する場合に比して、調剤時の過誤の危険を軽減すること
（ハ）既収載品を患者に投与する場合に比して、救急時の迅速な対応が可能となること
（ニ）既収載品を患者に投与する場合に比して、治療の質を高めること

3　類似処方医療用配合剤の薬価算定

イ　類似処方医療用配合剤の特例

第１部及び前部の規定に関わらず、類似処方医療用配合剤（製造販売業者が同一のものに限る。）である新規収載品の薬価は、新薬又は類似処方医療用配合剤として薬価収載された最類似薬を比較薬として、類似薬効比較方式（Ⅰ）によって算定される額（処方の類似性が同様である最類似薬が複数となる場合には、それぞれについて類似薬効比較方式（Ⅰ）によって算定される額を当該最類似薬の年間販売量で加重平均した額）を当該類似処方医療用配合剤の薬価とする。

ロ　規格間調整

イに関わらず、剤形区分及び製造販売業者が同一の汎用新規収載品と非汎用新規収載品とが同時に薬価収載される場合には、非汎用新規収載品に該当

するものの薬価については、次の数値を用いた規格間調整により算定する。

(イ) 当該類似処方医療用配合剤の有効成分の含有量

(ロ) イにより算定される当該汎用新規収載品の薬価及び有効成分の含有量

(ハ) 類似薬の規格間比

ハ　最類似薬がイに規定する類似処方医療用配合剤（製造販売業者が同一のものを除く。）に該当する医療用配合剤については、第1部及び前部の規定に関わらず、類似薬効比較方式（Ⅰ）により算定される額に100分の70を乗じて得た額を当該医療用配合剤の薬価とする。

4　規格間調整のみによる新薬の薬価算定

イ　算定の特例

第1部第1節2（2）②の規定の適用を受けたもののうち、当該新薬が次の（イ）の要件を満たす場合には、当該規定により算出される額に、別表2に定める市場性加算（Ⅱ）の算式を準用して算定される額を加えた額を、当該新薬が次の（ロ）の要件を満たす場合には、当該規定により算出される額に、別表2に定める小児加算の算式を準用して算定される額を加えた額を当該新薬の薬価とする。

(イ) 類似薬に比して、投与回数の減少等高い医療上の有用性を有することが、客観的に示されていること。

(ロ) 第1章29の小児加算の要件。

5　不採算品再算定の要件に該当する既収載品について安全対策上の必要性により製造方法の変更等を行い、新規に収載する医薬品の薬価算定

イ　算定の特例

第3章第3節4の不採算品再算定の要件に該当する既収載品（製造販売業者が同一のものに限る。）について安全対策上の必要性により製造方法の変更等を行い、新規に収載する医薬品であって、当該既収載品の薬価に基づく類似薬効比較方式（Ⅰ）又は類似薬効比較方式（Ⅱ）により算定したのでは不採算となり、緊急性がある場合には、原価計算方式によって算定される額を当該新規収載品の薬価とする。

6　新医療用配合剤の薬価算定

（1）特例の対象となる新医療用配合剤

本号の対象となる新医療用配合剤は、次の全ての要件に該当するもの。ただし、抗HIV薬並びに臨床試験の充実度又は臨床上のメリットが明らかな注射用配合剤及び外用配合剤を除く。

イ　当該新医療用配合剤の全ての有効成分について、当該有効成分のみを有効成分として含有する既収載品（以下「単剤」という。）があること（ただし、薬価基準に収載されていない有効成分のうち、一般用医薬品の有効成分等新規性がないと判断される有効成分が配合されている場合には、当該有効成分についてはこの限りではない)。

ロ　効能及び効果が、当該新医療用配合剤に係る単剤の効能及び効果の組合せと同様であると認められること（薬価基準に収載されていない有効成分に係る効能及び効果を除く。)。

ハ　当該新医療用配合剤の投与形態及び当該新医療用配合剤に係る全ての単剤の投与形態が同一であること。

（2）新医療用配合剤の特例

①新医療用配合剤に係る全ての単剤について、製造販売業者が当該新医療用配合剤と同一のものがある場合（④の場合を除く。)

イ　算定の特例

第1部及び前部の規定に関わらず、新医療用配合剤に係る全ての単剤（製造販売業者が当該新医療用配合剤と同一のものを用いるものとする。）の組合せを比較薬として、類似薬効比較方式（Ⅰ）によって算定される額に100分の80を乗じた額（補正加算の対象となる場合には当該額に補正加算を行った額）を当該新医療用配合剤の薬価とする。

ロ　外国平均価格調整

当該新医療用配合剤について、外国平均価格調整を行う要件に該当する場合には、これにより調整される額を薬価とする。

ハ　単剤の一日薬価との調整

イ及びロに関わらず、イ及びロの規定により算定される薬価に基づき計算した一日薬価が、比較薬とした単剤の一日薬価のうち最も高い額を下回る場合には、当該単剤の一日薬価と当該新医療用配合剤の一日薬価とが同一となるように、当該新医療用配合剤の薬価を算定する。

ニ　規格間調整

イからハまでに関わらず、有効成分の組合せ、剤形区分及び製造販売業者が同一の汎用新規収載品と非汎用新規収載品とが同時に薬価収載される場合には、非汎用新規収載品に該当するものの薬価については、有効成分ごとに次の数値を用いた規格間調整による算定額を求め、その合計により算定する。

（イ）当該新医療用配合剤の有効成分の含有量

（ロ）イからハまでにより算定される当該汎用新規収載品の薬価のうち、当該有効成分の価格に相当する部分及び当該汎用新規収載品における当該有効成分の含有量

（ハ）類似薬の規格間比

②新医療用配合剤に係る単剤の一部について、製造販売業者が当該新医療用配合剤と同一のものがある場合（④の場合を除く。）

イ　算定の特例

第１部及び前部の規定に関わらず、次のいずれか低い額を当該新医療用配合剤の薬価とする。

（イ）新医療用配合剤に係る全ての単剤（製造販売業者が当該新医療用配合剤と同一のものがある場合には当該単剤を、また、同一のものがない場合には薬価が最も高い額の単剤を用いるものとする。）の組合せを比較薬として、類似薬効比較方式（Ⅰ）によって算定される額に100分の80を乗じた額（補正加算の対象となる場合には当該額に補正加算を行った額）

（ロ）次の各号に掲げる額の合計額（補正加算の対象となる場合には当該額に補正加算を行った額）

（い）製造販売業者が当該新医療用配合剤と同一の単剤がある有効成分について、当該単剤を比較薬として、類似薬効比較方式（Ⅰ）によって算定される額に100分の80を乗じた額

（ろ）製造販売業者が当該新医療用配合剤と同一の単剤がない有効成分について、薬価が最も低い額の単剤を比較薬として、類似薬効比較方式（Ⅰ）によって算定される額

ロ　外国平均価格調整

当該新医療用配合剤について、外国平均価格調整を行う要件に該当する場合には、これにより調整される額を薬価とする。

ハ　単剤の一日薬価との調整

イ　及びロに関わらず、イ及びロの規定により算定される薬価に基づき計算した一日薬価が、比較薬とした単剤の一日薬価のうち最も高い額を下回る場合には、当該単剤の一日薬価と当該新医療用配合剤の一日薬価とが同一となるように、当該新医療用配合剤の薬価を算定する。

ニ　規格間調整

イからハまでに関わらず、有効成分の組合せ、剤形区分及び製造販売業者が同一の汎用新規収載品と非汎用新規収載品とが同時に薬価収載される場合には、非汎用新規収載品に該当するものの薬価については、有効成分ごとに次の数値を用いた規格間調整による算定額を求め、その合計により算定する。

（イ）当該新医療用配合剤の有効成分の含有量

（ロ）イからハまでにより算定される当該汎用新規収載品の薬価のうち、当該有効成分の価格に相当する部分及び当該汎用新規収載品における当該有効成分の含有量

(ハ) 類似薬の規格間比

③新医療用配合剤に係る単剤について、製造販売業者が当該新医療用配合剤と同一のものがない場合(④の場合を除く。)

イ　算定の特例

第1部及び前部の規定に関わらず、新医療用配合剤に係る全ての単剤（薬価が最も低い額のものを用いるものとする。）の組合せを比較薬として、類似薬効比較方式（Ⅰ）によって算定される額（補正加算の対象となる場合には当該額に補正加算を行った額）を当該新医療用配合剤の薬価とする。

ロ　外国平均価格調整

当該新医療用配合剤について、外国平均価格調整を行う要件に該当する場合には、これにより調整される額を薬価とする。

ハ　単剤の一日薬価との調整

イ及びロに関わらず、イ及びロの規定により算定される薬価に基づき計算した一日薬価が、比較薬とした単剤の一日薬価のうち最も高い額を下回る場合には、当該単剤の一日薬価と当該新医療用配合剤の一日薬価とが同一となるように、当該新医療用配合剤の薬価を算定する。

ニ　規格間調整

イからハまでに関わらず、有効成分の組合せ、剤形区分及び製造販売業者が同一の汎用新規収載品と非汎用新規収載品とが同時に薬価収載される場合には、非汎用新規収載品に該当するものの薬価については、有効成分ごとに次の数値を用いた規格間調整による算定額を求め、その合計により算定する。

(イ) 当該新医療用配合剤の有効成分の含有量

(ロ) イからハまでにより算定される当該汎用新規収載品の薬価のうち、当該有効成分の価格に相当する部分及び当該汎用新規収載品における当該有効成分の含有量

(ハ) 類似薬の規格間比

④有効成分の組合せ、剤形区分及び製造販売業者が新医療用配合剤と同一の最類似薬がある場合

イ　算定の特例

当該新医療用配合剤の薬価については、有効成分ごとに次の数値を用いた規格間調整による算定額を求め、その合計により算定する。

(イ) 当該新医療用配合剤の有効成分の含有量

(ロ) 当該最類似薬の薬価のうち、当該有効成分の価格に相当する部分及び当該最類似薬における当該有効成分の含有量

(ハ) 類似薬の規格間比

⑤薬価基準に収載されていない有効成分が配合された配合剤であって、当該有効成分に新規性が認められない場合

イ　算定の特例

第1部及び前部の規定に関わらず、薬価基準に収載されていない有効成分が配合されていない配合剤とみなして、①～④のいずれかにより算定する。

7　組成及び投与形態が同一で効能及び効果が異なる既収載品がある新薬の薬価算定

イ　算定の特例

第1部及び前部の規定に関わらず、組成及び投与形態が同一で効能及び効果が異なる既収載品がある新薬（主たる効能及び効果又は当該効能及び効果に係る用法及び用量に小児に係るものが明示的に含まれているものを除く。）については、類似薬がある場合であっても、原価計算方式によって算定される額を当該新薬の薬価とする。

ただし、当該原価計算方式によって算定される額が、新薬算定最類似薬を比較薬として、類似薬効比較方式（Ⅰ）によって算定される額（共同開発その他の理由により、組成及び剤形が同一の新薬算定最類似薬が複数となる場合には、それぞれについて類似薬効比較方式（Ⅰ）によって算定される額を当該新薬算定最類似薬の年間販売量で加重平均した額。また、補正加算の対象となる場合には当該額に補正加算を行った額）又は類似薬効比較方式（Ⅱ）によって算定される額を超える場合には、当該類似薬効比較方式（Ⅰ）又は類似薬効比較方式（Ⅱ）によって算定される額を当該新薬の薬価とする。

ロ　外国平均価格調整

当該新薬について、外国平均価格調整を行う要件に該当する場合には、これにより調整される額を薬価とする。

ハ　規格間調整

イ及びロに関わらず、組成、剤形区分及び製造販売業者が同一の汎用新規収載品と非汎用新規収載品とが同時に薬価収載される場合には、非汎用新規収載品に該当するものの薬価については、次の数値を用いた規格間調整により算定する。

（イ）当該新薬の有効成分の含有量

（ロ）イ及びロにより算定される当該汎用新規収載品の薬価及び有効成分の含有量

（ハ）類似薬の規格間比

8　既収載品（ラセミ体）を光学分割した新薬の薬価算定

イ　算定の特例

第1部の規定に関わらず、光学分割した成分を新有効成分とする新薬であ

って当該成分を含むラセミ体の既収載品と投与経路、効能・効果等に大きな違いがないものについては、光学分割を行ったことにより当該ラセミ体に比し高い有効性又は安全性を有することが客観的に示されている場合を除き、当該ラセミ体の既収載品を比較薬とした類似薬効比較方式（I）によって算定される額に100分の80を乗じた額（補正加算の対象となる場合には当該額に補正加算を行った額）を当該新薬の薬価とする。ただし、類似薬効比較方式（II）の要件にも該当し、当該算定額がより低い場合は、類似薬効比較方式（II）によって算定される額を当該新薬の薬価とする。

ロ　外国平均価格調整

当該新薬について、外国平均価格調整を行う要件に該当する場合には、これにより調整される額を薬価とする。

ハ　規格間調整

イ及びロに関わらず、組成、剤形区分及び製造販売業者が同一の汎用新規収載品と非汎用新規収載品とが同時に薬価収載される場合には、非汎用新規収載品に該当するものの薬価については、次の数値を用いた規格間調整により算定する。

(イ) 当該新薬の有効成分の含有量

(ロ) イ及びロにより算定される当該汎用新規収載品の薬価及び有効成分の含有量

(ハ) 類似薬の規格間比

9　最低薬価を下回る新規収載品の薬価算定の特例

第２章第１部又は第２部の規定によって算定される額が、別表11の左欄に掲げる薬剤の区分に従い、同表の右欄に掲げる額（以下「最低薬価」という。）を下回る場合には、同部の規定に関わらず、原則として、最低薬価を当該新規収載品の薬価とする。

第３章　既収載品の薬価の改定

第1節　既収載品の薬価の改定の原則

薬価改定においては、当該既収載品の薬価を市場実勢価格加重平均値調整幅方式により算定される額（販売量が少ないことその他の理由により、薬価調査により市場実勢価格が把握できない既収載品については、当該既収載品の最類似薬の薬価改定前後の薬価の比率の指数その他の方法により算定される額）に改定する。ただし、当該既収載品の薬価改定前の薬価に105分の108

を乗じた額を超えることはできない。

第２節　既収載品の薬価の改定の特例

第１節の規定に関わらず、次の１から４までに定めるいずれかの要件に該当する既収載品については、薬価改定の際に、該当する各号に掲げる額に薬価を改定する。ただし、１から４までのうち２以上に該当する場合には、次の各号に掲げる区分に従い、当該各号に掲げる額に薬価を改定する。

（１）１に定める要件及び２から４までに定める要件のうち１以上に該当する場合

第１節の規定により算定される額から、次のイに掲げる額を控除し、次のロに掲げる額を加えた額に改定する。

イ　第１節の規定により算定される額に、１（２）の各号に掲げる区分に従い当該各号に規定する割合を乗じて得た額

ロ　第１節の規定により算定される額に、２（２）、３（２）又は４（２）の規定（当該既収載品が該当する要件に係るものに限る。）により算定される補正加算率のうち最も大きな率を乗じて得た額

（２）２から４までに定める要件のうち２以上に該当する場合（（１）の場合を除く。）

第１節の規定により算定される額に、当該額に２（２）、３（２）又は４（２）の規定（当該既収載品が該当する要件に係るものに限る。）により算定される補正加算率のうち最も大きな率を乗じて得た額を加えた額に改定する。

１　後発品への置換えが進まない既収載品の薬価の改定の特例

⑴ 特例の対象となる既収載品

本号の対象となる既収載品は、薬事法の規定に基づき昭和42年10月１日以降に承認された既収載品（新規後発品として収載されたものを除く。）であって、当該既収載品に係る最初の後発品（新規後発品として薬価収載されたものであって、当該既収載品と組成、投与形態及び薬効小分類が同一のもので最も早く薬価収載されたものをいう。以下同じ。）の新規収載後５年を経過した以降の各薬価改定において、当該既収載品に係る新規後発品として収載されたものへの置換え率（後発医薬品のさらなる使用促進のためのロードマップ（平成25年４月５日厚生労働省）における後発医薬品の数量シェアの定義により算出される割合。以下同じ。）が60％未満に該当するもののうち、次のいずれにも該当しないもの。

イ　日本薬局方収載医薬品（銘柄毎に薬価収載されているものを除く。）

ロ　生物学的製剤（血液製剤を含む。）

ハ　漢方製剤及び生薬

ニ　薬事法第77条の２の規定に基づき、希少疾病用医薬品として指定された既収載品であって、希少疾病以外の疾病に対する効能を有しない医薬品

ホ　第３節４の不採算品の要件を満たしている医薬品

ヘ　後発品の薬価を下回る医薬品（複数の後発品が収載されている場合は、全ての後発品の薬価を下回る医薬品に限る。）又は第４節２の最低薬価を下回る医薬品（本節に規定する特例を適用した場合の算定値が下回る医薬品を含む。）

（２）薬価の改定方式

第１節の規定に関わらず、（１）に該当する既収載品の薬価については、第１節の規定により算定される額から、当該額に次の各号に掲げる区分に従い当該各号に規定する割合を乗じて得た額を控除した額に改定する。

イ　当該既収載品に係る新規後発品として収載されたものへの置換え率が20％未満の既収載品100分の２

ロ　当該既収載品に係る新規後発品として収載されたものへの置換え率が20％以上40％未満の既収載品100分の1.75

ハ　当該既収載品に係る新規後発品として収載されたものへの置換え率が40％以上60％未満の既収載品100分の1.5

2　小児に係る効能及び効果等が追加された既収載品の薬価の改定の特例

（１）特例の対象となる既収載品

本号の対象となる既収載品は、平成23年11月１日以降に、薬事法第14条第９項（同法第19条の２第５項において準用する場合を含む。以下同じ。）の規定に基づき小児に係る効能及び効果又は用法及び用量が追加されたもの。ただし、当該効能及び効果等の追加の承認の申請に当たって、当該申請に係る事項が医学薬学上公知であることその他の合理的な理由により、臨床試験その他の試験の全部又は一部を新たに実施することなく、文献等を添付することにより申請が可能であった場合など、当該既収載品の製造販売業者の負担が相当程度低いと認められるものを除く。

（２）薬価の改定方式

第１節の規定に関わらず、（１）に該当する既収載品の薬価については、第１節の規定により算定される額に、当該額に別表２に定める有用性加算（Ⅱ）の計算方法を準用して算定される補正加算率を乗じて得た額を加えた額に改定する。

3　希少疾病に係る効能及び効果等が追加された既収載品の薬価の改定の特例

（１）特例の対象となる既収載品

本号の対象となる既収載品は、平成23年11月１日以降に、薬事法第14条

第９項の規定に基づき希少疾病に係る効能及び効果又は用法及び用量が追加されたもの（薬事法第77条の２の規定に基づき、希少疾病用医薬品として指定されたもの又はそれに相当すると認められるものに限る。）。ただし、当該効能及び効果等の追加の承認の申請に当たって、当該申請に係る事項が医学薬学上公知であることその他の合理的な理由により、臨床試験その他の試験の全部又は一部を新たに実施することなく、文献等を添付することにより申請が可能であった場合など、当該既収載品の製造販売業者の負担が相当程度低いと認められるものを除く。

（２）薬価の改定方式

第１節の規定に関わらず、（１）に該当する既収載品の薬価については、第１節の規定により算定される額に、当該額に別表２に定める有用性加算（Ⅱ）の計算方法を準用して算定される補正加算率を乗じて得た額を加えた額に改定する。

4　市販後に真の臨床的有用性が検証された既収載品の薬価の改定の特例

(1) 特例の対象となる既収載品

本号の対象となる既収載品は、平成23年11月１日以降に、市販後に集積された調査成績により、真の臨床的有用性が直接的に検証されていることが、国際的に信頼できる学術雑誌への論文の掲載等を通じて公表されたもの。ただし、その根拠となる調査成績が大学等の研究機関により得られたものである場合など、当該既収載品の製造販売業者の負担が相当程度低いと認められるものを除く。

（２）薬価の改定方式

第１節の規定に関わらず、（１）に該当する既収載品の薬価については、第１節の規定により算定される額に、当該額に別表２に定める有用性加算（Ⅱ）の計算方法を準用して算定される補正加算率を乗じて得た額を加えた額に改定する。

5　既収載の内用配合剤の薬価の改定の特例

（１）特例の対象となる既収載品

本号の対象となる既収載品は、第２章第３部６（１）の規定により薬価算定されることとなる配合剤（補正加算の対象とならないものに限る。）に相当すると認められる既収載品であって、当該内用配合剤の有効成分の単剤（当該既収載内用配合剤の比較薬に限る。）が第２節１に該当するもの。

（２）薬価の改定方式

第１節の規定に関わらず、（１）に該当する既収載品の薬価については、次により算定される額のうち、いずれか低い額に改定する。

イ　当該内用配合剤の収載時の算定方式に基づき、当該内用配合剤の有効成分のそれぞれの単剤について第１節又は第２節１から４の規定により算定した額を反映し、算定した額ロ第１節の規定により算定される額（ただし、第２節１から４に該当する場合は、同節（５を除く。）の規定により算定される額）

第３節　再算定

第１節又は第２節の規定に関わらず、次の１から４までに定めるいずれかの要件に該当する既収載品については、薬価改定の際に、該当する各号に掲げる額に薬価を改定する。ただし、１から４までのうち２以上に該当する場合には、該当する各号に掲げる額のうち最も低い額を当該既収載品の薬価とする。なお、４に定める要件に該当する既収載品のうち、安全対策上の必要性により製造方法の変更等を行ったものであって、当該既収載品の薬価をそのまま適用しては不採算となり、緊急性があるものについては、薬価改定の際に限らず、当該薬価を改定することができる。

１　市場拡大再算定

（１）市場拡大再算定対象品

次の要件の全てに該当する既収載品（以下「市場拡大再算定対象品」という。）については、別表７に定める算式により算定される額に105分の108を乗じた額と第１節又は第２節の規定により算定される額のいずれか低い額

イ　次のいずれかに該当する既収載品

（イ）薬価収載された際、原価計算方式により薬価算定された既収載品

（ロ）薬価収載された際、原価計算方式以外の方式により薬価算定されたものであって、薬価収載後に当該既収載品の使用方法の変化、適用対象患者の変化その他の変化により、当該既収載品の使用実態が著しく変化した既収載品

ロ　薬価収載の日（薬事法第14条第９項の規定に基づき効能又は効果の変更（以下「効能変更」という。）が承認された既収載品については、当該効能変更の承認を受けた日）から10年を経過した後の最初の薬価改定を経ていない既収載品

ハ　既収載品並びに組成及び投与形態が当該既収載品と同一の全ての類似薬（以下「同一組成既収載品群」という。）の薬価改定前の薬価を基に計算した年間販売額（以下この号において単に「年間販売額」という。）の合計額が、次に掲げる当該既収載品の薬価収載の日と当該薬価改定との関係の区分に従い、

・イの（イ）に該当する既収載品にあっては、当該各号に規定する基準年間販売額の２倍以上となる既収載品（当該合計額が150億円以下のものを除く。）又は

10倍以上となる既収載品（当該合計額が100億円以下のものを除く。）
・イの（ロ）に該当する既収載品にあっては、当該各号に規定する基準年間販売額の２倍以上となる既収載品（当該合計額が150億円以下のものを除く。）

（イ）薬価収載の日から10年を経過した後の最初の薬価改定以前の場合

基準年間販売額は、同一組成既収載品群が薬価収載された時点における予想年間販売額の合計額（当該同一組成既収載品群が、前回の薬価改定以前に、市場拡大再算定（市場拡大再算定類似品の価格調整を含む。）の対象となっている場合には、直近に当該再算定を行った時点における同一組成既収載品群の年間販売額の合計額）

（ロ）効能変更があった場合であって、薬価収載の日から10年を経過した後の最初の薬価改定後の場合

基準年間販売額は、効能変更の承認を受けた日の直前の薬価改定の時点における同一組成既収載品群の年間販売額の合計額（当該同一組成既収載品群が、前回の薬価改定以前（効能変更の承認後に限る。）に市場拡大再算定（市場拡大再算定類似品の価格調整を含む。）の対象となっている場合には、直近に当該再算定を行った時点における同一組成既収載品群の年間販売額の合計額）

（２）市場拡大再算定類似品の価格調整

次のいずれかに該当する既収載品（以下「市場拡大再算定類似品」という。）については、別表７に定める算式により算定される額に105分の108を乗じた額と第１節又は第２節の規定により算定される額のいずれか低い額

イ　当該市場拡大再算定対象品の薬理作用類似薬である既収載品

ロ　市場拡大再算定対象品又は市場拡大再算定類似品と組成が同一の既収載品

ただし、市場規模、薬価基準への収載時期、適応の範囲等を考慮し、市場拡大再算定対象品と市場における競合性が乏しいと認められるものを除く。

2　効能変化再算定

（１）主たる効能変化品

次の全ての要件に該当する汎用規格の既収載品については、別表８に定めるところにより算定される額

イ　効能変更がなされた既収載品であって、当該効能変更が、薬価算定上、主たる効能及び効果の変更と認められる既収載品

ロ　当該変更後の主たる効能及び効果に係る類似薬（新薬として薬価収載されたものに限り、当該既収載品と組成及び投与形態が同一のものを除く。）がある既収載品

（２）市場性加算対象効能変化品

次の全ての要件に該当する汎用規格の既収載品（主たる効能変化品を除く。）については、別表８に定める算式により算定される額

イ　薬事法第14条第９項の規定に基づき追加された効能及び効果について、新薬として承認されれば、薬価算定上、市場性加算（Ⅰ）又は市場性加算（Ⅱ）の対象になると認められる既収載品

ロ　当該追加された効能及び効果について、薬事法第14条の４第１項第１号イ又は同号ロによる再審査が附された既収載品

ハ　当該追加された効能及び効果に係る類似薬（新薬として薬価収載されたものに限り、当該既収載品と組成及び投与形態が同一であるものを除く。）がある既収載品

ニ　当該類似薬中の最類似薬の一日薬価より一日薬価が小さい既収載品

（３）主たる効能変化品、市場性加算対象効能変化品の類似薬の価格調整

次のいずれかに該当する既収載品については、別表８に定める算式より算定される額

イ　主たる効能変化品又は市場性加算対象効能変化品と、組成、剤形区分及び製造販売業者が同一の汎用規格以外の既収載品（主たる効能変化品又は市場性加算対象効能変化品と同様の効能変更があったものに限る。）

ロ　（１）又は（２）の効能変化再算定を行った後に、当該主たる効能変化品又は市場性加算対象効能変化品と組成及び投与形態が同一である類似薬について、同様の効能変更があった既収載品

3　用法用量変化再算定

（１）用法用量変化再算定の原則

直近の薬価改定後に、薬事法第14条第９項の規定に基づき、主たる効能及び効果に係る用法又は用量に変更があった既収載品（主たる効能変化品及び主たる効能変化品の類似薬の価格調整の対象となる既収載品並びに副作用の発生の防止等安全対策上の必要性により主たる効能及び効果に係る通常最大用量が減少した既収載品を除く。）については、別表９に定める算式により算定される額

（２）用法用量変化再算定の特例

直近の薬価改定後に、薬価収載時又は効能及び効果の追加の際に定めた保険適用上の投与期間及び適用対象となる患者の範囲が変更された既収載品については、別表９に定める算式により算定される額。ただし、（１）に該当する既収載品については、（１）により算定される額とする。

4　不採算品再算定

次のいずれかに該当する既収載品については、原価計算方式によって算定

される額（当該既収載品と組成、剤形区分及び規格が同一である類似薬がある場合には、それぞれについて原価計算方式によって算定される額のうち、最も低い額）ただし、営業利益率は、製造販売業者の経営効率を精査した上で、100分の５を上限とする。

（１）次の要件の全てを満たす既収載品

イ　中央社会保険医療協議会において、保険医療上の必要性が高いものであると認められた既収載品

ロ　薬価が著しく低額であるため製造販売業者が製造販売を継続することが困難である既収載品（当該既収載品と組成、剤形区分及び規格が同一である類似薬がある場合には、全ての類似薬について該当する場合に限る。）

（２）新規後発品として薬価収載された既収載品のうち、薬価が著しく低額であるため製造販売業者が製造販売を継続することが困難であるもの（当該既収載品と組成、剤形区分及び規格が同一である類似薬（新規後発品として薬価収載されたものに限る。）がある場合には、当該全ての類似薬について該当する場合に限る。）

第４節　低薬価品等の特例

１　組成、剤形区分及び規格が同一である既収載品群の特例

薬価改定の際、組成、剤形区分及び規格が同一である全ての類似薬について、それぞれ第１節、第２節又は第３節の規定により算定される額のうち最も高い額に100分の30を乗じた額を下回る算定額となる既収載品（以下「低薬価品」という。）については、第１節、第２節又は第３節の規定に関わらず、別表10に定める算式により算定される額を当該低薬価品の薬価とする。また、薬価改定の際、組成、剤形区分及び規格が同一である全ての類似薬について、それぞれ第１節、第２節又は第３節の規定により算定される額のうち最も高い額に100分の30を乗じた額以上かつ100分の50を乗じ額を下回る算定額となる既収載の後発品（以下「準低薬価品」という。）については、第１節、第２節又は第３節の規定に関わらず、別表10に定める算式により算定される額を当該準低薬価品の薬価とし、100分の50を乗じた額以上の算定額となる既収載の後発品（以下、「その他の後発品」という。）については、第１節、第２節又は第３節の規定に関わらず、別表10に定める算式により算定される額を当該その他の後発品の薬価とする。

２　最低薬価

薬価改定の際、既収載品について第１節、第３節又は前号の規定により算定される額が、別表11の左欄に掲げる薬剤の区分に従い、同表の右欄に掲げる額（以下「最低薬価」という。）を下回る場合には、第１節、第３節又は前

号の規定に関わらず、最低薬価を当該既収載品の薬価とする。なお、低薬価品群、準低薬価品群又はその他の後発品群について、前号の規定により算定される額が最低薬価を下回った場合においては、当該群に含まれる既収載品の中で最も高額な最低薬価を当該群の最低薬価とする。

第4章　実施時期等

1　実施時期

（1）新規収載品に係る薬価算定基準は、平成12年４月に薬事法第14条第１項又は第19条の２第１項の規定に基づく承認を受けた薬剤に係る通常の薬価収載時から適用する。

（2）効能変化再算定、用法用量変化再算定は、平成12年4月以降に薬事法の承認を受けたものその他の当該各号に定める要件を満たしたものについて適用し、当該要件を満たした時期に応じ、平成12年度薬価改定以降の最初の薬価改定又は当該薬価改定後の薬価改定の際に実施する。

2　改正手続き

薬価算定基準の改正は、中央社会保険医療協議会の承認を経なければならない。

3　経過措置

（1）薬価算定基準の実施にあたっては、平成12年３月31日において薬価収載されているものについては、当該既収載品が新規に薬価収載された際に新薬の定義に該当すると認められる場合には、新薬として薬価収載された既収載品とみなし、当該既収載品が新規に薬価収載された際に新規後発品の定義に該当すると認められる場合には、新規後発品として薬価収載された既収載品とみなす。

（2）平成24年度薬価改定において最低薬価とみなして第３章第４節２の規定を適用することとされた既収載品及び平成26年３月31日における薬価が最低薬価を下回る既収載品の薬価については、当該薬価（再算定により薬価が引き上げられた場合には、当該再算定後の薬価）を最低薬価とみなして、第３章第４節２の規定を適用する。ただし、当該薬価（再算定により薬価が引き上げられた場合には、当該再算定後の薬価）が、最低薬価以上のときはこの限りでない。

（3）平成26年度薬価改定においては、第３章第１節の規定に関わらず、次の要件の全てを満たす既収載品（第２章第３部６の規定により薬価算定されることとなる配合剤（補正加算の対象とならないものに限る。）に相当すると認められる既収載品であって、薬価収載の日から15年を経過した既収載品の有効成分又は後発品が薬価収載されている既収載品の有効成分を含有するもの並びに第３章第３節に定める再算定のいずれかの要件に該当するものを除く。）の薬価については、第３章第１節の規定により算定される額に、新薬創出･適応外薬解消等促進加算（以下「新薬創出等加算」という。）として、別表12に定める算式により算定される額を加えた額に改定する。ただし、当該既収載品の薬価改定前の薬価に105分の108を乗じた額を超えることはできない。

イ　新薬として薬価収載された既収載品であって、当該既収載品に係る後発品が薬価収載されていないもの（薬価収載の日から15年を経過した後の最初の薬価改定を経ていないものに限る。）

ロ　当該既収載品の市場実勢価格の薬価に対する乖離率が、全ての既収載品の平均乖離率を超えないもの

ハ　「医療上の必要性の高い未承認薬・適応外薬検討会議」（以下、「未承認薬等検討会議」という。）における検討結果を踏まえ厚生労働省が開発を要請する適応外薬等（欧米では使用が認められているが国内では承認されていない医薬品及び適応のことをいう。以下同じ。）を開発し若しくは現に開発に従事している、又は未承認薬等検討会議における検討結果を踏まえ厚生労働省が開発を公募する品目の開発に応募し、開発に向けた取組を行った若しくは現に行っている製造販売業者が製造販売するもの、又はこれらの品目とは別に「真に医療の質の向上に貢献する医薬品」（小児若しくは希少疾病領域を対象とした医薬品又は難病等既存の治療薬では十分な効果が得られない疾病に対する医薬品等）の研究開発を行っている製造販売業者が製造販売するもの

（４）（３）の規定に関わらず、（３）の要件に該当する既収載品であって、第３章第２節２から４までに定める既収載品の薬価の改定の特例のいずれかの要件に該当するものについては、（３）の規定により算定される額と同章第２節の規定により算定される額のいずれか高い額を当該既収載品の薬価とする。

（５）（３）の規定により算定される額については、第３章第４節の規定を適用する。

（６）平成26年度薬価改定後の薬価改定（以下「平成26年度以降の薬価改定」という。）における新薬創出等加算の実施の可否については、真に医療の質の向上に貢献する医薬品の国内研究・開発状況を確認・検証するとともに、当該加算の対象品目のあり方等現行方式の見直しについても検討する。

（７）平成22年度又は平成24年度薬価改定において新薬創出等加算の対象となった既収載品（以下「旧新薬創出等加算適用品」という。）が、平成26年度の

薬価改定の際に、（3）イ又はハの要件を満たさない場合には、第3章第1節の規定により算定される額から、以下のイ又はロに掲げる控除額の合計（以下、「平成24年度までに新薬創出等加算の適用により加算された額」という）を控除した額に対して、第3章第2節から第4節までの規定を適用して得た額を当該旧新薬創出等加算適用品の薬価とする。

この場合において、別表7に定める算式により算定される額を求めるに当たっては、別表7中「薬価改定前の薬価」とあるのは、「平成26年度改定前薬価から、平成24年度までに新薬創出等加算の適用により加算された額を控除した額」と読み替えるものとする。

イ　平成22年度加算分の控除

平成22年度薬価改定の際に新薬創出等加算の適用により加算された額（平成22年度薬価改定において同章第1節の規定により算定された額から（3）の規定により算定された額（ただし、平成22年度薬価改定前の薬価を上限とする。以下同じ。）までの加算額（平成22年度薬価改定において同章第2節2から4までに定める既収載品の薬価の改定の特例のいずれかの要件に該当した旧新薬創出等加算適用品であって、同章第2節の規定により算定された額が（3）の規定により算定された額よりも低かったものにあっては、当該加算額から、同章第2節2（2）、3（2）又は4（2）の規定（当該旧新薬創出等加算適用品が該当した要件に係るものに限る。）により加算された額のうち最も大きな額を控除した額）をいう。以下同じ。）を控除額とする。

ロ　平成24年度加算分の控除

イの規定を準用する。この場合において、控除額を求めるに当たっては、「平成22年度薬価改定」とあるのは、「平成24年度薬価改定」と読み替えるものとする。

（8）旧新薬創出等加算適用品又は平成26年度に新薬創出等加算が適用された既収載品（以下、「新薬創出等加算適用品」という）の製造販売業者に対しては、平成26年度以降の薬価改定までの間、未承認薬等検討会議における検討結果を踏まえ厚生労働省が開発を要請する適応外薬等の開発や上市の状況を確認し、次の要件のいずれかに該当すると認められる場合には、平成26年度以降の薬価改定において新薬創出等加算を実施することとされた場合であっても、当該製造販売業者の全ての既収載品に対して、当該加算を適用しない。

イ　開発の要請を受けた適応外薬等のうち、薬事法第14条第1項若しくは第19条の2第1項の規定に基づく承認の申請又は第14条第9項の規定に基づく承認事項の一部変更承認の申請（以下、これらをまとめて「薬事法に基づく承認申請」という。）に当たって、当該申請に係る事項が医学薬学上公知であり、臨床試験その他の試験を新たに実施する必要がないと認められるものについて、特段の合理的な理由がなく、開発の要請を受けてから６月以内に薬事法に基づく承認申請を行わなかった場合

ロ　開発の要請を受けた適応外薬等のうち、薬事法に基づく承認申請に当たって、薬事法第２条第16項に規定する治験が必要となるものについて、特段の合理的な理由がなく、開発の要請を受けてから一年以内に治験等に着手しなかった場合

なお、イ及びロにおける特段の合理的な理由として認められる場合としては、当該製造販売業者が同時期に多数の適応外薬等の開発の要請を受けている場合を基本とするが、なおその場合であっても、相当程度の適応外薬等について、イ又はロの区分に従い、当該各号に規定する期限内に薬事法に基づく承認申請を行っているもの又は治験等に着手しているものとする。

（９）（８）イ又はロの要件に該当すると認められる製造販売業者の既収載品の薬価については、平成26年度以降の薬価改定において、次の手順により改定する。

①当該製造販売業者の新薬創出等加算適用品について、第３章第１節の規定により算定される額から、平成24年度までに新薬創出等加算の適用により加算された額及び（７）イに準じて算定される「平成26年度に新薬創出等加算の適用により加算された額」の合計（以下、「平成26年度までに新薬創出等加算の適用により加算された額」という。以下同じ）を控除した額に対して、同章第２節から第４節までの規定を適用して得た額を当該新薬創出等加算適用品の算定値として求める。この場合において、別表７に定める算式により算定される額を求めるに当たっては、別表７中「薬価改定前の薬価」とあるのは、「平成26年度改定前薬価から、平成26年度までに新薬創出等加算の適用により加算された額を控除した額」と読み替えるものとする。

②当該製造販売業者の全ての新薬創出等加算適用品について、新薬創出等加算の適用により得られた年間販売額（薬価改定の際に新薬創出等加算の適用により加算された額（薬価改定前の薬価と同一の薬価に改定されたものについては、当該薬価までの加算の額）に年間販売量を乗じて求めた額をいう。）の合計額を求める。

③当該製造販売業者の全ての既収載品（第３章第４節２の最低薬価が適用されるものを除く。）の薬価について、同章の規定により算定される額（新薬創出等加算適用品については①の算定値）から、当該額に一定の割合を乗

じて得た額を控除したとき（ただし、個々の既収載品について同章同節２の最低薬価を下回らないものとする。）に減少することとなる年間販売額の合計額が②の合計額の100分の105と一致するような一定の割合を求め、当該一定の割合を乗じて得た額を控除した額（当該額が同章同節２の最低薬価を下回る場合には当該最低薬価）に改定する。

なお、平成26年度以降の薬価改定後の薬価改定においては、全ての既収載品の薬価について、第３章の規定により算定される額に、当該額に一定の割合を乗じて得た額を加えたときに増加することとなる年間販売額の合計額が②の合計額の100分の105と一致するような一定の割合を求め、当該一定の割合を乗じて得た額を加えた額に改定する。

（10）平成26年度以降の薬価改定までの間、新薬創出等加算適用品に係る新規後発品の薬価については、当該新薬創出等加算適用品の薬価から、平成22年度、平成24年度及び平成26年度薬価改定時の新薬創出等加算により加算された額の合計を差し引いた額を最類似薬の薬価とみなして、第２章第２部１の規定を適用することにより算定する。

別表1

剤形区分

内用薬

内－1　錠剤、カプセル剤、丸剤
内－2　散剤、顆粒剤、細粒剤、末剤
内－3　液剤、シロップ剤、ドライシロップ剤（成人用）
内－4　液剤、シロップ剤、ドライシロップ剤（小児用）
内－5　チュアブル、バッカル、舌下錠

注射薬

注－1　注射剤（キット製品でないもの）
注－2　注射剤（キット製品）

外用薬

外－1　軟膏剤、クリーム剤、ローション剤、液剤、散布剤、ゼリー、パウダー剤
外－2　噴霧剤、吸入剤、カプセル剤
外－3　眼科用剤（点眼剤、眼軟膏）
外－4　耳鼻科用剤（点鼻液、耳科用液、耳鼻科用吸入剤・噴霧剤）
外－5　パップ剤、貼付剤、硬膏剤
外－6　坐剤、膣剤
外－7　注腸剤
外－8　口嗽剤、トローチ剤（口腔内に適用するものを含む。）
外－9　外－1から外－8までのそれぞれの区分のキット製品

（注）ただし、上記で同一の剤形区分とされる薬剤であっても、組成及び規格が同一であって、製剤の工夫により効能、効果、用法又は用量が明らかに異なる場合は、別の剤形区分とみなす。

別表2

補正加算の計算方法

1．基本的考え方

（1）一つの補正加算に該当する場合

加算額＝算定値×α（補正加算率）

（2）複数の補正加算に該当する場合

加算額＝算定値×（$\alpha 1+\alpha 2+\cdot\cdot\cdot$）

2．各補正加算率の計算方法

（1）補正加算における補正加算率（α）の算式

$$\alpha=\frac{A}{100}$$

（注）A：当該新規収載品目に対して適用される率（%）

ただし、Aの範囲は次のとおり。

・画期性加算 $70\leqq A\leqq 120$

・有用性加算（Ⅰ）$35\leqq A\leqq 60$

・有用性加算（Ⅱ）$5\leqq A\leqq 30$

・市場性加算（Ⅰ）$10\leqq A\leqq 20$

・市場性加算（Ⅱ）$A=5$

・小児加算 $5\leqq A\leqq 20$

・先駆導入加算 $A=10$

（2）別表7において有用性加算（Ⅱ）の計算方法を準用する場合における補正加算率（α）の算式

イ）内用薬及び外用薬

$$\alpha=\frac{A}{100}\times 1.5^{\log(X/50)/\log(25/50)}$$

（ただし、$\frac{2.5}{100}\leqq\alpha\leqq\frac{15}{100}$）

ロ）注射薬

$$\alpha=\frac{A}{100}\times 1.5^{\log(X/20)/\log(10/20)}$$

（ただし、$\frac{2.5}{100} \leqq \alpha \leqq \frac{15}{100}$ ）

(注) A：当該市場拡大再算定対象品又は市場拡大再算定類似品に対して適用される率（%）
X：億円単位で示した当該市場拡大再算定対象品の同一組成既収載品群の薬価改定前の薬価を基に計算した年間販売額の合計額

ただし、$\frac{0.5\,A}{100} \leqq \alpha \leqq \frac{1.5\,A}{100}$ とする。

（3）第3章第2節2から4までに定める既収載品の薬価の改定の特例において、有用性加算（Ⅱ）の計算方法を準用する場合における補正加算率（α）の算式

イ）内用薬及び外用薬

$$\alpha = \frac{A}{100} \times 1.5^{\log(X/50)/\log(25/50)}$$

（ただし、$\frac{2.5}{100} \leqq \alpha \leqq \frac{15}{100}$ ）

ロ）注射薬

$$\alpha = \frac{A}{100} \times 1.5^{\log(X/20)/\log(10/20)}$$

（ただし、$\frac{2.5}{100} \leqq \alpha \leqq \frac{15}{100}$ ）

(注) A：当該既収載品に対して適用される率（%）
X：億円単位で示した当該既収載品の同一組成既収載品群（当該薬価の改定の特例の対象となるものに限る。）の薬価改定前の薬価を基に計算した年間販売額の合計額

ただし、$\frac{0.5\,A}{100} \leqq \alpha \leqq \frac{1.5\,A}{100}$ とする。

別表３

外国平均価格調整の計算方法

1　当該新規収載品の算定値が、外国平均価格の４分の５に相当する額を超える場合（当該新規収載品の有効成分の含有量が、類似している外国の薬剤を上回る場合を除く。）

次の算式により算定される額

$$\left(\frac{1}{3}\times\frac{\text{算定値}}{\text{外国平均価格}}+\frac{5}{6}\right)\times\text{外国平均価格}$$

2　当該新規収載品の算定値が、外国平均価格の４分の３に相当する額未満の場合（当該新規収載品の有効成分の含有量が、類似している外国の薬剤を下回る場合を除く。）

次の算式により算定される額（ただし、算定値の２倍に相当する額を超える場合には、当該額とする。）

$$\left(\frac{1}{3}\times\frac{\text{算定値}}{\text{外国平均価格}}+\frac{1}{2}\right)\times\text{外国平均価格}$$

3　組成、剤形区分及び製造販売業者が同一の複数の新規収載品が、同時に薬価収載される場合

当該新規収載品のうち、上記１又は２の場合に該当するものについて、下記の算式により算定された変化率を、全ての新規収載品の数で相加平均した数値を用いて、薬価を求める算式により算定される額

＜変化率を求める算式＞

$$\text{変化率}=\frac{\text{１又は２の算式により算定される額}}{\text{算定値}}-1$$

＜薬価を求める算式＞

算定値×（１＋変化率の相加平均値）

別表４

規格間調整の計算方法

1　類似薬の規格間比を求める算式

$$\frac{\log(Q2/Q1)}{\log(Y2/Y1)}$$

Q1＝汎用規格の類似薬中、年間販売量が最も多い既収載品の薬価

Q2＝当該既収載品と別の規格の類似薬（組成、剤形区分及び製造販売業者が同一のものに限る。）のうち、年間販売量が２番目のものの薬価

Y1＝汎用規格の類似薬中、年間販売量が最も多い既収載品の有効成分の含有量

Y2＝当該既収載品と別の規格の類似薬（組成、剤形区分及び製造販売業者が同一のものに限る。）のうち、年間販売量が２番目のものの有効成分の含有量

（注）組成、剤形区分及び製造販売業者が当該非汎用新規収載品と同一の最類似薬がある場合であって、当該最類似薬に別の規格の類似薬（組成、剤形区分及び製造販売業者が同一のものに限る。）があるときは、当該最類似薬と、当該類似薬のうち最類似薬に次いで２番目の年間販売量のもの（剤形区分内における剤形の違いは考慮しない。）とで規格間比を計算する。

2　非汎用新規収載品の薬価（P2）を求める関係式

$$\frac{\log(P2/P1)}{\log(X2/X1)} = \text{類似薬の規格間比}$$

P1＝汎用新規収載品又は最類似薬の薬価

P2＝当該非汎用新規収載品の薬価

X1＝汎用新規収載品又は最類似薬の有効成分の含有量

X2＝当該非汎用新規収載品の有効成分の含有量

（注）類似薬の規格間比が複数ある場合には最も類似性が高い類似薬の規格間比とし、規格間比が１を超える場合及び類似薬の規格間比がない場合は１とする。ただし、内用薬については、X2＞X1（X2が通常最大用量を超える用量に対応するものである場合に限る。）であって、最も類似性が高い類似薬の規格間比が0.5850を超える場合

及び類似薬の規格間比がない場合は0.5850とする。

また、製剤上の工夫をすることなく、投与期間の延長のみを目的として含有量が増加した製剤に対し、規格間調整が適用される場合は、規格間比の上限を0.5850とする。

別表5

市場実勢価格加重平均値調整幅方式の計算方法

（当該既収載品の保険医療機関等における薬価算定単位あたりの平均的購入価格（税抜市場実勢価格の加重平均値））× ｛1 ＋（1 ＋地方消費税率）× 消費税率｝＋ 調整幅

消　費　税　率：消費税法（昭和63年法律第108号）第29条に定める率

地方消費税率：地方税法（昭和25年法律第226号）第72条の83に定める率

調　　整　　幅：薬剤流通の安定のための調整幅とし、改定前薬価の２／100に相当する額

別表6

効能追加と同等とみなせる新薬に係る計算方法

（1）次のいずれかに該当する場合には、当該新薬について第２章第１部の規定により算定される額

（イ）AがBより大きい場合であって下記の算式により算定される額が当該新薬について第２章第１部の規定により算定される額を下回る場合

（ロ）AがBより小さい場合であって下記の算式により算定される額が当該新薬について第２章第１部の規定により算定される額を上回る場合

（2）（1）以外の場合には、下記の算式により算定される額

$$\frac{A \times \frac{X}{X+Y} + B \times \frac{Y}{X+Y}}{P \times a \times \frac{X}{X+Y} + Q \times \frac{Y}{X+Y}}$$

A＝組成、剤形区分及び製造販売業者が当該新薬と同一の既収載品（汎用規格に限る。以下この別表において「別効能自社製品」という。）の主たる効能及び効果に係る一日薬価

B＝新薬算定最類似薬の当該新薬と類似する効能及び効果に係る一日薬価共同開発その他の理由により、組成及び剤形が同一の新薬算定最類似薬が複数となる場合には、それぞれの一日薬価を当該新薬算定最類似薬の年間販売量で加重平均した額

P＝別効能自社製品の主たる効能及び効果に係る一日通常最大単位数量

Q＝当該新薬の主たる効能及び効果に係る一日通常最大単位数量

X＝別効能自社製品の主たる効能及び効果に係る薬理作用類似薬（当該別効能自社製品と組成が異なる既収載品に限る。）の年間販売額の合計額

Y＝当該新薬の主たる効能及び効果に係る薬理作用類似薬（当該新薬と組成が異なる既収載品に限る。）の年間販売額の合計額

α＝別効能自社製品の有効成分の含有量を当該新薬の有効成分の含有量で除した額

別表7

市場拡大再算定対象品、市場拡大再算定類似品に係る計算方法

$$\text{薬価改定前の薬価} \times \left((0.9)^{\frac{\log X}{\log 2}} + \alpha \right)$$

$$X\text{（市場規模拡大率）} = \frac{\left(\begin{array}{l} \text{市場拡大再算定対象品の同一組成} \\ \text{既収載品群の薬価改定前の薬価を} \\ \text{基に計算した年間販売額の合計額} \end{array} \right)}{\text{（当該同一組成既収載品群の基準年間販売額）}}$$

α（補正加算率）：個別の市場拡大再算定対象品又は市場拡大再算定類似品について、第３章第２節２若しくは３に定めるいずれかの要件に該当する場合又は市販後に集積された調査成績により、真の臨床的有用性が直接的に検証されている場合、該当する要件ごとに有用性加算（Ⅱ）の計算方法を準用して算定される補正加算率のうち最も大きな率。ただし、５≦A≦10とする。

(注) 上記算式による算定値が、原価計算方式により薬価を算定した対象品及びその類似品については薬価改定前の薬価の75／100に相当する額を下回る場合、原価計算方式以外の方式により薬価を算定した対象品及びその類似品については薬価改定前の薬価の85／100を下回る場合には、当該額とする。

別表8

効能変化再算定の計算方法

1　主たる効能変化品・市場性加算対象効能変化品に係る計算方法

（1）次のいずれかに該当する場合には、当該既収載品について第３章第１節又は第２節の規定により算定される額

（イ）AがBより大きい場合であって下記の算式により算定される額が当該既収載品について第３章第１節又は第２節の規定により算定される額を上回る場合

（ロ）AがBより小さい場合であって下記の算式により算定される額が当該既収載品について第３章第１節又は第２節の規定により算定される額を下回る場合

（2）（1）以外の場合には、下記の算式により算定される額

$$\frac{A \times \frac{X}{X+Y} + B \times \frac{Y}{X+Y}}{P \times \frac{X}{X+Y} + Q \times \frac{Y}{X+Y}}$$

A＝当該既収載品の従前の主たる効能及び効果に係る一日薬価（第３章第１節の規定により算定される額を基に計算）

B＝当該既収載品の効能変更後の最類似薬の当該効能及び効果に係る一日薬価（最類似薬の薬価改定後の薬価を基に計算）

(注) 効能変更後の最類似薬が複数となる場合には、一日薬価とあるのは、それぞれの１日薬価を当該最類似薬の年間販売量で加重平均した額とする。

P＝当該既収載品の従前の主たる効能及び効果に係る一日通常最大単位数量

Q＝当該既収載品の変更後の主たる効能及び効果（市場性加算対象効能変化品の場合には、当該追加された効能及び効果）に係る一日通常最大単位数量

X＝当該既収載品の従前の主たる効能及び効果に係る薬理作用類似薬（当該既収載品と組成が異なるものに限る。）の年間販売額の合計額

Y＝当該既収載品の変更後の主たる効能及び効果（市場性加算対象効能変化品の場合には、当該追加された効能及び効果）に係る薬理作用類似薬（当該既収載品と組成が異なるものに限る。）の年間販売額の合計額

(注) この場合、年間販売額は薬価改定後の薬価を基に計算する。

2　主たる効能変化品又は市場性加算対象効能変化品の類似薬の価格調整の計算方法

（1）主たる効能変化品又は市場性加算対象効能変化品が、1（1）に該当した場合には、当該既収載品について第3章第1節又は第2節の規定により算定される額

（2）（1）以外の場合には、下記の算式により算定される額

$$\left(\begin{array}{l}\text{当該既収載品の}\\\text{薬価改定前の薬価}\end{array}\right)\times\frac{\left(\begin{array}{l}\text{当該主たる効能変化品（市場性加算対象効}\\\text{能変化品）の1の算式により算定される額}\end{array}\right)}{\left(\begin{array}{l}\text{当該主たる効能変化品（市場性加算対}\\\text{象効能変化品）の薬価改定前の薬価}\end{array}\right)}$$

資料

別表９

用法用量変化再算定の計算方法

1　用法用量変化再算定の原則の場合

$$\left(\text{当該既収載品について第３章第１節又は第２節の規定により算定される額（通常の薬価改定後の薬価）}\right) \times \frac{\left(\text{当該既収載品の従前の１日通常最大単位数量（主たる効能及び効果に係るもの）}\right)}{\left(\text{当該既収載品の変更後の１日通常最大単位数量（主たる効能及び効果に係るもの）}\right)}$$

2　用法用量変化再算定の特例の場合

$$\left(\text{当該既収載品について第３章第１節又は第２節の規定により算定される額（通常の薬価改定後の薬価）}\right) \times \text{当該既収載品の使用量変化率}$$

(注) 上記算定式による算定値が、薬価改定前の薬価の75／100に相当する額を下回る場合は、当該額とする。

$$\text{当該既収載品の使用量変化率} = \frac{A \times B}{C \times D}$$

A：当該既収載品の保険適用上の取扱い変更前の投与期間
B：当該既収載品の保険適用上の取扱い変更前の推計患者数
C：当該既収載品の保険適用上の取扱いの変更後の投与期間
D：当該既収載品の保険適用上の取扱いの変更後の推計患者数

別表10

（低薬価品群、準低薬価品群又はその他の後発品群の税抜き市場実勢価格の加重平均値）×｛1＋（1＋地方消費税率）×消費税率｝＋一定幅

低薬価品群：組成、剤形区分及び規格が同一である低薬価品の一群

準低薬価品群：組成、剤形区分及び規格が同一である準低薬価品の一群

その他の後発品群：組成、剤形区分及び規格が同一であるその他の後発品の一群

消費税率：消費税法第29条に定める率

地方消費税：地方税法第72条の83に定める率

一定幅：薬価改定前の低薬価品群、準低薬価品群又はその他の後発品群の薬価の加重平均値の2／100に相当する額

別表11　最低薬価

最　低　薬　価

区　分		最低薬価
日本薬局方収載品		
錠剤	1錠	9.90円
カプセル剤	1カプセル	9.90円
丸剤	1個	9.90円
散剤（細粒剤を含む。）	1グラム※1	7.40円
顆粒剤	1グラム※1	7.40円
末剤	1グラム※1	7.40円
注射剤	100ミリリットル未満 1管又は1瓶	95円
	100ミリリットル以上 500ミリリットル未満 1管又は1 瓶	113円
	500ミリリットル以上 1管又は1瓶	149円
坐剤	1個	19.90円
点眼剤	5ミリリットル1瓶	88.00円
	1ミリリットル	17.60円
内用液剤、シロップ剤（小児への適応があるものを除く。）	1日薬価	9.60円
内用液剤、シロップ剤（小児への適応があるものに限る。）	1ミリリットル※2	10.00円
外用液剤（外皮用殺菌消毒剤に限る。）	10ミリリットル※1	9.80円
その他の医薬品		
錠剤	1錠	5.80円
カプセル剤	1カプセル	5.80円
丸剤	1個	5.80円
散剤（細粒剤を含む。）	1グラム※1	6.40円
顆粒剤	1グラム※1	6.40円
末剤	1グラム※1	6.40円
注射剤	100ミリリットル未満 1管又は1瓶	58円
	100ミリリットル以上 500ミリリットル未満 1管又は1 瓶	69円
	500ミリリットル以上 1管又は1瓶	91円
坐剤	1個	19.90円
点眼剤	5ミリリットル1瓶	87.20円
	1ミリリットル	17.60円
内用液剤、シロップ剤（小児への適応があるものを除く。）	1 日薬価	6.60円
内用液剤、シロップ剤（小児への適応があるものに限る。）	1 ミリリットル※2	6.60円
外用液剤（外皮用殺菌消毒剤に限る。）	10ミリリットル※1	6.50円

※1　規格単位が10グラムの場合は10グラムと読み替える。
※2　規格単位が10ミリリットルの場合は10ミリリットルと読み替える。

別表12

新薬創出・適応外薬解消等促進加算の計算方法

加算額

$$= \left(\begin{array}{l}\text{当該既収載品に}\\\text{ついて第３章第}\\\text{１節の規定によ}\\\text{り算定される額}\end{array}\right) \times \left(\frac{\text{全ての既収載品の平均乖離率} - 2}{100}\right) \times \frac{80}{100}$$

おわりに

本書を読む前と読んだ後で､｢薬価」という言葉から受ける印象に変化はあっただろうか。公定価格として「国が勝手に決めてしまうもの」と､漠然とイメージしていた人がいたなら､そうではなく「ルールブック通りに精緻に定められている」ことが、ご理解いただけたのではないか。その一方で、「ブラックボックス化」されていて、なおルールに恣意性が残る部分が数多くあり、さらには増加する「高額薬剤への対応」など今後解決すべき課題が少なくないこともわかっていただけただろう。

本書で薬価基準制度に興味を持ち､もっと知りたいと思った方は､ぜひ行政の通知・資料や類書を読んだり、実際に中央社会保険医療協議会・薬価専門部会を傍聴したりして、より理解を深めていただきたい。何か疑問が沸いて「そういえば、あの本に載っていたな」と頭に引っ掛かってきた際には、再び本書を手に取って確認していただければ幸いである。

記者稼業を始めて約15年が経つ。キャリアのスタートはスポーツ紙の社会・芸能部門｡｢空から観音様が降ってきた｣｢山中でツチノコ発見か」といった話題から、芸能人の結婚、離婚、トラブル、スキャンダルまでを追っ掛けていた。過度に「軟派」なところから、医療・医薬品業界の記者に転身して感じたのは､｢硬い内容を硬いまま書いて世に出している出版物があまりに多い」ことだった｡｢専門家による専門家のためのもの」と考えれば致し方ない面もあるが､｢そうでないアプローチがあってもいいのではないか」という思いを、本書には込めた。

もうひとつ。薬価というものを考えたときに、実際に関わっている人間の「男性比率が極めて高い」ことも気になっていた。

そこで、本書では、できるだけ「女性目線」を入れて、中身を中性化しようと試みた。入社２年目の長谷川友恵記者には「第一読者」になってもらい、「わからない部分」「素朴な疑問」から再度記述を練る作業を繰り返した。レイアウトでは、担当の平位美紀さんには無理難題を多々ぶつけてしまったにもかかわらず、「見やすさ」を根気よく追求してもらった。イラストの安良岡和美さんには、絵心のない筆者が書き殴ったメモから、想像できない仕上がりの挿絵をたくさん描いてもらった。本書から、ある程度「男臭さ」が消えたことに対して、３人の女性に心から感謝したい。

本書により、多くの人にとって薬価が身近な存在になることを願って……。

2014年12月　　　市川知幸

本文重要語句索引

数字

あ

い

か

き

く

け

こ

著者紹介

市川知幸

(いちかわ・ともゆき)

1974年生まれ、千葉県出身。
立命館大学政策科学部卒業後、00年から日刊スポーツ新聞社で社会・芸能などを担当。05年に医薬経済社に入社し、記者として行政・国会などを中心に取材。14年から副編集長。

明解　わかる薬価基準

2014年12月24日　初版発行

著　者　市川 知幸
発行者　藤田 貴也
発行所　株式会社　医薬経済社
〒103-0023　東京都中央区日本橋本町4-8-15
ネオカワイビル
イラスト　安良岡 和美
印　刷　三美印刷株式会社

ISBN 978-4-902968-49-1